El verso desregulado

Verso libre y neoliberalismo

Ezequiel Zaidenwerg-Dib

Prólogo y edición al cuidado de Eduardo Espina

Publicado por
LASA Press
lasapress.org
lasa@lasaweb.org

© Ezequiel Zaidenwerg-Dib 2025
© Del prólogo a esta edición, Eduardo Espina 2025

Diseño de portada: Consulelo Parga para Estudio Entre
Imagen de portada: © Bruno Gruppalli y Santiago De Paoli. Sin título. Tintas sobre papel. 20 x 29 cm, 2014.
Diagramación de versión impresa: Lara Melamet
Diagramación de versión digital: Estudio Ebook
Corrección: Mariana Gómez Masía y María Nochteff
Índice onomástico y de temas: Florencia Osuna

ISBN (Físico): 978-1-951634-49-0
ISBN (PDF): 978-1-951634-47-6
ISBN (EPUB): 978-1-951634-46-9
ISBN (Mobi): 978-1-951634-48-3
DOI: https://doi.org.10.25154/book14

Esta obra tiene permiso para ser publicada bajo la licencia internacional Creative Commons Attribution CC BY-NC 4.0. Para ver una copia de este permiso, visite https://creativecommons.org/licenses/by-nc/4.0/ o envíe una carta a Creative Commons, 444 Castro Street, Suite 900, Mountain View, California, 94041, Estados Unidos. Esta licencia permite el uso de cualquier parte del trabajo mientras se lo cite de forma correspondiente y restringe su uso con fines comerciales.

Cita sugerida:
Zaidenwerg-Dib, Ezequiel. 2025. *El verso desregulado. Verso libre y neoliberalismo*. Pittsburgh, Estados Unidos: LASA Press. DOI: https://doi.org.10.25154/book14. Licencia: CC BY-NC 4.0

Para leer la versión libre en acceso abierto de este libro digital, visite https://doi.org/10.25154/book14 o escanee el código QR con su dispositivo móvil.

Pero la libertad no es de este mundo, y los libertos,
En ruptura con todo, tuvieron que pagarla a precio alto.

"Birds in the Night", Luis Cernuda

Índice

Agradecimientos · VII

Prólogo. Una cosa lleva a la otra, por Eduardo Espina · IX

Introducción · 1

I. El verso desregulado · 19

1. Letra · 21
2. Música · 37

II. La isla bonita · 49

1. Islas · 51
2. Manualidades, técnica, sonido · 67
3. Obreros del alba · 81

III. Convertibilidades · 101

1. Un esfuerzo significativo · 103
2. Un barroco de trinchera · 117
3. Neoliteralismo · 129

IV. Traficando estilo   159
1. Sobre la luz   161
2. Estilo   179
3. Traficando rimas   201

Bonus track   227

Sobre el autor   233
Referencias   235
Índice onomástico y de temas   249
Sobre LASA Press   **269**

Agradecimientos

La investigación que dio origen a este libro no habría sido posible sin el respaldo intelectual y económico del Departamento de Español y Portugués de la New York University, cuyo programa de doctorado cursé entre 2014 y 2020. Agradezco a Gabriel Giorgi, Marta Peixoto y Rubén Ríos Ávila, mi comité de tesis, por sus valiosas sugerencias y comentarios; y a Mariano Siskind y Víctor Sierra Matute, que se sumaron para la defensa y enriquecieron el proyecto con sus observaciones. También quiero darles las gracias por la inspiración durante esa etapa formativa en NYU a Lourdes Dávila y Gabriela Basterra; y, en particular, a Jordana Mendelson, por extender su apoyo hasta el presente.

Este libro es el resultado de años de interlocución con Alejandro Crotto, Hernán Bravo Varela y Enrique Winter. Su amistad es aliento y alimento: a ellos, renovada gratitud.

El verso desregulado no existiría sin el apoyo de LASA Press de Latin American Studies Association. Agradezco a Eduardo Espina, que acompañó la revisión del manuscrito y ahora me honra con su prólogo. Gracias también al comité editorial de LASA Press, en particular a Julieta Mortati, por su paciencia y generosidad, y a María Rosa Olivera Williams, por su confianza.

Agradezco especialmente a Eliana Hernández Pachón por haberme sostenido con su amor e inteligencia durante todo el proceso.

PRÓLOGO

Una cosa lleva a la otra
Las ocasiones dejaron de hacer caso al canon

Eduardo Espina

Poeta, crítico, traductor, docente y con mil lecturas de poesía y poéticas en su haber, Ezequiel Zaidenwerg-Dib ha escrito un libro infrecuente, con la poesía como campana de largada y telón de fondo de un pensamiento inquisidor y a la vez amable con el lector, porque el crítico ejerce además el difícil oficio de escribir bien sobre un género al que no es tan fácil entrarle, con garbo e inteligencia. En la crítica académica actual, obscenamente limitada en cuando a temáticas nuevas a partir de odres viejos, de escrituras que enorgullezcan a los textos abordados con discernimiento a la altura de los desafíos (de la época y de lo que está en juego), el hecho de que aparezca un libro sobre poesía contemporánea de estas características es algo inusual.

Si es verdad eso tan en boga en tiempos *woke* de que las humanidades atraviesan una seria crisis de supervivencia en la enseñanza, con universidades y *colleges* eliminando programas y plazas laborales, habría que buscar responsabilidad también en los actores, principales y de reparto, administración y profesorado, todos quienes desde una de las orillas ven con impotencia el desmoronamiento de la educación terciaria de la forma tal como había sido entendida hasta ahora, esto es, desde los inicios a alto voltaje de la modernidad hasta el presente.

Dicho sea de paso, son pocas, y al borde de la inexistencia, las clases sobre poesía escrita en castellano de América que se ofrecen en universidades estadounidenses. Y las pocas que se dictan son consideradas rarezas exclusivas. Faltan también libros de crítica sobre poesía contemporánea, centrados en la actividad de ruptura y artificio del lenguaje y no ya solo en el contexto social, político, económico y racial, lecturas que por lo general terminan tratando a la poesía como personaje secundario. El diagnóstico no es bueno ni optimista. Da para pensar con cierta sensación de impotencia y temor, agravada además por la realidad política actual, con las humanidades como blanco de bombardeo nuclear en plan de exterminio. Mi experiencia pedagógica me permite asegurar que el origen de la calamitosa situación no es el supuesto desinterés de los estudiantes, sino el descuido de sus preferencias ejercido con insistencia por profesores y administradores. Pruebas al canto.

Para conmemorar los cincuenta años de la fundación de la Latin American Studies Association (LASA), en 2016 la dirección de la institución me pidió que organizara un panel sobre el estado actual de la poesía hispana en las universidades estadounidenses. La sesión dominical fue lo que en términos corporativos se consideraría un éxito, ejemplificado por la numerosa asistencia de público, y la calidad de las presentaciones y de la discusión posterior. De esa memorable jornada dominical en el hotel Hilton Midtown de Nueva York, con recuerdos de voces de sensación precisa para rebobinar, me quedo con uno en particular.

Uno de los asistentes, profesora de un *college* prestigioso, presentó un dato ilustrativo a manera de conclusión adelantada. Dijo que en su centro educativo los estudiantes interesados en poesía iberoamericana suelen ser muchos, pero se encontraron con el problema de que faltan docentes capacitados para enseñar las clases de poesía, con conocimiento de causa suficiente de lo que se ha venido escribiendo a partir de la década de 1980, porque, cabe recordar, después de Pablo Neruda, Octavio Paz y Alejandra Pizarnik (dos Nobel y una consagrada), por nombrar solo a tres pertenecientes a una época impactante por la originalidad de la poesía producida, ha corrido mucho río bajo el puente de aguas turbulentas, lírica de una época con más ecos que voces auténticas, pero ¡qué voces! (las del neobarroco y las inmediatamente posteriores) que es epítome del cambio de mando y sigue estando a la espera de estudios rigurosos, que no por ser académicos deben estar relacionados con la práctica de "canonización" tradicional, tanto de obras como de autores.

Faltan, pues, docentes capaces de enseñar poesía a partir de la propia poesía, de la suma de atributos sintácticos-lingüísticos-lexicales, capaces de salvar a un poema de terminar convertido en prosa de entretenimiento. Desde el corazón de la escritura, el afán principal es lírico.

Por una cuestión de respeto, la poesía no puede ser utilizada como intermediaria —excusa y coartada— para difundir con tediosa insistencia a teóricos europeos que nada, por decir mucho, conocen de poesía iberoamericana, y cuya presencia de "relleno" difícilmente pueda motivar a los estudiantes a expandir los alcances del pensamiento de la imaginación una vez que atravesó los campos magnéticos del lenguaje escrito en verso.

El comentario de la colega funge de acicate y referente para destacar la importancia del libro de Zaidenwerg-Dib, en tiempos en los que nada menos que la supervivencia académica de las humanidades peligra. Demuestra que el estudio riguroso de las poéticas iberoamericanas mantiene intacta su validez, a pesar de la noción de crisis que los días actuales transmiten. Además, por la sistemática calidad de la escritura —librada de clisés académicos— y su rigurosidad para establecer un procedimiento, predispone a eso que tanta falta hace (a estudiantes y profesores): a la activación de un plan de lectura que motive el descubrimiento de verdades sin otra funcionalidad específica que la belleza poética al alcance del desconocimiento.

En días desalmados —de eso mejor ni hablar— en los que todo es medido según fines utilitarios, y evaluado de acuerdo a si tiene o no funcionalidad pragmática, libros de pensamiento crítico sobre poesía como este son poción salvífica para la mente, para que esta, en estado de lucidez máxima, mantenga a raya a la muerte. "Cada vez que uno lee un gran poema tiene menos miedo a la muerte" (Marcelo Cohen, *Una morada ambulante*). François Rabelais consideraba que su libro *Gargantúa y Pantagruel* tenía poderes curativos. El autor como chamán venido a la tribu a traer mensajes sanadores. Escrito con posología propia, el libro de Zaidenwerg-Dib está del lado de la vida y a su vez ejerce de antídoto de lacras intelectuales originadas por la ignorancia. En la actualidad no hay muchos libros en este tono de toma y daca que asume riesgos, en el que logros e intenciones han entrado en sintonía y siguen al pie de la letra su método.

El verso desregulado. Verso libre y neoliberalismo. Desde el mismo título, la obra revela el quid de la cuestión y plantea la pregunta múltiple que, como una muñeca matrioshka, guarda sorpresas en su interior. En esta época, ya no la de Rubén Darío ni la de las primeras cruzadas vanguardistas, como fueron las de Vicente Huidobro y Oliverio Girondo, ¿qué es poesía, qué es un poema, cómo sabemos que lo que estamos leyendo es un poema y no un deforme sucedáneo vertical? La respuesta quizá suene a tautología: se trata de un poema porque sabemos que lo es. El ritmo, la prosodia, la melodía, la cadencia, son desreguladores. Por consiguiente, el tránsito de lo impreso a la escucha, de la palabra escrita a la cantada, del poema a la canción (y lo que pueda haber en medio), esto es, la música de los vocabularios, resulta ahora fluido. Las categorías no necesitan visa para pasar de una a otra y mantener la clave blindada a explicaciones obvias y rutinarias que no pasan de "pseudo" a pesar de ser académicas.

En cuanto a poesía iberoamericana se refiere, la crítica literaria académica ha estado caracterizada por recurrir con impune frecuencia a una sobredosis de citas y notas de otros, y por la escasez de perspectivas para descubrir, analizar y comprender "lo nuevo". Ese encare avaro y limitado está exigiendo desde hace tiempo una perestroika a fondo, que haga entender de una vez por todas que el rigor y la inteligencia pueden ser ejercidos sin tener que rendirle culto al tedio, gran animador de la capacidad negativa del entendimiento. La prosa carismática de Zaidenwerg-Dib va por otro rumbo, un atajo hacia lo que dejó de ser previsible. Apela a los *riffs* y salidas del libreto de la inteligencia creativa al distorsionar el comportamiento del lenguaje en su etapa precomunicativa. En este libro, ideal para calibrar sincronías, altera para bien las formas de expandir el pensamiento crítico, los modos de pensar en diferido lo que un poema siempre está a punto de empezar a ser (en lo que de cierto tiene el tono). Hace un mapeo de la vampirización de estilos ejercidos en una era de sincretismos, de *spin-offs* centrados en oscilaciones del idioma a punto de cambiar de opinión.

En su tarea de adentramiento más allá de las fachadas, y sin poner de manifiesto el final asignado —objetivo central de la interpretación tradicional—, la lectura alberga entradas a un pensamiento en intervalos, como es el poético. En el origen de la idea siguiente se impone una pregunta que no proviene de "lecturas paliativas", ni es esclava de modas críticas asociadas a la época. Las preguntas son del tipo: el ruido que oímos al acercar el oído a las frases ¿es el de la llave al entrar en la cerradura, o el de la puerta al abrirse? La poesía está hecha de preguntas tales (y para su verdad, reales), con estilos descubiertos desde el principio que revelan una labor de ideación de contenidos en desarrollo, un funcionamiento según la imaginación lo consigna. La cabalgada del habla poética ha dejado de ser una dinámica ajena, de cuya existencia el crítico viene a enterarse por haber dicho de pasada las palabras.

"Hace un rato me estaba paseando por el cuarto y se me ocurrió de golpe que lo veía por primera vez". Es la primera frase del cuento "El pozo", de Juan Carlos Onetti. En su recorrido por el itinerario poético de la época, el crítico advierte que las frases que son vistas "por primera vez" existen para que el ritmo las diga, sin comunicarles qué piensa de ellas. En el orden natural de la sintaxis interviene la mano humana para dar por recién llegada a la poesía. De ahí en más, es solo cuestión de escuchar bien, de poner el oído donde la bala y el blanco escuchan de veras. La poesía no flamea a media asta, tampoco hay nada extraño en su espasmódica duración capaz de ahorrarle tiempo de lectura al lector, por eso de que un poema es más breve que un cuento o una novela (y ni hablar si es un haiku). Hace lo que se le canta la gana. Y en el canto gana. Los suyos son triunfos afinados.

En el absoluto de sus posibilidades que son las de sus reverberaciones, nada queda postergado para cuando la dicción lo decida, sino para ese "único" momento en que el lenguaje sucede en lo incesante, convertido en verdad a medias que se desplaza, como si el pensamiento fuera Ulises volviendo a la Ítaca del ritmo, al instante en que la prosodia es en pro de una suposición. De ahí que el crítico elabore una dicción disciplinada en torno al poema que acaba de pasar por el lenguaje. Levanta falsas sospechas respecto de que la naturalidad de los usos lingüísticos pueda quedar para otro momento. Presta atención a lo que el acto de escribir con afán de totalidad desconoce de sí mismo, como si apenas empezara a serlo luego de haberse preparado para convertirse en "fenómeno" de menos a más; como si a veces fueran poemas, y otras, poemenos. Nada falso hay en sus intenciones de nacimiento y descubrimiento. La poesía le impide al idioma quedarse quieto.

Con su agrimensura extendida a la interpretación, el crítico demarca el perímetro del poema a partir de los cambios notados en los modos de proclamar su condición comunicativa fuera de los límites de la gramática. El lenguaje vive de lo que a las palabras les sucede cuando menos lo esperaban. Es la escritura la encargada de proveer novedades, y tras las pistas de esta se encamina la lectura. El poema vive por anticipado las frases que habrán de ir apareciendo, tal cual es su efectiva forma de revelarse. En lo ya ha ocurrido aparece lo que habrá de ocurrir para desaparecer durante el regreso al habla, la que, por más que la obliguen, evitará dar explicaciones innecesarias sobre los cómo y los porqués. La desaparición del sentido al que parece apuntar la poesía desde los inicios de la modernidad hasta el presente empieza en los intentos nuevos por dar vuelta la página. En el tiempo en que está ocurriendo es demasiado pronto para que sea ahora.

Otra vez el lenguaje mantiene todo a salvo, sin tener idea de cuánto preserva. Le da por hacer lo que mejor sabe: seguir hablando entrelíneas. Por consiguiente, la tarea del crítico es observar con ojo de forense y taxidermista el desempeño de la dicción al desplazarse tras la estela del búmeran fonético, sin precisar adónde en realidad está volviendo, ni lo entrecortado que resulta el itinerario retórico a seguir, para interpretar, no al poema, sino a la propia interpretación. Es a esta a la que le pasan cosas por querer saber más de lo que el poema expresa. Este, en ejercicio de su condición autotélica, resume los momentos de finitud, transitivos, de un habla que no se siente aliviada por haber sido dicha y aspira a que le sigan pasando "realidades". Lo que menos quiere el pensamiento es desaparecer nomás el poema quede cumplido.

La del crítico, labor de astronomía y meteorología, indaga en el sistema expresivo y retórico del poema, y se pregunta, como idea que justo pasaba por ahí, por qué parte empezar a leer y cuáles descartar, porque nunca se llega por primera vez a un lugar del que ya se tienen recuerdos, ni basta con articular una práctica sincronizada, ideal para anidar significaciones anteriores a la interpretación de sucesos lingüísticos que la poesía sonoriza. A diferencia de los procedimientos tradicionales de ejercer la crítica de poesía, que han intentado sistematizar la posible "verdad" del poema (que no es en verdad la de este, sino la que el crítico desde fuera le inculca), Zaidenwerg-Dib interroga las peculiaridades formales compartidas a medias (porque para romper con la norma está la subjetividad) con la época de producción de los versos interpelados, para establecer así, mediante la mediación de un método de prueba y error, no solo la poética de fondo, sino el contexto histórico, cultural y social donde ha sido escrita, a partir de su condición de cumbre tan profunda como nota a pie de página.

En el poema "pasa" lo que a la historia del lenguaje en ese momento le ha sucedido antes, sin importar qué tanto antes. La condición elusiva del sentido está obligada a durar, a mantener actualidad en todo aquello que son las zonas privilegiadas de la poesía, las que cualquier lectura interpretativa tendrá problemas para vulnerar. El propósito de fondo concierne a verdades dilucidadas a ojo de buen cubero, por lo que el poema mantiene interés hasta el final, y una vez abordado el último verso, la lectura retoma la carga, sale en busca de respuestas posibles a la que tal vez no sea la pregunta final. De tal modo lo reciente se manifiesta: como sino a ser determinado; como recordatorio de que el poema, pase lo que pase, seguirá siendo el plan cumplido de una promesa, la del lenguaje elegido por las circunstancias, para librarse de ellas.

Así pues, con el lenguaje patas arriba, la gramática convence a la sintaxis de larga data para que se despabile y sepa que la poesía que pasó a ser "nueva", y a vivir de sus novedades, no tomó nada prestado. Como presencia en ciernes se incorpora a la actividad de la imaginación, incesante y obsesionada, la cual parece estar diciendo, como decía el capocómico argentino Antonio Gasalla: "Yo nunca hago nada con lo que no esté de acuerdo". Al ejercer presión sobre sus posibilidades de dicción, el poema deviene la forma preferible de obligar a la originalidad a confesarse y a prestar atención a los veredictos del interés en el asunto. Los mecanismos de la interpretación no tienen como cometido principal acceder a la cima falsa de formas dispuestas a ser táctica y desorden de una desobediencia.

La escritura interpretada suena a cambio de rumbo, a disrupción que no falta a la cita ni contradice la ausencia de objetivos específicos, a la orden de atributos enaltecidos tras haber sido puestos en duda por la tradición previa. Lo que menos pretende la poesía del siglo XXI analizada por Zaidenwerg-Dib es acontecer como si ocurriera a modo de posdata de corta data, fruto de una espontaneidad nacida a las apuradas. El poema alberga infinidad de pasados, todas las edades de la modernidad con sus antepasados que, de no haber sido por las ideas que le dieron forma, tendría razones de ser como realmente quisiera. Con noticias que solo al lenguaje interesan, la realidad verdadera del poema contemporáneo acontece en el tramo menos pensado del recorrido lingüístico y personal (la hora unánime del yo poético y del yo social), en el tercio que le falta para quedar completo. ¿Será eso lo que busca hoy el lenguaje?

La poesía —y el autor lo tiene claro— es el barullo iniciático de la próxima jugada en la sintaxis, música al acecho del caudal auditivo que no le hace caso al sentido. La interpretación es la experiencia de la escucha vivida desde adentro. No en vano, la poesía como lenguaje adquirido es tema esencial de este libro, considerado su radio de acción conforme a aspectos contiguos vinculados a contrastes y rupturas, dedicados a esbozar arraigos y desarraigos en la hoja de ruta por donde el lenguaje asoma cuestionando los alcances expresivos de la modernidad posterior a la establecida en un marco histórico impreciso como es el actual, en el que las arbitrariedades a todo nivel levantan la mano, piden turno. El crítico presta atención a las preguntas que el lenguaje al encontrar el origen tras el cual va se hace, y que se cuelan entre las fisuras donde residen los últimos atisbos de novedad capaces de saldar cuentas en el desempeño del idioma, una vez puesto al servicio desinteresado de la poesía.

"La mano dispuesta, pero manda el oído", escribió Marina Tsvietáieva. Genial. "Gracias a la vida [...] Me ha dado el sonido y el abecedario", cantó Violeta Parra. Genial, dos. Por meterse a interpretar lo que la escucha le dice al volumen del oído al subir los decibeles —donde manda capitán no manda marinero—, al crítico no le queda otra que seguir dándole vueltas al asunto, según un régimen de aprovechamiento y pleitesía a pensamientos deudores de formas de raigambre lírica sin normalizar, que mutuamente se activan hasta excluirse de la posibilidad de quedar convertidas en "narración de conceptos". El poema solo puede ser poema. A partir de este señuelo, el crítico plantea un plan de esclarecimiento. De la misma forma en que el poeta esparce rastros de escritura nómada contra el anonimato, su más cercano lector los sigue como forma de recreación librada de intermediarios.

Zaidenwerg-Dib se distancia de cualquier malentendido que pudiera haber habido al incursionar con mirada crítica en la poesía reciente, comportándose como quien cruza un bosque cuanto antes, porque más adelante comienza "algo" (la voz de alguien) que se parece a un jardín sin tener idea de lo que es o puede ser, ni si tiene sentido seguir adelante. Los modos de análisis a los que apela evalúan la responsabilidad que pudieran haber tenido las formas que han puesto a las expectativas a cambiar de objetivo, y a la sintaxis a conocer incertidumbres que son las de la escritura cuando no quiere que nada más ocupe su lugar. Mediante una práctica de hipótesis y antítesis, el crítico insiste en respetar los ritmos de la poesía puesta a consideración, y que a su manera representa una época caracterizada por la misología, por el odio al lenguaje utilizado sin afán comunicacional evidente.

La *doxa* se instala en el punto de vista del lenguaje convocado con solución de continuidad. El ritmo decide por sí mismo la dicción más conveniente, sin sentirse rehén de la racionalidad. En el habla ejerce la discontinuidad e intenta responder a la pregunta que el poema se hace, ¿cómo saber si "fue yo" el que ha sido en aquello con labia propia que era el lenguaje antes del poema? ¿Cómo imponer una variedad de ritmos de invención en la voz encargada de organizar la vida colectiva de las palabras? "Suiza es donde pocas cosas empiezan, pero muchas terminan", concluyó F. Scott Fitzgerald. La lectura tradicional de poesía suele centrarse en las zonas del poema en las que este, amparado en una complejidad incomprendida puesta a atestiguar contradicciones y salidas del libreto, en vez de volver a empezar, termina.

Dadas las circunstancias, la proxemia advierte que el hecho de recurrir a un "pensamiento flexible" salva al crítico de convertirse en rehén de una racionalidad astuta, pero que sin embargo no arriesga y cae por su peso en la timidez, característica que regenta muchas de las perspectivas actuales, el ir una y otra vez a lo seguro. Zaidenwerg-Dib, por el contrario, da cabida a los vericuetos cumplidos de lo indecible, desde donde la discontinuidad es ejercida. El lenguaje poético alcanza la plenitud en la autointerrogación de sus facultades. Testimonio de un ritmo que informa de una espontaneidad racional a la busca de estructura, el poema aúna entonaciones para que sigan existiendo sin aparentes parecidos entre ellas. Es tarea del crítico advertir del zigzagueo y la deriva prosódica manifestada en la marea del habla cuando se dispone a decir algo, pero termina diciendo otra cosa. La supervivencia del sinsentido es parte del plan de ruta al que la poesía, por no ser inmune a lo inesperado, de un modo u otro, participa. La poesía, del presente textual y temporal que sea, es epílogo epigonal al que las formas y maneras le importan, sin saber bien para qué. Es parte de su leyenda reformular la capacidad de supervivencia en escenarios históricos con entradas y salidas a ninguna parte, como el tan manifiesto de la realidad actual.

El poema se mueve en superficies profundas. Documenta hechos imaginarios reconocidos en el desconocimiento, en cosas vistas en el lenguaje a modo de obstáculo y oportunidad, de materialidad de un ofrecimiento a lo primero que pueda tener acceso la emotividad como experiencia privada de las palabras, una vez que les da por pensar lo que quieran. Del lenguaje poético, advierte el crítico, logramos entender sus beneficios al rato de haber encontrado su supuesto papel en la significación resuelta en lo incompleto. Los momentos de escritura elegidos para significar son tratados a cuerpo de rey, por considerarlos actos gratuitos de los que la interpretación no puede apoderarse para que la comprensión pueda neutralizarlos.

La escritura poética que al crítico le interesa es aquella convertida por la acción del lenguaje en la sintaxis en sede de frases que al raciocinio podrían resultarle imposibles, por desafiar las normas del sentido común. Las frases "de verdad" existen para que el ritmo las diga sin decirles qué piensa de ellas. En el orden natural de la sintaxis interviene la mano humana para dar por llegada a la poesía. Todo queda para ese momento en que el lenguaje acontece convertido de nuevo en lo que puede expresar por habérselo propuesto. Raras veces le da por volver a lo mismo; no se detiene a mirarse al espejo; mira mientras avanza, reparte su perspectiva entre las ideas que al ir va pensando. Adopta posturas para estar mejor mientras menos sepa, para no tener que dejar para mañana algo que recién pasado mañana habrá de interesar al significado. La sospecha de que la naturalidad de los usos lingüísticos puede quedar para otra oportunidad a nadie deja sorprendido. Viene a suceder como raras veces, como si fuera después de haber estado mucho tiempo preparándose para convertirse en fenómeno, que de veras lo es. Nada impostado hay en sus intenciones.

El poema establece su territorio en la observación. El lenguaje permanece expectante de lo que habrá de ocurrirle en fase de espera de algo probable cuando las palabras menos lo habían pensado. Es la escritura la encargada de proveer novedades, de descubrirlas. En realidad, pasa eso. El poema vive las frases (y fases) que habrán de aparecer versos más tarde, tal cual se ha hecho costumbre y modo de revelación en la poesía actual, caracterizada por la fragmentación. En lo ya ocurrido aparece lo que habrá de ocurrir, para desaparecer durante el regreso al habla original, si la hay, la que el poeta al ponerse las pilas ha inventado, y que, por más que la obliguen, permanecerá librada de explicaciones. El pensamiento bajo ataque por todas partes se refugia en lo que le oye decir al lenguaje preferido, para dejar así a la poesía en un sitio, y al silencio en otro. En su análisis, Zaidenwerg-Dib parte tras las trazas del origen compartido a medias con la época de producción, para demarcar el territorio de la probable poética de fondo (de haber una) y del contexto histórico, cultural y social donde ha sido creada como prueba de lo increíble que sale al paso.

La poesía es gran saboteadora de la pérdida de tiempo. Este libro lo señala con palabras venidas al caso. Contrario a lo que pudiera creer un "poeta de la experiencia", de comunicación fácil, o cualquier despistado con la vista puesta en otro espacio y tiempo, la poesía no puede existir sin una crítica imaginativa capaz de establecer un diálogo de buena escucha y atención con su objeto de estudio. A las ideas hay que decirles, insistirles, para que sepan y se entretengan con el pensamiento, al cual ni le va ni le viene, porque todo tanto le da para que la poesía siga estando en primer plano. Las aguas bajan turbias a la conciencia del lenguaje, dispuesto a cumplir con el mandato, ojo por ojo, pues en la poesía el habla involucrada puede vislumbrar antes que las ideas. A cada acto inteligente del idioma, la poesía lo premia.

Otra causa colateral con efectos característicos de este libro es la de hacer despertar el criterio con función crítica sin aspirar a veredictos, a "cosa juzgada". La escritura creativa no existe como hecho dado; va surgiendo sin aparente causalidad. No es fácil emitir juicios contundentes a partir de esa práctica de desequilibrios expresivos, que a las aspiraciones expresivas las dejan bamboleándose fuera de las normas del lenguaje. Por jugarse la camiseta a tratar de imponer un plan de indicios, no a reproducir con leves modificaciones otro ya establecido, la mirada "descalculadora" del crítico, emitida desde la descontrolada montaña rusa en la que sube y baja acompañando las peripecias del idioma, hace de este libro una zona acertada de hallazgos y de rescate de piezas retóricas, que aún están lejos de conocer la hora en que pasarán a vivir en el espejo retrovisor.

Los resultados de su actuar aceptan ser leídos como diario de una mente inquieta en movimiento, que da la sensación de estar yendo hacia donde se lo había propuesto desde un principio. Ninguna de las apariencias traídas a colación está en desorden. Tampoco responde a un procedimiento detectable a las claras, de esos a los que suele apelar la crítica literaria académica, que apunta sus dardos a un tema anunciado desde el inicio, a partir de postulados que recurren a una bibliografía que se reitera sin solución de salida. Este no es otro libro de crítica saturado con agobiantes y contraproductivas citas que por lo general no vienen al caso, del tipo "según Derrida", "de acuerdo con Zizek", "como dijo Badiou" (o quienes sean citables antes de que pasen de moda).

Zaidenwerg-Dib evita el discurso artificioso y apologético. Apuesta a su aguda intuición, como lector, intérprete y, sobre todo, creador de poesía.

Establece un coloquio de igual a igual, de tú a tú, de tuteo directo sin recurrir al vosotros, porque el aire de fondo exclusivamente iberoamericano que tiene este volumen jerarquiza su condición pionera en diversidad de aspectos. No quiere ser "obviamente" académico. Lo es, sin hacerlo evidente ni caer en redundancias. Habla de aquello leído por representar parte de la poesía referente del período actual de la contemporaneidad, en el que nada parece estar basado en tradiciones asumidas como propias, y es más bien prefacio de un nuevo canon vernáculo, de una lucha que ha dejado de dirimirse en la sintaxis, como casi con exclusividad lo hacía de espléndida manera la estética neobarroca afín a formas desquiciadas que hasta ayer decían.

El lenguaje poético (como metáfora lírica de la época en la que interviene) pone en tela de juicio las formas previas que estaba obligado a manifestar. El crítico destaca que hubo un relevo de roles, de objetivos, constatado en el modo de expresar las subjetividades que han sido sacadas de su hábitat natural. El lenguaje encontró modos de recrear su parafernalia expresiva, y la poesía de la casi poscontemporaneidad, actuando en tiempos en que la realidad superó al relato de la prosa de ficción, es la única viajera segura hacia los sitios remotos de la imaginación. Queda demostrado que el plan de las poéticas a estudio no incluye un propósito de funcionalidad ni de correspondencia con finalidades determinadas. Las lecturas de lo indeterminado apuntan a lograr que la eficacia tenga efecto en un plano clausular poco propicio a verdades aparentes, condenadas a ser una sola en exclusividad, esto es, a reafirmar particularidades dadoras de significación única.

De un tiempo a esta parte, tiempo que va ya para largo, el análisis de poesía a nivel académico —de reseñas en diarios y revistas ni hablar— se ha desinteresado por descubrir los intríngulis del lenguaje al anticiparse a la experiencia de quien lo escribe. En este aspecto, complacencia y conformismo han sido malos consejeros. En ocasiones reiteradas el análisis presta demasiada atención a la experiencia personal que a los cuatro vientos se proclama, a lo cotidiano del diario vivir, al poeta como esclavo rebelde o sumiso de lo cotidiano, y a la artillería retórica a disposición, la cual, en los casos de poéticas radicales, aumentó en número y efectividad sus efectos distorsivos, sin que estos sean tenidos en cuenta a la hora de ser estudiados.

De eso también se ocupa *El verso desregulado*, poniendo sobre el tapete un elemento que por lo general es desdeñado: las pautas de escritura que el poema impone al establecer formas que no habían sido expresadas, no al menos de una manera despreocupada, *cutting edge* diría, esa que la marea de elocuencia en tono lírico vino a poner en marcha. La crítica tiende al conformismo, a reiterar tópicos y autores; camina sobre seguro, estudia poetas conocidos (parte del establishment académico), seguramente por no saber avizorar dónde comienza la superficie firme y dónde la ciénaga. La búsqueda de la pieza que al rompecabezas le falta no es con el afán de completarlo, sino para salirse de la temporalidad y hacer que otras cosas transcurran en sucesión de superposiciones temporales que por algo hablan unas con otras.

La escritura fluye, se desliza a través de una sintaxis ilesa, el lenguaje viaja a bordo de sí mismo, carga consigo novedades que son su primicia. El crítico interroga algo que puede ser alguien. Le pide al lenguaje de la poesía que produzca pistas, que esparza rastros, no para reiterar el mismo y monótono procedimiento de siempre, del tipo, "¿qué quiere decir el poema?", sino para aproximarse al poderío redimensionado del núcleo del habla que, lo mismo que coyote aullando a la luna, solo quiere conversar consigo, desplegarse mientras se repliega y crea efectos alterados de lectura. El crítico quiere saber hasta dónde su opinión puede incidir en los desvíos que ha creído localizar. Para cumplir al pie de la letra con tales propósitos, camina hacia aquellas zonas de significación en las que la escritura dejó de pedir ayuda. Permite que la mirada invente imágenes —las que quiere ver—, que la representación a sí misma se interprete, pues en el más allá comprensible del habla poética hay otras opciones de entendimiento relacionadas con la poesía cuando es eso, lo que sea, y vino a decir su verdad aparte en tiempos con aura de transhumanismo cargados de prefijos.

"Poetry is the sound of language organized in lines", afirma James Longenbach en su canónico libro sobre el arte superior, en el que un quién escribe a otro quién para convertirse en somos. "Nunca escribía sobre algo. Siempre escribía algo", afirma Beckett, refiriéndose a Joyce. Viene a cuento. La poesía, "algo principal organizado en versos", es, como ha sido siempre, puesta a punto de una superioridad lingüística propiciada a partir de lo estrictamente humano, de la inteligibilidad de lo emotivo, incluso cuando se disfraza de abstracciones para poder mantener viva la resistencia.

Durante su meticuloso proceder por escrito, la imaginación evita distinguir tipos de práctica poética con intenciones de permanencia. Al adelantarse a cualquier cometido utilitario, desafiliada de cualquier finalidad, se adapta a las versiones de la realidad que en el poema dan la idea de pertenecer a un mundo con sus propias reglas, a un ejercicio de las bondades del pensamiento que ha aceptado que en cualquier verso puede pasar de todo. Las represalias del poema contra sus propios excesos actúan en ese plano, de libertad que se atreve a contradecir lo establecido en última instancia, de realidades empíricas dadas por ciertas. En boca de juglares con metáforas en la yugular, la inteligencia hace su servicio básico. Su efectividad en lo aproximado es al cien por ciento, y a esa premisa se adhiere del principio al final del recorrido.

Desde hace ya bastante la crítica desfallece por tratar de entender algo entre lo poco que consigue tener claro, como si la comprensión asociada a la lectura tuviera visa para convalidar los efectos de belleza que la poesía prorroga en mayor medida que otros géneros literarios, si bien es verdad que en su territorio no hay verdades de fondo con las cuales contar (es dudosa su fiabilidad), ni de ellas suele hablarse en plan diplomático. Ausentes hoy los estilos de pensamiento crítico que con la suavidad de argumentos irrefutables hicieron congeniar a la poesía con la inteligencia y descubrir dónde había gato encerrado —refiero a autores con perspectiva definida, en la línea de Hugo Friedrich, Maurice Blanchot, Roland Barthes y Octavio Paz—, libros como este estimulan y levantan el ánimo del criterio usado a fondo para entrar en la fuerza centrífuga del poema, reino de probabilidades ejercidas a sus anchas. Llevan a creer, qué duda cabe, que en el desértico panorama de la crítica académica actual, en el que la lectura se ejerce como si se tratara de realizar un trámite burocrático, como constancia de una comprensión limitada, hay confines expresivos transgredidos que a gritos estaban pidiendo ser estudiados para determinar a qué genealogía pertenecen.

Perdido el sentido de precaución, y sin temor al qué dirán por ejercer el "think out of the box" ("pensar fuera de la caja", que en el caso de la poesía es la de Pandora), *El verso desregulado. Verso libre y neoliberalismo* destaca a las claras la audacia de la pesquisa, al convencer con argumentos sostenidos a partir de aquello que "parece", de modos desparejos de percibir los nomadismos del habla poética, serpenteos por una periferia de la boca para afuera. Zaidenwerg-Dib se ha tirado a la piscina, y recién después de haber caído dentro la llenó de agua. Contradice la tendencia de moda entre los críticos, de llegar solo hasta donde pueden comprender, y que dejan de leer si lo indecible aparece. Se libra del pensamiento angosto, que claudica apenas lo llamado "difícil" hace su aparición en el escenario sintáctico.

Además, por ejercer una efectiva práctica de idiorritmia, la lectura del volumen no se hace larga ni farragosa. Las turbulencias que puedan aparecer camino al Parnaso juegan a su favor. De pocos libros académicos escritos en la actualidad puede decirse eso. Queda claro, para quienes quieran entender de buenas a primeras, que el liderato de metáforas y metonimias ha cambiado de manos y que el análisis pasó a depender ahora de la importancia que a las palabras en ejercicio pleno de su libre albedrío pueda otorgársele, tras haber despertado al llamado de nombres y predicados, los que, obrando por cuenta propia, han venido a anunciar el inicio triunfal de un canon nuevo, con perdón de lo nuevo.

Introducción

Marjorie Perloff escribe en *Radical Artifice: Writing Poetry in the Age of Media*, de 1994:

> Verso libre = libertad; forma abierta = mente y corazón abiertos; durante casi medio siglo, estas ecuaciones se han aceptado como verdades axiomáticas, el corolario de lo que se ha llamado, en relación con el lenguaje poético, la "mirada natural" [...] Pero a partir de la última década, se ha empezado a cuestionar seriamente la "libertad" del verso libre. Por ejemplo, Robert Hass afirmó con cierta tristeza (amén de seguir escribiendo sobre todo en verso libre) que si bien en su momento el "verso libre" se asociaba con una revuelta contra principios formales que se consideraban ficticios, "ahora me da la sensación de que el verso libre se quedó sin filo, se volvió neutral, el instrumento recibido". Lo cual equivale a decir que el verso libre se ha vuelto lisa y llanamente la norma [...] En efecto, a los estudiantes que hoy en día se acercan a la poesía les suelen enseñar cada vez más que si un poema está cortado en versos es un "poema", sin importar cómo estén construidos esos versos. La cuestión de la sílaba, del metro, del acento y de la cantidad, ha quedado en un segundo plano.* (134-135)

Ni el diagnóstico ni la argumentación subsiguiente obedecen, al menos a primera vista, a un impulso nostálgico, restaurador de antiguas tradiciones caídas en desuso. Por el contrario, Perloff se propone discutir con los New Formalists, un grupo de poetas que, en palabras de la crítica: "han lanzado una campaña para revivir el 'metro', que en su

---

*   Todas las traducciones, salvo indicación explícita, me pertenecen.

caso implica casi exclusivamente el pentámetro yámbico". Contra ellos, afirma:

> Pero esos planteos —y no son pocos en los así llamados manifiestos de los New Formalists— se basan en la premisa, que no resiste ningún análisis, de que la elección de una forma métrica no está sujeta a limitaciones culturales, ideológicas o sociales; y que, por el contrario, la elección de un metro es totalmente "libre", de modo que las formas tradicionales están ahí para usarlas [...] La idea de que se puedan revivir y reproducir con exactitud las formas métricas de siglos pasados atenta contra el sentido común. (136)

A fin de demostrar la determinación contextual de la prosodia, Perloff esboza una historia tan breve como informada de la métrica inglesa, desde la adaptación del endecasílabo italiano durante el Renacimiento, con la progresiva flexibilización de la rima y las formas estróficas —del *heroic couplet* al *blank verse* del romanticismo—, hasta los experimentos con el verso libre del anglomodernismo, en particular aquellos que buscaban atar la prosodia a la entonación del habla, cuya cadencia estaría determinada subjetivamente por el estilo personal de cada poeta. Perdido ese patrón común de entonación, Perloff identifica el problema que subyace a esta supuesta crisis de la "libertad" del verso libre devenido ortodoxia: "Y he ahí el dilema: a medida que el foco que las poéticas de mediados del siglo ponían en el habla se ha ido desplazando a la materialidad del signo sobre la página escrita, se ha vuelto cada vez más problemático pensar una prosodia con base en la entonación" (137-138).

Es decir: si la prosodia, amén de su cada vez mayor pero de todos modos relativamente temprana dependencia de la escritura, había establecido sus patrones según criterios musicales o cuanto menos auditivos —cómo distribuir las palabras en el tiempo—, al quebrarse de forma progresiva esa sociedad consuetudinaria entre ritmo y sonido, el problema estribaría en encontrar una nueva prosodia para la poesía en su régimen actual, con la desmaterialización de la dimensión rítmica en favor de una textual o visual. "¿Cómo sería esa prosodia 'literaria'?" (138) es la pregunta de Perloff, a la que ofrece dos respuestas posibles. Por un lado, la alternativa más habitual de los poetas de la llamada posmodernidad, que consistiría en tomar los metros y las estrofas tradicionales y parodiarlos. Por el otro, una poética del procedimiento —Perloff la llama "limitación o procedimiento"— que mantenga la "cuenta" asociada a la prosodia tradicional, pero que no compute el número de sílabas, pies o acentos ni determine una característica fija del texto, sino que haga de la restricción un "principio generativo". Así, cada texto se fijaría sus propias limitaciones, a partir de las cuales se iría construyendo. Para Perloff, los ejemplos paradigmáticos de este principio serían Georges Perec y los oulipianos, James Joyce, John Cage y Louis Zukofsky; es decir, artistas formados en el Alto Modernismo, que en términos generales pueden ubicarse bajo el rótulo de *language poets*, una tradición ciertamente muy distinta de la latinoamericana, en la que buena parte de ese trabajo de experimentación corrió a cuenta de las diversas actualizaciones del barroco.

Perloff tiene razón en señalar la inconsistencia de los argumentos de los New Formalists. Sin embargo, en vez de extenderle su objeción principal —que las elecciones rítmicas no suceden en el vacío, sino que están cultural, social y por ende políticamente determinadas— al verso libre, que Perloff reconoce como una nueva ortodoxia, dedica sus esfuerzos críticos a pulverizar la argumentación de un grupo marginal respecto de los acuerdos prosódicos básicos del género. Además, su poética del procedimiento, si bien no se somete a reglas exteriores, comparte con el verso libre cierto espíritu anarcoliberal, que solo acepta regulaciones autoimpuestas, de alcance individual, con la salvedad de que las presenta como objetivas.

Por otra parte, a pesar de defender poéticas que se quieren radicales, hay en la argumentación de Perloff algunas huellas de lo que pareciera proponerse criticar. Después de todo, titula este capítulo "The Return of the (Numerical) Repressed: From Free Verse to Procedural Play" [El retorno de lo (numérico) reprimido: del verso libre a la poética del procedimiento], y es de esperar que ese retorno freudiano arrastre consigo algún resto inesperado. En primer lugar, en la idea que ofrece Perloff de la historia de la poesía parecieran persistir —o al menos entrar en tensión con ella— resabios de una concepción organicista de los procesos culturales que, al igual que los cuerpos de los seres vivos, serían capaces de nacimiento y muerte, entre otros accidentes biográficos. Así, por ejemplo, Perloff primero afirma que los New Formalists habrían intentado "revivir" el metro, y luego insiste en que la pretensión de que sea posible —otra vez— "revivir" las formas métricas del pasado atenta contra el sentido común. Huelga decir que, para que algo reviva, primero tiene que haber terminado de morir; y, por lo demás, cabría preguntarse por la naturaleza de ese "sentido común" que Perloff da por sentado, con el cual este intento de resurrección de la métrica se daría, literalmente, de bruces.

Tal vez uno de los sentidos comunes que la argumentación de Perloff pone en juego sea el propio estatuto del verso libre como sentido común, que esboza pero prefiere no desarrollar. Pero también parece haber una alusión al tema, igualmente arraigado pero mucho más antiguo de lo que suele creerse, de la muerte de la poesía, que reapareció con particular urgencia en los dos últimos cambios de siglo, en momentos de crisis de procesos de modernización. Un ejemplo elocuente es "El rey burgués", la conocida fábula de Rubén Darío, publicada en *Azul*, de 1888, en la que un poeta zaparrastroso, el arquetipo del artista muerto de hambre, llega a la corte de un poderoso que no tiene más abolengo que su dinero, a pedir empleo para ganarse el pan. Dado que el monarca acaba por contratar al poeta no para componer poemas sino para hacer sonar una cajita de música, una labor mecánica que acaba matándolo, esta fábula ilustra con nitidez anticipatoria el trance mortal de la poesía al ser deglutida y regurgitada por el empleo y el mercado. Sin embargo, encontramos ya en Ovidio una idea que no por anacrónica resulta menos moderna. En el canto XIII de las *Metamorfosis*, Orfeo, el poeta por excelencia de la mitología grecolatina, tras desdeñar los requiebros amorosos de las Ménades, es brutalmente asesinado y despedazado por éstas. La cabeza y la lira van a dar al río Hebro, donde siguen cantando después de la muerte:

> Los miembros yacen en diversos sitios.
> A ti te toca recibir la lira
> y la cabeza, Hebro, y ¡oh milagro!,
> por el medio del cauce van flotando.
> La lira, lacrimosa, se lamenta
> no sé de qué y, exánime, la lengua
> murmura lacrimosa, y las orillas
> responden, lacrimosas, sus lamentos

En esta representación del mito de origen, la muerte no es límite sino condición de posibilidad de la poesía, que está muerta desde siempre, pero vive *en* y *de* su muerte: es un *undead*, un no-muerto, de cuyos restos, sin embargo, surge una voz que sobrevive y canta. Por lo demás, en los versos de Ovidio se esconde otra clave: la afirmación de su carácter formal. La técnica también está condenada desde el inicio a la obsolescencia, pero es incapaz de morir, en cuanto imperativo. De allí que, en la representación de Ovidio, estos *restos* de Orfeo —no solo en la acepción cadavérica de la palabra, sino también como exceso o suplemento— no sean solo su cabeza, en cuanto vehículo de su voz, sino también la lira. Ese instrumento fantasmal, aun escindido del cuerpo, es incapaz de separarse de él, y sigue entonando sus quejas, a la espera de otra mano que lo pulse para arrancarle nuevas melodías. Así, mientras que, para Perloff, la historia de la poesía parece ser una secuencia teleológica de defunciones, nuevos nacimientos y fallidas resurrecciones, en concepciones como la de Ovidio sería asunto de muertes que no acaban de morirse; y, sobre todo, de supervivencias.

Precisamente alrededor de esta cuestión —la supervivencia de la poesía como canto y, por consiguiente, su renovada relación con lo popular a través del auge de la industria de la música— es donde Perloff vuelve a asumir posiciones que tal vez, de haber hecho explícitas, la habrían puesto del lado de quienes se proponía impugnar. Perloff comparte con los New Formalists una misma concepción de la poesía, a la que ve como un fenómeno eminentemente libresco o al menos escrito, que circula de manera escasa para un público selecto e ilustrado, y que cuenta con una serie de instituciones legitimadoras cuya preponderancia se remonta a la traumática —por su pacto forzoso con el empleo y el mercado— conquista de la autonomía literaria: la crítica, las editoriales, los suplementos culturales de los periódicos, las universidades, etcétera.

Quince años después, en 2009, Perloff publicó, en carácter de editora, un libro titulado *The Sound of Poetry / The Poetry of Sound*. Esta vez el enfoque es transdisciplinario: los ensayos del libro se ocupan de cuestiones tan diversas como la traducción, las relaciones de la poesía con la música de vanguardia, la versificación digital y las interfaces entre lo auditivo y lo visual en el arte contemporáneo. La omisión, nuevamente, es la presencia cada vez más insoslayable de la poesía de la música popular, y la supervivencia de esos aparejos técnicos —y a menudo retóricos— que la llamada alta cultura se había acostumbrado a despreciar por rancios y tradicionalistas. De manera llamativa, Jacques Roubaud, un oulipiano, denuncia en la introducción el anquilosamiento del verso libre en cuanto ortodoxia incuestionada —al que llama IFV, *international free verse,* o sea "verso libre internacional"—, pero tan solo para actualizar el mito de la muerte de la poesía: "El eslogan 'La poesía ha muerto' ha sido reemplazado por 'La poesía está en otra parte'. Es decir, en otra parte que no son los poemas de la manera en que los describí y como seguirán escribiéndose" (24). Para Roubaud, esa "otra parte" donde algunos vuelven a encontrar la poesía es variable: el rock y las canciones, el rap, el slam, la performance. Sin embargo, Roubaud considera espuria esta pretensión: "No tengo nada en contra de estas actividades. ¿Pero por qué llamar a estos eventos 'poesía' en vez de designarlos con otro nombre? ¿Por qué no simplemente llamarlos una PERFORMANCE?" (25). Su explicación asume, una vez más, un tono fúnebre o, mejor dicho, espectral: "Creo que el motivo queda claro: sacar provecho del aura que se sigue asociando a la palabra POESÍA, capitalizar lo que llamo el EFECTO FANTASMA de la poesía" (25).

Otra vez, dos maneras de entender la historia de la poesía a partir de sus supuestas ruinas y restos. Por un lado, la de Ovidio, ligada a la supervivencia de aquello que, condenado a muerte, se resiste a morir, y sobrevive en la materialidad de su canto, sus vestigios físicos y su herramienta de trabajo. Por el otro, la historia de la poesía según Perloff y Roubaud, que a pesar de su interés por lo experimental reproducen las categorías binarias tradicionales ("vivo" o "muerto"), e incluso la hacen regresar —desmaterializada y fantasmal— de la muerte con el único fin de denunciar la inautenticidad de quienes creían verla viva y desbordante de salud a pesar de haber sido tan longeva y proteica. Dos maneras, en fin, de concebir la poesía misma: paradójicamente o no, la más difundida sigue siendo la más elitista, que continúa apelando a estos relatos mortuorios para maquillar la crisis de su autonomía, asociada al libro impreso como vehículo de circulación, y darle, de paso, un brillo sobrenatural. Y frente a esta visión, el proyecto contrario: contar la historia de la poesía no a partir de sus supuestas muertes y desapariciones, sino a través de sus persistencias, transformaciones y supervivencias; a través de aquello que, oculto a simple vista, insiste en volver a aparecer: el carácter formal y técnico de la práctica poética.

Este libro quiere participar de una historia cultural del verso libre en la América hispanoparlante. Antes que revisar las teorías prosódicas que buscan sistematizar los usos —diversos pero discretos— de esta técnica, me propongo historizar y cuestionar un sentido común muy arraigado: que el verso libre traduce de manera automática la subjetividad, única e inalienable, de quienes lo practican. En paralelo, voy a criticar otra idea comúnmente aceptada en el ámbito de la poesía escrita, pero cada vez más difícil de sostener, no solo si se les otorga estatuto poético a otras manifestaciones por así decirlo "líricas" —término problemático, porque como han notado los New Lyric Studies, su genealogía es inseparable de la historia de la autonomía literaria—, sino también por la creciente influencia de la poesía neocancioneril respecto de la poesía escrita, una industria que se encuentra en pleno auge gracias a las posibilidades de distribución —y explotación— que permiten plataformas como Spotify. Me refiero al supuesto de que, dado que el verso libre sería la forma más "moderna" de la historia técnica de la poesía, el empleo anacrónico de técnicas "tradicionales" tendría una significación política automáticamente conservadora o reaccionaria. En suma, no me propongo en absoluto criticar el uso del verso libre —como querrían algunos neoformalistas—, sino restituirlo a un repertorio técnico más amplio, del cual su historia intelectual lo ha ido excluyendo cada vez más.

Si bien comienzo estudiando el surgimiento de esta forma poética en el último tercio del siglo XIX, este libro tiene como objetivo último estudiar las tensiones —que empiezan a volverse visibles a partir de la década de 1970 pero se hacen especialmente patentes en la de 1990— entre, por un lado, la ortodoxia versolibrista como sentido común formal; y, por el otro, la hegemonía neoliberal, entendiendo el neoliberalismo no como una mera ideología económica, sino como un dispositivo productor de subjetividades, en la estela del *Nacimiento de la biopolítica* de Foucault y sus continuadores y críticos, en particular quienes estudian las relaciones entre la subjetividad y las transformaciones en el ámbito del trabajo.

A pesar de su fuerte impronta filológica, mi investigación no se encuadra exclusivamente en el campo de los estudios literarios, y echa mano a herramientas de la crítica y la historia cultural. En términos metodológicos, hago un uso queer de la filología, que permita politizar la reaparición de anacronismos formales en un contexto de crisis de la "modernización" neoliberal. Así, quisiera hacerme eco de la reivindicación anticonservadora y antitradicionalista del anacronismo que desde la teoría queer desarrolla Elizabeth Freeman, para oponerse a los ritmos y las formas de habitar el tiempo orquestados por las corporaciones y los Estados nacionales. En *Time Binds: Queer Temporalities, Queer Histories*, Freeman afirma que el propósito de revolver entre lo inútil y lo anacrónico consiste en "excavar el presente en busca de fuerzas aún sin detonar de revoluciones pasadas" (xvi), buscar en los excesos producidos por el capital para recolectar y volver a movilizar restos arcaicos o futuristas como señales de que las cosas podrían y deberían haber sido diferentes. Esto se conecta con los planteos de José Esteban Muñoz, que en *Cruising Utopia: The Then and There of Queer Futurity* sustrae la utopía de la dimensión de lo irrealizable, y la concibe en cambio en términos de temporalidades latentes que permanecen en espera, un tiempo fuera del tiempo que no coincide con el de la historia: el arte, en consecuencia —y en este caso, la historia de las técnicas poéticas—, puede funcionar como un archivo de lo irrealizado, de lo que se quedó en potencia.

Este libro es la primera historia cultural del verso libre que existe en nuestra lengua; en general, la bibliografía disponible es de carácter estilístico-descriptivo y tiene como fin último encontrar rasgos comunes y regularidades entre sus diversos practicantes, o incluso establecer las bases de una nueva prosodia independiente del cómputo silábico o acentual. De la misma manera, los debates al respecto suelen reproducir la polémica entre Perloff y los New Formalists, prodigándose en acusaciones cruzadas: de los filólogos puros, que se muestran reacios a trasponer los límites de la estilística, al tiempo que les reclaman a los versolibristas el fracaso de la promesa de emancipación que había sido su razón de ser; y de los versolibristas, que les endilgan a sus adversarios un nostálgico deseo de restauración de un orden perdido. En consecuencia, me propongo ensayar una interpretación de los fundamentos filosóficos y políticos del verso libre, y no de su práctica individual que, alternativamente, llamaré *verso desregulado*, en referencia irónica a, por un lado, el "desarreglo razonado de todos los sentidos" de Rimbaud y, por el otro, a la desregulación neoliberal.

Para explicar en términos sencillos la ironía: llamo "desregulado" a un tipo de verso que funda su pretendida libertad en la negativa a sujetarse a toda regla formal exterior, al menos en teoría, puesto que en la práctica se observan regularidades que suelen coincidir con hábitos sintácticos o maneras repetidas de eludirlos. Mientras que el ritmo o cualquier otra regulación de índole externa son siempre relacionales, dado que establecen patrones de repetición y variación que conectan de maneras más o menos previsibles los elementos —integrándolos, por ejemplo, en estrofas, o uniendo campos semánticos *a priori* alejados entre sí por medio de la rima—, el llamado "verso libre" piensa cada unidad de manera individual y aislada: es decir, no determinada por la unidad anterior ni por la siguiente. Dado que el momento en que el "verso libre" se convierte en una ortodoxia —es decir, se presenta no como una alternativa más en un repertorio formal, sino como una no-forma y, por ende como la única forma posible— coincide con la consolidación de la hegemonía neoliberal, la analogía de la desregulación se refiere, sin duda, a la financiera y al mundo imaginado por los anarcocapitalistas, en el que la reivindicación de las libertades individuales —pero sin instancia exterior que redistribuya los privilegios o ecualice las precariedades— funda una sociedad constituida por individuos que siguen el modelo de la empresa y que se relacionan sobre todo en términos de competencia. Sin embargo, la analogía se relaciona aún más con la desregulación del trabajo y las transformaciones que en esa esfera introdujo el neoliberalismo.

En particular, con el personaje conceptual del *virtuoso*, propuesto por Paolo Virno, como paradigma del trabajador posfordista, generalmente *freelancer* o bajo contratos que no ofrecen estabilidad ni protecciones, que, en lugar de producir un determinado bien a partir de la aplicación de ciertas técnicas o herramientas a ciertos materiales, hace una performance de su propio *skill-set*. La analogía con el músico no es ociosa, porque sugiere el horror de la conversión del artista, personaje otrora extraordinario o antisocial, en paradigma del trabajador asalariado. A su vez, esto habilita una crítica importante: un virtuoso se constituye como tal por sus habilidades técnicas, que implican una interfaz entre un sujeto —humano— y un objeto —el instrumento—, mientras que Virno define a su personaje conceptual por la ejecución de una destreza principalmente subjetiva. Ése es el fundamento del llamado "verso libre": la versificación no sería un trabajo, con una serie de técnicas que pudieran aprenderse, apropiarse, subvertirse, etc., sino que cada poeta contaría con una prosodia individual, única e inalienable, que le nacería de adentro: una especie de huella identitaria, que a menudo se relaciona con una supuesta "respiración" propia de cada quien.

Una investigación de esta índole, cuyo objeto son a fin de cuentas las articulaciones entre poesía y capitalismo en lo relativo a la técnica, el trabajo y la subjetividad, no puede sino remontarse a los ensayos precursores de Walter Benjamin sobre Charles Baudelaire y París en tiempos del Segundo Imperio, cuando la experiencia de la vida en la ciudad se vio sacudida por las drásticas reformas urbanísticas introducidas por el Barón Haussmann a pedido de Napoleón III. Además de preguntarse por el ambiguo lugar de la labor del poeta al consumarse la autonomía de la literatura y su incorporación al mercado, Benjamin pone en serie las transformaciones técnicas —la construcción de bulevares y pasajes y la nomenclatura de las calles, el invento de la fotografía y sus aplicaciones policiales, el impacto del telégrafo en la prensa y la circulación de las noticias, la introducción de faroles de gas, etc.— no solo con la aparición de un nuevo sujeto, la multitud anónima, y su complementario, el *flâneur*, sino con los cambios en los modos de la atención y de la percepción y, muy especialmente, los ritmos de la vida urbana. De manera llamativa, sin embargo, el interés de Benjamin por la cuestión del ritmo y sus vínculos con la técnica en el ámbito social no se traduce en una indagación de esas relaciones en la prosodia de Baudelaire, teniendo en cuenta que el trabajo con la rima y el metro —que, con excepción de los *Petits poèmes en prose*, empleó sin falta a lo largo de toda su obra poética— pertenece sin duda a la dimensión técnica del poema. Precisamente, para referirse a las transformaciones de la técnica poética atadas a las nuevas modulaciones de la subjetividad en función del shock de la modernización urbana, Benjamin (1972) se limita a citar la carta a Arsène Houssaye que funciona como prólogo a los poemas en prosa de Baudelaire:

> ¿Quién de nosotros no soñó, en sus días ambiciosos, con el milagro de una prosa poética, musical sin ritmo ni rima, tan liviana y contrastante como para adaptarse a los movimientos líricos del alma, a las ondulaciones del ensueño, a los sobresaltos de la conciencia? Este ideal obsesivo nace sobre todo de la frecuentación de las ciudades gigantescas, del entrecruzamiento de sus innumerables relaciones.

> Usted mismo, querido amigo, ¿no intentó traducir en una canción el grito estridente del Vidriero, y expresar en una prosa lírica todas las desoladoras sugestiones que ese grito lleva hasta las buhardillas, a través de las más altas brumas de la calle? (1)

Es notable que Benjamin, que aquí y allá analiza con minuciosidad los poemas de *Las flores del mal*, a cuya traducción, por su parte, le dedicó ocho años de su vida, no se refiera al artefacto propiamente rítmico que constituyen esos poemas, y solo se ocupe del ritmo de su poesía en prosa, que vendría a ser una suerte de grado cero de la prosodia, al renunciar a sus elementos tradicionales, por lo demás inescapables en aquella época: el metro y la rima ("sin ritmo y sin rima"). En defensa de Benjamin, hay que decir que, a pesar de que el verso libre —uno de cuyos antecedentes fundamentales son, en efecto, los poemas en prosa de Baudelaire— contaba ya con varias décadas de historia por la época en que el filósofo alemán escribió sus ensayos sobre el poeta francés, la forma no estaba tan extendida y no se podía prever que acabaría por convertirse en una nueva ortodoxia. Además, la sociedad disciplinaria que los nazis implantaron en Europa durante la Segunda Guerra Mundial, y que alcanzó al propio Benjamin en su exilio, parecía justificar la confianza en una forma que se fundaba en una promesa de emancipación de la rígida regulación del tiempo de la cual el cuartel y la fábrica eran los metrónomos más emblemáticos.

Sin embargo, consumada esta ortodoxia, se hace cada vez más difícil sostener el automatismo que identifica sin más el empleo de esas técnicas "tradicionales" con una afiliación conservadora o reaccionaria, entre otros motivos porque el auge de la industria de la música, invariablemente sujeta a un compás externo, volvió a poner en primer plano técnicas —la rima y el metro— que durante mucho tiempo se asociaban sobre todo con la literatura de antaño. Por supuesto, hasta hoy persisten, minoritariamente, los usos epigonales del metro y de la rima en esa poesía que Perloff denominaba "literaria", es decir, autónoma, en este caso respecto de la música, donde su utilización sigue siendo no solo mayoritaria, sino incluso paroxística, como en el hip-hop. Pero también en el ámbito de esa poesía "escrita", ante la condena de anacronismo que pesa sobre ellas, las diversas supervivencias de estas técnicas, en especial al convertirse en vehículo para darles voz a otras formas invisibilizadas del trabajo en el régimen posfordista, pueden abrir posibilidades para el disenso o la resistencia, precisamente a causa de ese carácter anacrónico. Aquí empleo el concepto de "supervivencia" en el sentido en que lo usa otro lector de Benjamin, Georges Didi-Huberman, en *Supervivencia de las luciérnagas*, donde lo despliega para criticar, a través de una lectura de Pier Paolo Pasolini, el derrotismo apocalíptico de Giorgio Agamben en *El reino y la gloria*. Didi-Huberman objeta que ese derrotismo se funda en un discurso que, de manera análoga al mito de la muerte de la poesía, hace de lo terminal —la "desaparición de las luciérnagas" en Pasolini o el "fin de la experiencia" en Agamben— su principal premisa y su razón de ser; y que, al no encontrar otra respuesta que el advenimiento de un horizonte trascendente, acaba por asimilarse a aquello que quería impugnar. A pesar de la crítica de Didi-Huberman, tomo la idea de Agamben —también de inspiración benjaminiana— de lo contemporáneo como encuentro entre lo arcaico y lo moderno, sobre todo para leer en clave disidente esas supervivencias como anacronismos que, de algún modo, se salen de la norma, en el sentido en que entiende Elizabeth Freeman —también en la estela de Benjamin— las "temporalidades queer", donde el recurso a lo anacrónico se politiza al oponerse a la "crononormatividad" que rige los ritmos de la vida.

En lugar de buscar regularidades rítmicas y/o estilísticas entre los practicantes más conspicuos del verso libre —con el fin de encontrar una nueva prosodia—, esta investigación se propone en primer lugar desentrañar sus fundamentos políticos, analizando la red de discursos sobre y en torno al verso libre que lo han convertido en un sentido común y una ortodoxia formal. En segundo lugar, busca determinar las relaciones entre el surgimiento del verso libre y la consolidación de la autonomía literaria, para luego preguntarse por los vínculos entre la hegemonía neoliberal, la ortodoxia versolibrista y el lugar que ocupa actualmente la poesía respecto de la música popular, del que el reciente Premio Nobel a Bob Dylan en 2016 pareciera prestar testimonio.

Como recuerda el propio Benjamin en sus escritos sobre Baudelaire, desde el surgimiento de la "literatura" como esfera autónoma, con la ampliación del público lector y la aparición de la prensa gráfica masiva, al entrar en la fuerza de trabajo, los escritores —y en especial los poetas— reaccionaron frente a lo que percibían como una vulgarización de las tecnologías de la palabra, y buscaron distinguirse de otros asalariados.

Este afán de distinción, tal vez fundado en la defensa de cierta aristocracia del espíritu, dio lugar a dos líneas enfrentadas de identificación. Por un lado, reapareció la figura del artista como artesano u orfebre, cuya maestría técnica le permite producir objetos suntuarios únicos.

Por el otro, continúa la línea, típicamente romántica, que imagina al artista como un marginal, abyecto o inadaptado, cuyo diferencial es de índole no técnica sino subjetiva. Así, entre las reencarnaciones de esta figura se cuenta la del iniciado en una ciencia oculta, solo accesible a un reducido número de acólitos. Stéphane Mallarmé encarna de manera paradigmática la vacilación entre estas dos figuras: luego de extremar el trabajo de martillo y cincel con las formas heredadas, se lanza a demoler la tradición formal de la poesía, deshaciendo la sociedad consuetudinaria del poema con el oído, para establecer —en su poema más famoso, *Un coup de dés jamais n'abolira le hasard*— una nueva con el ojo.

En la historia de la poesía moderna, esta vacilación se inclina cada vez más en favor de la primera línea, sobre todo a medida que el verso tradicional, sometido a las leyes de la métrica y la rima, se vuelve progresivamente minoritario respecto del verso libre, disolviendo una larga aunque a menudo conflictiva convivencia. Así, cada vez más, el verso deja de entenderse como el producto de un trabajo —la aplicación de un repertorio dado de técnicas a determinados materiales, suntuarios o no—, para convertirse en la huella de una subjetividad única e inalienable. Tal vez la formulación más extendida y vigente de esta concepción sea la analogía del verso con la respiración, cuyos principales impulsores fueron los poetas beat y los del grupo Black Mountain, entre los cuales destacan Charles Olson y su *verso proyectivo*. Según esta idea, dado que cada ser humano tendría su propia manera de respirar —su propio fraseo—, el empleo del repertorio técnico tradicional llevaría al poeta a componer en formas "cerradas", condenándolo a repetir esquemas preestablecidos e impidiéndole la expresión de su propia subjetividad.

De esa manera, el verso libre va desplazando progresivamente al verso medido y/o rimado, cuyo empleo comienza a asociarse cada vez más con el conservadurismo, dado que la convivencia entre los dos modelos prosódicos se va volviendo cada vez más difícil. Sin embargo, la gran paradoja del verso libre es que, a pesar de la promesa de emancipación que le dio origen, acabó convirtiéndose no solo en una tradición, sino en una nueva ortodoxia. Junto con esta progresiva entronización del verso libre, va extendiéndose la idea, que también parece haber surgido con la conquista de la autonomía por parte del poeta, de que la poesía se encontraba, si no en extinción, al menos amenazada.

Es un lugar común, desde hace mucho, que *ya nadie lee poesía*, lo cual es solo comparativamente cierto en lo que toca a su soporte tradicional, el libro, como parecería probar la minúscula cuota de mercado con que cuenta en la actualidad la poesía escrita. Sin embargo, la historia del verso libre es también en gran medida la historia del divorcio entre la poesía y la música: mientras el verso libre se va constituyendo, cada vez con más fuerza, como la forma paradigmática de la poesía autónoma, el verso tradicional, con las exigencias consabidas de la rima y el metro, permanece muy arraigado en las letras de las canciones populares, a las que solo puede negárseles entidad de poemas si se invierten por completo las premisas —las promesas de emancipación— que dieron origen al verso libre.

En paralelo a esta percepción de amenaza, de progresivo abandono de la poesía por parte de las instituciones que habían sostenido su autonomía (el público lector y las editoriales, los suplementos culturales, etc.), el siglo XX asiste a un espectacular crecimiento de la circulación de materiales poéticos a partir del auge, cada vez más pronunciado, de la música popular. En Latinoamérica, de manera sintomática, los letristas de algunos de los géneros más emblemáticos, como el tango y el bolero, fueron poetas cuyas referencias poéticas librescas —por ejemplo el modernismo de Darío— eran muy visibles. Pero no solo los letristas, muchas veces desconocidos por el gran público, más interesado por los artistas que les ponían la voz a esas letras: un caso señero es el del célebre cantautor mexicano Agustín Lara, en cuya lírica la influencia del propio Darío, pero sobre todo de Amado Nervo, es muy notoria.

Por otra parte, el hip-hop, cuya aparición desde los márgenes coincide con la neoliberalización de la ciudad de Nueva York como capital global, parece cerrar el círculo: por primera vez en la historia de la música popular, se rompe el equilibrio entre letra y música en favor de la letra. El hip-hop, además, se piensa a sí mismo como una forma de poesía y, dejando de lado la ortodoxia versolibrista, echa mano a los aparejos tradicionales del metro (flexibilizado pero siempre pegado al compás) y la rima, que tal vez sean su principal principio constructivo.

Según algunos teóricos e historiadores del trabajo, como Negri, Virno y Lazzarato, hacia la misma época en que tuvo lugar la neoliberalización

—mediados de la década de 1970, de acuerdo con la periodización de David Harvey (2005)— comienza a registrarse un cambio de modelo en el ámbito del trabajo: la figura del trabajador por excelencia deja de ser el obrero fabril, productor de bienes materiales dentro de un espacio concentracionario, con un ritmo de trabajo bien definido; y surge un nuevo paradigma, el del trabajador inmaterial, ligado a la industria de servicios y a las tecnologías de la información, que ya no produce bienes de ningún tipo sino que lleva a cabo la performance de una serie de destrezas subjetivas.

Como ya anticipé, Paolo Virno ha identificado a esta figura con la del virtuoso, sugiriendo que el artista es la nueva figura emblemática del trabajador. Hay que notar, sin embargo, que este modelo tal vez pueda aplicarse a las clases medias precarizadas, pero en modo alguno es representativo del aparato que sostiene —casi con exclusividad en las periferias, más acá y más allá de las fronteras nacionales— la producción de bienes de consumo que abastecen la economía globalizada, que funciona mediante la precarización laboral o directamente la explotación de mano de obra barata en condiciones esclavas o semiesclavas. Respecto de las modulaciones neoliberales (o, en términos más amplios, liberales) de la precariedad, me apoyo en las ideas de Aihwa Ong, Domenico Losurdo e Isabell Lorey, entre otros.

Frente a estas "modernizaciones" en la esfera del trabajo —cuyo personaje conceptual por excelencia, en términos de las dos líneas que tracé para la poesía, no coincide con el artesano sino con el artista cuyo arte consiste en la representación de sí mismo, de su propio diferencial subjetivo—, me propongo poner en serie la poesía escrita con la lírica de la música popular, a fin de estudiar las supervivencias de otras configuraciones laborales en la poesía —oral y escrita—, tanto en lo tocante a sus representaciones como al trabajo con la versificación propiamente dicha.

Poniendo el foco en escenas clave en la historia del neoliberalismo, estudio cómo la poesía critica esta desmaterialización del trabajo poético no desde el conservadurismo que la hegemonía versolibrista les adjudica a otras tradiciones formales de más largo alcance, sino en apoyo de una agenda radical. A menudo, esas reivindicaciones de la labor poética "manual" —literalmente: contar las sílabas con los dedos—, en resistencia a las transformaciones neoliberales, recuperan la figura marxista del artesano como emblema del trabajo no alienado. A propósito del artesanado y sus posibilidades utópicas, quisiera hacer hincapié en una peculiar —en cuanto hace gala de un desacostumbrado vitalismo— conferencia de Theodor W. Adorno.

En "El artista como lugarteniente", Adorno (1962) no le dedica su atención, como sería esperable, al *Cementerio marino*, el poema emblemático de Paul Valéry, sino que reflexiona —de manera deliberada, pero sin cargar las tintas al respecto— sobre una obra menor, literalmente marginal: una serie de prosas garabateadas al margen de unos dibujos de Edgar Degas. Tan deliberada como ese gesto, pero aún más provocadora, es la elección, por parte de Adorno, de uno de los más conspicuos representantes del arte por el arte, y no de un artista socialmente comprometido, para ilustrar la potencia revolucionaria a la que todavía puede aspirar la estética.

El vehículo de esta "utopía irónica" (130), como la llama Adorno, es el trabajo técnico llevado hasta sus últimas consecuencias, al punto de que, al contraer una serie de obligaciones formales con su obra, el sujeto mismo se *transforma* en su herramienta: "El artista debe transformarse en instrumento, hacerse incluso cosa, si no quiere sucumbir a la maldición del anacronismo en medio de un mundo cosificado" (131). En ese devenir de sus propias herramientas, Adorno encuentra la realización de esa "utopía irónica" en un "sujeto social total" que se sustrae a la división del trabajo:

> El artista portador de la obra de arte no es el individuo que en cada caso la produce, sino que por su trabajo y por su pasiva actividad, el artista se hace lugarteniente del sujeto social y total. Sometiéndose a la necesidad de la obra de arte, el artista elimina de ésta todo lo que pudiera deberse pura y simplemente a la accidentalidad de su individuación. En tal lugartenencia del sujeto social total, de ese hombre entero y sin dividir al que apela la idea de lo bello de Valéry, queda pensada también una situación que extirpe el destino de la ciega soledad individual: una situación en la que finalmente el sujeto total se realice socialmente. (134)

En resumen, este libro se inserta en un debate por una historia cultural del verso libre en castellano en la América hispanoparlante, para pensar las relaciones entre trabajo y subjetividad, partiendo de los orígenes de esta forma prosódica en el siglo XIX pero con la intención principal de analizar las tensiones en el presente entre versolibrismo y formas y técnicas supuestamente anacrónicas en el contexto de la hegemonía neoliberal. Con este fin, me propongo, por un lado, señalar los límites del estatuto autónomo de la poesía, leyendo la presencia cada vez mayor de la música popular en la cultura, cuyas letras son casi sin excepción rimadas y medidas, como refutación de la centralidad del verso libre; y, por el otro, mostrar cómo desde el interior mismo de esa esfera pretendidamente autónoma se pone en crisis esa promesa de emancipación, que pierde buena parte de su potencia crítica al convertirse en un sentido común formal.

I

El verso desregulado

1

Letra

¿Qué es, hoy, el verso libre? Como idea, parece haberse vuelto un sentido común; y como práctica, una ortodoxia, no solo en la América hispanoparlante, sino en la mayor parte de la poesía occidental. Se trata, en teoría, de un verso no sujeto a ninguna regulación externa, que traduce la subjetividad supuestamente única e inalienable de quien lo practica. Ese sentido común trae asociado otro automatismo: que el uso del verso libre tiene una connotación "progresista" —lo cual es cierto solo si se entiende la historia de la poesía desde una perspectiva teleológica—, o al menos que el empleo del verso medido y/o rimado es, en sí, una señal de conservadurismo.

Por lo tanto, el verso libre marcaría el "fin de la historia" de la técnica poética, la llegada de un momento de emancipación prosódica perpetua. Así, se hace evidente la politización del verso libre, que es uno de los rasgos que lo han caracterizado a lo largo de toda su historia, mucho antes de que se convirtiera en un sentido común. Pero, a la vez, se observa una extraña paradoja: según esa lógica, la "libertad" del verso sería obligatoria.

A pesar de que existen antecedentes, como el poema en prosa, el *vers libéré* y algunos ejemplos previos, el término fue acuñado en París, en la segunda mitad de la década de 1880, y era en efecto un llamado a sacudirse los mohosos grilletes del metro y de la rima, antiguas limitaciones técnicas que parecían un obstáculo a la expresión poética de la subjetividad individual, sobre todo a la hora de plasmar la experiencia vertiginosa y a menudo confusa de la vida entre las multitudes de las ciudades modernas. Cien años después, sin embargo, esa "libertad" ya comenzaba a consolidarse como una ortodoxia internacional.

Por lo demás, la libertad del verso libre se pretende absoluta pero, en sus fundamentos y en su historia, es relacional: el verso libre fue definiéndose por oposición a una serie de requisitos o rasgos que se fueron abandonando de maneras más o menos programáticas. Las exigencias proscritas más salientes son el metro y la rima: el verso libre, tal y como lo entendemos en la actualidad, prescinde de ambas cosas. Pero no siempre fue así: por ejemplo, los poemas sin metro pero profusamente rimados de Leopoldo Lugones fueron considerados "libres" en su momento, e incluso hay tratadistas que han intentado demostrar la "libertad" de Rubén Darío; se trata, en ambos casos, de poetas que hoy en día se consideran paradigmáticamente formalistas. Pero la rima y el metro no son los únicos elementos de los que quiso liberarse el verso: Gustave Kahn, uno de los primeros —si no el primero— en teorizar sobre el verso libre, repudiaba el encabalgamiento, que en la actualidad es plenamente aceptado por los versolibristas.

Este libro no quiere ser una historia exhaustiva ni una impugnación del verso libre, sino una genealogía y una crítica de ese sentido común y de esa ortodoxia, así como de otro supuesto que se desprende de esa idea pero que no se verifica en la práctica: que el verso libre no es una forma ni una técnica entre otras en un repertorio a disposición de quienes componen poemas, por lo cual no se lo podría aprender ni socializar. Según ese supuesto, habría tantos versos libres como versolibristas, como propuso Jean Hytier, uno de los pioneros en la investigación del verso libre francés, hace casi un siglo (37).

Sin embargo, en la práctica, hay un número limitado de variantes, que por supuesto están lejos de ser por completo individuales: la escansión de los versos determinada por los períodos sintácticos —la esticomitia, obligatoria para Kahn— tal vez sea una de sus formas más corrientes, que sin embargo convive con frecuencia con encabalgamientos abruptos, que interrumpen el verso, de manera deliberada, en conectores o artículos. Huelga decir que estos hábitos tipográficos o prosódicos son indudablemente aprendidos e imitados, oídos o leídos, y que su reiteración en numerosos versolibristas hace posible historizar esos hábitos más allá de las prácticas de cada poeta.

Pero esta crítica del verso libre es también —y quizá sobre todo— una crítica de la poesía entendida como institución "culta" y eminentemente escrita. Ese arreglo institucional se encuentra ahora mismo bajo la presión abrumadora de un avatar —no tan— reciente de la lírica cancioneril: la industria de la música y sus letras, de enorme gravitación en la cultura y el mercado, que no solo les devuelve vigencia y credibilidad callejera a técnicas usualmente consideradas anacrónicas por los poetas escritos —de hecho, el rap, el trap y el reguetón hacen del paroxismo de la rima su principio constructivo—, sino que empiezan a ejercer una influencia sostenida sobre la poesía no musicalizada.

En los Estados Unidos, la reciente serie de antologías —en forma de libro— *The Breakbeat Poets*, que reúne a poetas que escriben bajo la influencia del hip-hop, acaba de lanzar su cuarto volumen, que lleva el subtítulo *LatiNext*, y que de hecho está dedicado a poetas de origen latino. Por otra parte, esta nueva configuración recibió en 2016 el espaldarazo de una institución notablemente conservadora, con el otorgamiento del Premio Nobel de Literatura al cancionista Bob Dylan. Y si bien algunos teóricos ligados a poéticas experimentales, como el oulipiano Jacques Roubaud (2009), rechazan que los versos con música o performance puedan ser también poesía, negarles ese estatuto sería aceptar que los criterios para reconocerla podrían ser formales: si toda producción verbal puede ser en potencia un poema, ¿por qué una serie de manifestaciones que, además, hacen uso de técnicas tradicionalmente ligadas a la versificación —incluyendo la escrita, por supuesto— tendrían prohibido ser consideradas? ¿La prohibición expresa de seguir reglas formales no es también una regla de carácter formal?

Tal vez este argumento oculte en realidad una respuesta aún más conservadora: que los criterios a los que se aferran esos críticos son, sobre todo, institucionales. "Poesía", en consecuencia, sería lo que circula de ciertas maneras y es validado por ciertas instituciones. Precisamente, en su estudio *Forms: Whole, Rhythm, Hierarchy, Network*, Caroline Levine (2015) defiende un formalismo radical, señalando el carácter formal de las instituciones, y, en particular, su naturaleza rítmica:

> Y ahí reside la utilidad —espero— de un nuevo formalismo. Tanto las instituciones como los períodos pueden considerarse formas, dado que ambas constituyen modos de organizar materiales heterogéneos. Ambas suponen limitaciones y ofrecen oportunidades, al ordenar políticamente cuerpos, sentidos y cosas. Pero las limitaciones y las oportunidades que habilitan no son las mismas, porque las formas no son las mismas. Si los períodos actúan como unidades delimitadas, las instituciones se caracterizan por estar compuestas de patrones rítmicos de duración y repetición en el tiempo. (56)

En efecto, la historia del verso libre como ortodoxia, al menos en castellano —y en otras lenguas que también instituyeron el sistema silabotónico—, es en gran medida la de la solapada confluencia y frecuentes tensiones entre dos series históricas institucionales de diferente alcance y duración: el isosilabismo y la autonomía literaria. La primera estableció la sílaba como la unidad prosódica fundamental, por encima del acento, a la vez que empezó a sentar las bases para una concepción de la poesía eminentemente escrita o impresa: del Mester de Clerecía —los clérigos, al fin y al cabo, pertenecían a una élite letrada— al petrarquismo, que se convirtió en la plantilla formal por excelencia de la lírica culta europea.

Con el advenimiento del verso libre, la versificación se liberó del rigor silábico y se atrevió a desafiar la asociación consuetudinaria entre el verso y el oído con experimentos de variada índole, entre los que destacan los tipográficos, en los que se cifraba una crítica o una celebración —o ambas cosas a la vez— de las nuevas tecnologías verbales que acompañaban el auge de la prensa masiva: por ejemplo, la publicidad gráfica. Pero a pesar de la progresiva pérdida de fe en la sílaba, el carácter impreso y letrado de la poesía no hizo más que profundizarse, sin que se cuestionara por lo tanto su lugar en la institución literaria autónoma.

Sin embargo, desmintiendo la teleología que subyace a la historia del verso libre como sentido común, el sistema acentual nunca desapareció: en parte porque es probable que el silábico siempre haya sido una prótesis forzada por la escritura, a falta del patrón externo del compás, sobre la distribución de los acentos. De allí el esoterismo, que solía enseñarse en la escuela, en la cuenta de sílabas según las sinalefas y la terminación aguda, grave o esdrújula del verso. De hecho, Pedro Henríquez Ureña llegó a defender la "tradicionalidad del verso libre"; sin embargo, incurrió en una falacia al considerar el sistema acentual, asociado con la oralidad y los orígenes populares, como una forma de versificación "irregular" y "libre". Observemos, de todos modos, que la métrica acentual es solo irregular en relación con la cuenta silábica: es decir, si se la juzga en relación con los patrones de un sistema al que no pertenece. Y recordemos, además, que si la métrica silábica es también siempre acentual —la existencia de un sistema puramente "silábico" solo podría defenderse para los versos sin cesura, o sea "de arte menor"—, no sucede lo mismo a la inversa.

El reservorio de ese sistema acentual pervivió en las canciones, mezclándose y confundiéndose por momentos con el silábico; fundamentalmente, porque en rigor es también tónico, pero asimismo quizá por la escolarización, y tal vez además por la intervención de poetas letrados en el ámbito popular, a menudo para ganarse la vida. Esa misma hibridez prosódica, en la que predomina el sistema acentual, ligado a la regulación del *beat*, se hace particularmente manifiesta en el presente en el rap y otros géneros en los que la voz deviene un instrumento antes rítmico que melódico: de hecho, con frecuencia, en el rap, el reguetón y el trap, la afinación y el canto se vuelven un epifenómeno de la tecnología, a partir del uso institucionalizado del Auto-Tune.

En cualquier caso, al margen de estos debates, quienes se dedican al rap se sienten poetas de pleno derecho: por ejemplo, y sin citar la multitud de casos estadounidenses, un grupo mexicano del que luego surgiría el exitosísimo Cartel de Santa se bautizó a sí mismo la Real Academia de la Rima, insertándose de manera irónica en esa cultura letrada que pareciera querer excluirlos; y un importante sello discográfico internacional fundado en 1998 en Argentina, que también organiza eventos y batallas de *freestyle*, eligió un nombre muy elocuente: Sudamétrica. En todos estos casos, la llamada "cultura popular" reivindica técnicas o parodia instituciones tradicionales —la métrica; la Real Academia Española—, pero no para apoyar esas tradiciones y técnicas, sino para apropiárselas y subvertirlas.

En los últimos 35 años, solo han aparecido dos estudios monográficos sobre el verso libre escrito en castellano, ambos en España: *El verso libre hispánico*, de Isabel Paraíso (1985), sin duda el más conocido; y la *Historia y teoría del verso libre*, de María Victoria Utrera Torremocha (2001). En el libro de Paraíso es nítido el influjo de la filología positivista, y sus principales preocupaciones parecen ser clasificar y valorar: por ejemplo, uno de los capítulos históricos se titula "Rubén Darío, el mago del ritmo". En las conclusiones, amén de debatir prolijamente si es prosa o verso el verso libre, Paraíso insiste en la necesidad de una tipología. Pero en su formulación, se sugiere una incongruencia entre el verso libre como teoría y su práctica:

> En el verso libre, más allá de su libertad —es decir, de la capacidad teóricamente ilimitada en la organización del material lingüístico

> por parte del poeta—, está su carácter de *verso*, de retorno de un elemento. Y como el número de elementos que integran un poema es finito, la libertad individual queda enmarcada en un número finito de opciones: en una tipología. (388)

En primer lugar, Paraíso distingue dos tipos de modalidades versolibristas: basadas en "ritmos fónicos" y basadas en "ritmo de pensamiento" o "semántico" (389). La primera se divide en versificación libre de cláusulas, verso libre métrico, verso libre rimado y verso libre de base tradicional, que a su vez cuenta con cuatro variantes: silva libre, versificación libre fluctuante, versificación libre estrófica y canción libre. La segunda modalidad comprende la versificación paralelística menor y mayor —de la cual se desprenden el versículo y el versículo mayor—, y el verso de imágenes acumuladas o yuxtapuestas.

Es evidente que la metodología de Paraíso choca con su objeto de estudio, que al menos en teoría se define por la negativa a definirse. En rigor, de las seis categorías introducidas por la filóloga, solo las últimas dos, que relaciona con el "ritmo de pensamiento", se considerarían en la actualidad verso libre. Los patrones rítmicos de la versificación paralelística estarían dados por repeticiones sintácticas o anafóricas; y si bien es cierto que esta forma no es una novedad en absoluto —la anáfora es uno de los dispositivos rítmicos más antiguos—, de todos modos tiene plena vigencia en la práctica versolibrista actual. El "verso de imágenes acumuladas o yuxtapuestas", que Paraíso relaciona con la "nueva sensibilidad" introducida por las vanguardias (270), es el que más se acerca a la noción actual de verso libre.

Precisamente, un epígrafe elegido por Paraíso para su libro, del prólogo de *Joies* (1889), de Francis Viélé-Griffin, uno de los primeros versolibristas, explicita la traducción rítmica de esa nueva sensibilidad en el pensamiento poético:

> El verso es libre, lo cual quiere decir que ninguna forma fija podrá ser considerada un molde necesario para la expresión de todo pensamiento poético; que ahora y siempre, pero esta vez de manera conscientemente libre, el poeta *obedecerá* a su ritmo personal, sea éste el que sea. (8, énfasis mío)

Rafael Lapesa comienza su prólogo haciéndose cargo de la misma idea:

> Una de las novedades más destacadas en la historia de la poesía occidental del último siglo y medio es la aparición y asentamiento del verso libre; en él *culmina* la busca de ritmos menos sujetos a los patrones métricos heredados, y más *obedientes* al íntimo decurso del pensamiento poético individual. (9, énfasis mío)

Aquí se repiten tres de los supuestos que forman la trama conceptual cristalizada —el sentido común— que hoy llamamos "verso libre": uno, por cierto, llama mucho más la atención que los otros dos. No se trata, por supuesto, del tropo del verso libre como expresión directa y sin moldes formales fijos de una subjetividad entendida como "pensamiento poético individual", ni de la idea de que representa la culminación de la historia de la técnica poética, sino de la demanda de obediencia, que tanto Viélé-Griffin como Lapesa parecen evocar.

En *Historia y teoría del verso libre*, Utrera Torremocha se hace cargo de que, "si bien el nacimiento del verso libre moderno se sitúa generalmente en Francia [...] hay que advertir que se trata en realidad de un fenómeno internacional" (36), tal como lo definió Mikhail Leonóvich Gasparov en *A History of European Versification*. En la estela del monumental tratado de Gasparov, que en su estudio de más de treinta lenguas y siete mil años de poesía refuta con claridad cualquier hipótesis de un "desarrollo" rectilíneo de la historia del verso, Utrera Torremocha adopta, con amplia erudición e inteligencia, un método que parte de la métrica comparativa del ruso, pero que despliega, además, una serie de herramientas críticas que exceden los límites tradicionales de la filología, y que no temen adentrarse también en la estética. Así, inscribe la historia del verso libre en la "tradición de la ruptura" definida por Octavio Paz en *Los hijos del limo* y, contrariamente a la idea muy arraigada de que surgió de golpe, Utrera Torremocha establece una genealogía de más largo alcance, ligada a un progresivo malestar en la cultura poética que se remonta al romanticismo:

> Muy al contrario de lo que se piensa sobre el versolibrismo hispánico, habitualmente situado en una tradición irregular, creemos que existe, por el contrario, un momento de crucial interés en la

> formación de un nuevo espíritu poético que iría sentando las bases del futuro nacimiento del verso libre. Nos referimos al propósito de hacer un verso desnudo de antiguas sonoridades retóricas, un verso más sobrio y sin rima, que se pone de moda a lo largo del siglo XVIII, cuando se pretende prescindir de cierta clase de poesía que se sentía ya algo caduca. El auge de la silva y el verso blanco en esta época dejaría sentir su influencia en los muy distintos y posteriores versos libres de base endecasilábica y sin rima del siglo XX. Es algo bien conocido que en el siglo XVIII aumentan los versos sueltos y blancos y las silvas. El endecasílabo blanco cobra nuevo impulso en esta época, junto con algunas estrofas sin rima, como la sáfica. (58-59)

A propósito de "la formación de un nuevo espíritu poético que iría sentando las bases del futuro nacimiento del verso libre", recordemos que ya en 1798, en el célebre fragmento 116 de la revista *Athenäum*, Friedrich Schlegel proponía un quiebre radical con los géneros poéticos tradicionales, de la mano de la poesía romántica como "poesía universal progresiva". Para Schlegel, la necesidad de una ruptura formal estaba vinculada a la expresión de la libertad individual, definida por la negativa a someterse a ninguna regulación:

> La poesía romántica es una poesía universal progresiva. Su determinación no es solo volver a reunir todos los géneros separados de la poesía y poner en contacto a la poesía con la filosofía y la retórica. Ella quiere, y además debe, ora mezclar, ora fusionar, poesía y prosa, genialidad y crítica, poesía artificial y poesía natural, hacer a la poesía viva y social y a la vida y a la sociedad poéticas [...] Ella sola es infinita, como ella sola es libre y reconoce como ley que el libre arbitrio del poeta no se somete a ninguna ley. (Schlegel en Lacoue-Labarthe y Nancy 2012, 147-148)

Si bien Utrera Torremocha (2001) insiste, al igual que Paraíso, en "la necesidad de establecer tipologías" (25), recopila numerosas formulaciones del verso libre como expresión del "ritmo personal" del que hablaba Viélé-Griffin, como esta cita del "Préface sur le vers libre" de Gustave Kahn (1912), uno de los primeros teóricos de la nueva forma, originalmente publicado en 1897:

> La importancia de esta nueva técnica, además de poner en valor armonías necesariamente olvidadas, es permitir que cualquier poeta conciba *en su interior* su verso o más bien su estrofa original, y de escribir *su ritmo propio e individual* en vez de ponerse un uniforme confeccionado con anterioridad, y *que lo reduce a un mero alumno de tan glorioso predecesor*. (88, énfasis mío)

Amén del tópico del verso libre como traducción de un ritmo individual, en esta definición de Kahn se observan otros dos elementos llamativos que parecen contradictorios. Mientras que por un lado se reconoce que el verso libre es una técnica, por el otro se afirma que la adopción de modelos preestablecidos reduce al poeta a un simple "alumno" de un "predecesor glorioso". Esta última prosopopeya tácita es particularmente llamativa, porque esos modelos "uniformes" —las formas tradicionales— devienen técnicas en tanto y en cuanto pueden ser repetidas y, por ende, aprendidas. Pero, a la vez, y por más que puedan haber sido empleadas por primera vez por un antepasado ilustre, al circular y repetirse —al socializarse, a fin de cuentas— acaban por volverse colectivas y por ende anónimas: es decir, parte del repertorio común de la poesía en una lengua, que por supuesto puede actualizarse, transformarse, parodiarse.

En el caso particular del verso libre, si bien Kahn reconoce que se trata de una técnica, se contradice al afirmar que la expresión de ese "ritmo propio e individual" evita que el poeta se reduzca a un mero aprendiz de un antepasado ilustre. Por un lado, si el verso libre es una técnica, es justamente porque se puede repetir y aprender; por el otro, el empleo o la invención de un modelo por parte de un "predecesor ilustre" no garantiza en absoluto su propiedad sobre él: el caso del mismo Kahn, que se arrogó la invención del verso libre, es particularmente cruel en su elocuencia, porque fuera de los estudios especializados, su propia poesía es casi desconocida en la actualidad.

Por último, una de las observaciones más agudas de Utrera Torremocha ayuda a desarmar otro de los supuestos más corrientes del verso libre como sentido común: que el verso medido o rimado, además de anacrónico o reaccionario, sería "elitista", mientras que el verso libre, dado que en teoría no hace falta aprenderlo, sería necesariamente "democrático" e incluso "popular". A este respecto, afirma Utrera Torremocha:

> El fenómeno versolibrista es culto y no nace ni se deriva de las manifestaciones populares antiguas de carácter fluctuante. El versolibrismo, independientemente de las afinidades que se puedan establecer *a posteriori*, surge en movimientos europeos cultos: simbolismo, modernismo, *modernism* anglosajón, y es recuperado por los movimientos vanguardistas que no son precisamente populares. (58)

Sin embargo, si bien lo menciona al pasar, Utrera Torremocha no profundiza sobre el carácter político del verso libre más allá de su reivindicación de la libertad personal:

> La libertad, ya defendida por Whitman *con un sentido a la vez literario y político*, está presente en las primeras definiciones del verso libre, y junto a ella, la novedad, la sorpresa y la idea de que el nuevo verso es reflejo y expresión directa de la interioridad personal, por lo que su ritmo no obedecería a la realización de un canon previo, sino a la armonía interior, al ritmo personal del autor. Estas ideas aparecen tanto en Whitman como en los primeros versolibristas del simbolismo francés y se repetirán por buena parte de poetas y estudiosos posteriores para explicar cualquier tipo de versificación libre. (87, énfasis mío)

Tampoco, más allá de la mención de Whitman, desarrolla el supuesto democratismo del verso libre, ni conecta sus características formales con su capacidad de circulación, como sí lo hace Gasparov, una importante fuente del estudio de Utrera Torremocha. Con un argumento que prefigura las recientes reflexiones del formalismo radical de Caroline Levine —que tomando un concepto de la teoría del diseño afirma que las formas no solo se definen por su relación con los materiales sino también por las prestaciones que ofrecen—, Gasparov propone la traducibilidad —que equivale a la "portabilidad" de Levine— como principal razón del éxito y la consolidación del verso libre en un contexto cada vez más internacionalizado, o al menos cada vez más permeado por la lógica mundial del capital:

> Uno de los principales motivos del éxito del *vers libre* fue la (relativa) facilidad para traducirlo. El verso libre no estaba ligado a ninguna

forma de versificación nacional y solo exigía de sus traductores precisión en el sentido y un estilo reconocible. Por eso lo aceptaron gustosos los poetas de literaturas menores, cuyas obras solo podían aspirar al reconocimiento internacional por medio de la traducción. (284)

En relación con ese carácter político apenas sugerido por Utrera Torremocha, en su también monumental *Critique du rythme: Antropologie historique du langage*, Henri Meschonnic (2009 [1982]) inscribe la historia del verso libre como forma del discurso en un régimen más amplio, donde lo que está en juego es la producción de subjetividades:

> Como ocurre con cualquier forma literaria, según la observación de Walter Benjamin, ni han existido siempre alejandrinos, ni siempre existirán. *Esta historicidad cultural de las formas del discurso implica su historicidad subjetiva, en la que insisten estas dos definiciones: "ritmo personal", "la canción que es en sí misma". El verso libre, así entendido, es el comienzo de una teorización del ritmo como sentido y sistemática del sujeto.* La definición ya no puede ser formal, en el sentido de una situación dada de antemano, que sirva para establecer criterios. El verso libre ya no puede ser juzgado según la ley del orden, que lo pone del lado del desorden. El límite y la deficiencia de la métrica son lo que revela el principio del verso libre. (603, énfasis mío)

Aunque unas páginas atrás había escrito que lo informe también es una forma ("Dado que aún lo informe es una forma", 593), Meschonnic no se contradice del todo al decir que la definición del verso libre no puede ser formal, porque esa aparente informidad es precisamente una de sus prestaciones formales, por más proteica que sea. Meschonnic lo explica a partir de un malentendido en la noción de "libertad" que supone el verso libre, y llega a decir que su definición, en términos formales ("unisegmental, no medido, no rimado, no alejandrino, y sintácticamente unitario), a pesar de esa apariencia objetiva, está pensada para ser rechazada. Pero no se trata de una falta, sino que ese gesto de rechazo y esa negatividad son "su teleología profunda". Esa determinación negativa que lo caracteriza, dice Meschonnic citando a Jacques Roubaud, tiene un peso fundamental en su historia. Así, para Meschonnic:

> el verso libre no ha hecho sino desnudar el carácter polémico de la poesía, así como de toda historicidad. *El carácter polémico es propio de toda forma*, que es necesaria e históricamente una forma contra. Incluso si la forma no lo pone de manifiesto. Donde se manifiesta es en el sistema del discurso. (601, énfasis mío)

Meschonnic concluye sus reflexiones sobre el verso libre ofreciendo una solución a ese "malentendido" de la libertad:

> La libertad del poeta no es entonces más que su historicidad. No es una libertad de elección. Sino la imposición de la alteridad. Me parece que es lo que quería decir Victor Hugo en su prefacio a *Los orientales* cuando decía que "El poeta es libre". Esto se debe a que "todavía no había visto hojas de ruta del arte, con las fronteras de lo posible y lo imposible dibujadas en rojo y azul". Cuando Desnos retomó esta frase, en 1944, el contexto que le dio, para su práctica de la poesía y su reflexión, la convirtió sobre todo en un escape del surrealismo, la libertad de retomar todas las tradiciones, todas las formas. Ya no serás la criatura de la poesía, sino el poeta. Lo cual, una vez más, solo tiene un significado situado. (615)

Meschonnic parece recoger no solo el carácter polémico —que, como afirma en el fragmento anteriormente citado, sería propio de toda forma—, sino también la subrepticia obligatoriedad del verso libre, ahora convertida en una "imposición de alteridad" que, antes que la de elección, definiría la libertad de todo poeta. Sin embargo, la figuración del poeta que Meschonnic presenta como ejemplo de su "historicidad" — Robert Desnos y su salida del surrealismo— da la impresión de esencializar el tópico del inadaptado, que ciertamente ha sido el más común durante la historia del verso libre, pero que tiene sus raíces en el romanticismo. Más que de "historicidad", Meschonnic parece estar hablando de una autonomía con fundamentos identitarios: no habría sujetos practicando socialmente la poesía (es decir, "criaturas" —en el sentido etimológico de *creaciones*— de la poesía), sino "poetas" constituidos por su diferencial ontológico.

Pero si, como afirma Meschonnic, la libertad del poeta en efecto radica en su historicidad, su propia definición debe ser histórica. De hecho, según veremos a continuación, la historicidad de la definición del "poeta" a menudo entra en tensión con la historia de la poesía como institución: como señala Caroline Levine, una de las funciones principales de las instituciones es preservar formas. Esto es, precisamente, lo que ocurre en la historia del llamado "verso libre" al licuarse por completo su carácter polémico.

Por mi parte, como ya anticipé, a esta forma de versificar, cuya —teórica— promesa de emancipación se reduce en la actualidad al absurdo al convertirse, en la práctica, en una ortodoxia, la llamo *verso desregulado*, por analogía con el neoliberalismo hegemónico con cuya consolidación coincide en el tiempo. La desregulación del verso es consecuencia de la caída en desuso de un sistema de reglas fijadas desde afuera, que servían como "criterio de veridicción" de la Poesía entendida como institución, para tomar prestado un término del *Nacimiento de la biopolítica* de Foucault. Sin embargo, una vez abolida esa regulación externa —un sistema prosódico preexistente al poema—, el verso se somete a su propia autonomía: a esa "imposición de alteridad" de la que hablaba Meschonnic.

¿Pero, entonces, el verso libre "es neoliberal"? No, en absoluto: a lo sumo, en su defensa programática de una forma propia de cada poeta, que traduzca su individualidad única e inalienable, es una formulación bastante clásica de la doxa liberal: una metafísica de la propiedad privada. Ocurre que, al convertirse en una ortodoxia y evaporarse su potencial emancipatorio con la pérdida de la posibilidad de constituirse por oposición, la "libertad" del verso libre adquiere otra connotación política, convirtiéndose simplemente en desregulación. En resumen: el verso desregulado es la ortodoxia formal de la "poesía", entendida como institución eminentemente letrada y escrita, en tiempos de hegemonía neoliberal, en tanto y en cuanto el neoliberalismo introduce una serie de transformaciones en el ámbito de la subjetividad; y también, como voy a argumentar en la segunda parte de este capítulo, en la esfera del trabajo.

No me refiero, por supuesto, "al neoliberalismo" como entidad abstracta ni unitaria, sino a transformaciones que en algunos casos son muy concretas, en cuya concatenación puede observarse una lógica política en la que conviven series históricas de diverso alcance, y que a veces solo son solidarias por motivos contextuales: por ejemplo, el clamor por la libertad del individuo tiene otra connotación por completo distinta en boca de un preso del estalinismo que desde el carrito de compras de Amazon de un usuario del Norte global, que ejerce su libre albedrío para expresar su subjetividad como consumidor, eligiendo una plataforma que le ofrece precios más bajos y entrega hogareña a cambio de olvidar que la empresa solo puede ofertar esos beneficios constituyéndose en un monopolio que destruye la trama de pequeños comercios individuales o familiares, cuyo éxito y progreso estaban en el centro de la utopía de la sociedad liberal; a su vez, debe olvidar que el avance, ajeno a toda regulación, de una megaempresa con ambiciones monopolísticas justifica la economía como criterio de veridicción de la política, más allá de la ética.

Eso sin mencionar que los hábitos, las formas y los ritmos del consumo y la distribución que hacen posible esa "libertad" individual también inciden directamente en las modulaciones del trabajo a nivel nacional y transnacional, trazando los límites de la comunidad de los libres (Losurdo 2014) y distribuyendo la precariedad a uno y otro lado de la línea mediante el ejercicio de la soberanía calculada (Ong 2006).

En suma, "lo neoliberal" no es en sí la reivindicación del individuo, sino la doxa política de cuyos dispositivos —identitarios, laborales, etc.— participa, de manera voluntaria y consciente, o no; y en el caso del verso libre, son sus "prestaciones", en el sentido de Levine, las que permitieron que se fuera convirtiendo en una ortodoxia de manera contemporánea a la consolidación de la hegemonía neoliberal. Ahora bien, no se debe perder de vista que sus reivindicaciones individualistas y polémicas también se cuentan entre sus prestaciones formales: un sentido común es, sobre todo, una forma discursiva.

Es probable que la principal de esas transformaciones concretas a las que me refería sea la aceleración del auge de la industria de la música a partir de plataformas de alcance masivo como Spotify, con el enorme éxito comercial y gravitación cultural, en todas las capas de la sociedad, de géneros poéticos "arcaicos", que constituyen nuevos avatares de la vetusta lírica cancioneril. A su vez, esa aceleración transforma las figuraciones del "poeta", al mismo tiempo que ejerce presión —cultural y pecuniaria: a fin de cuentas, el dinero es también un sistema semiótico— para redefinir los contornos de la institución Poesía. Pero hay un lugar común de esa institución que conserva llamativa vigencia y que, a menudo, impide asimilar esas nuevas —o todo lo contrario— figuraciones: me refiero al prejuicio arraigado de que "nadie lee poesía", que por un lado es cierto, dado que los libros de poesía se venden menos que las novelas o los manuales de autoayuda; pero, por otra parte, sería ridículo decir que nadie *escucha* poesía, salvo que nos aferremos a una concepción autónoma de la institución, que es evidente que está en crisis.

Quisiera historizar ese lugar común: durante la consolidación de la autonomía literaria, con el auge de la prensa como medio de comunicación masiva, apareció una industria de la escritura. Así, por primera vez en la historia era posible ganarse la vida *trabajando* de escritor. Sin embargo, dado que la cuota de mercado de la poesía era minúscula, sobre todo en relación con la novela —que empezó a desplazar a la poesía como género por excelencia de las bellas letras—, aparecieron distintas figuraciones del poeta que se recortaban contra la figura del trabajador asalariado: por un lado, el poeta como orfebre, que por su destreza técnica sin par y sus materiales (verbales) suntuarios se distinguía de meros despachantes de palabras, como los periodistas; por el otro, distintos avatares que postulaban la naturaleza identitaria de esa diferencia con la masa asalariada: el poeta como iniciado, como aristócrata del espíritu, o como simple marginal.

La segunda parte de este capítulo propone una lectura anacrónica de dos escenas más o menos contemporáneas a la aparición del verso libre, que esbozan una historia alternativa del lugar común en que parece haberse convertido en la actualidad, y que vinculo con las transformaciones en los ámbitos del trabajo y de la subjetividad, por un lado, y, por el otro, con la pérdida de autonomía de la poesía como fenómeno escrito, frente a la renovada institucionalización de géneros neocancioneriles de circulación oral, multimedial o mixta. De esta manera, el verso libre no constituye el "fin de la historia" de la técnica poética, sino apenas la "culminación" formal —es decir, la ortodoxia— de la poesía autónoma —o sea, exclusivamente escrita— en tiempos de hegemonía neoliberal.

2

Música

Convocando a una inusual y obcecada pareja de contemporáneos — Arthur Rimbaud, uno de los precursores del verso libre y sin duda quien más tensó, en y con su vida, las relaciones entre poesía y trabajo; y Ruben Darío, que cambió para siempre el *soundtrack* de la versificación hispanoamericana—, quiero traer dos escenas alejadas, entre sí y del presente, en las que es posible oír ecos del encuentro furtivo entre lo arcaico y lo moderno, la abigarrada trama de desfases y anacronismos con que, para Giorgio Agamben, se va tejiendo y destejiendo la contemporaneidad.

En un fragmento de su *Teoría estética*, Theodor W. Adorno (1971) afirmaba de manera tan categórica como ambigua: "Hace cien años, la tremenda creación de Rimbaud cumplió en sí misma, de forma anticipatoria, la historia del arte nuevo hasta el último extremo; pero su silencio posterior, su trabajo como asalariado, anticipó también la tendencia del arte nuevo" (13). Sin entrar por el momento en qué pueda querer decir ese "cumplir en sí misma" —¿se refiere, tal vez, a la dimensión formal?—, una primera lectura parecería indicar de manera inequívoca que Adorno identifica "la tremenda creación" de Rimbaud con el puñado de poemas que escribió durante su adolescencia: un libro publicado en pequeña tirada antes de los diecinueve y otro incompleto, publicado mucho después; algunos poemas sueltos; y, a lo sumo, las composiciones escolares en hexámetros latinos que Rimbaud, el mito, desenterró como un perro trae un hueso para su homónimo poeta. En consecuencia, cabría suponer que "la historia del arte nuevo" llevada por la obra de Rimbaud "hasta el último extremo" sería la que, por la vía de la transgresión, abrió el camino a las vanguardias y, unas décadas después —mientras Adorno escribe su *Teoría estética*, publicada póstumamente en 1970—, a las neovanguardias (Foster 2001).

Mucho más sugerente resulta la segunda parte del diagnóstico, respecto del silencio de Rimbaud. A primera vista, lo relativo al "trabajo asalariado" parecería evidente: la alienación como precio a pagar —como mancha a asumir— por la conquista de la autonomía a cambio de la incorporación del poeta a la fuerza de trabajo. La claridad, sin embargo, empieza a disiparse si examinamos la frase en su conjunto y, en particular, la relación entre dos términos que en una primera consideración no parecerían necesariamente intercambiables —el "trabajo asalariado", el "silencio posterior"— aunque, en rigor a la verdad, al estar colocados en una aposición, lo sean para la sintaxis. Tal vez el orden de la frase autorice a inferir un vínculo causal o temporal. O tal vez haya un nudo, menos lineal, que permita explicar la *supervivencia* de Rimbaud, que en su época fue un marginal por dos motivos distintos, pero que para nosotros, que somos su posteridad —y, por eso, sus contemporáneos—, lo es un sentido diferente, precisamente porque hizo de ambas causas de su marginalidad una virtud y una señal de pertenencia. Sobre todo de la primera: era muy joven, casi un niño; y venía de lo más profundo e invisible del corazón rural de la Francia ilustrada.

En efecto, la historia es conocida, aunque menos que el mito. Tras tomar por asalto a la pequeña oligarquía espiritual de la metrópolis —París era entonces, como sabemos, la capital cultural del siglo XIX—, Rimbaud se entregó en cuerpo y alma, de la misma manera en que se había entregado a la poesía, a una obra a la que dedicó el resto de su vida adulta —el trabajo en sus formas más diversas, desde su empleo como capataz de una cantera en el desierto de Chipre hasta su incursión, otra vez pionera, en la economía extractiva global: la exportación de café y otras materias primas en Abisinia y, en simultáneo, la importación de armas y otros insumos clave; aunque no, a pesar de los rumores, el tráfico de esclavos—.

Rimbaud se entregó al goce maníaco de la acumulación pecuniaria: las cartas que le escribe a su familia en su peregrinación por la periferia del mundo —que son, en igual medida que las "cartas del vidente", parte fundamental del mito— revelan su tremenda obsesión por el dinero, pero sobre todo la pasión casi narcótica por el trabajo de un verdadero *workaholic*, que va persiguiendo con fervor los distintos puestos y oportunidades comerciales, no tanto como un medio para un fin sino más bien como una obra, en el mismo sentido en que lo fue *Une saison en enfer*, con la única regla de que cada uno de esos empleos fuera más redituable que el anterior.

En sus cartas se percibe, de manera muy tenue, la rara satisfacción del siempre insatisfecho, ante cada incremento salarial; y solo el movimiento hacia adelante —la proyección del trabajo como obra en proceso, como *work in progress*— parece suscitarle un entusiasmo abierto aunque nervioso. Lo vemos escribirle una y otra vez a su familia —a quienes llama, curiosamente, "mis queridos amigos"— para solicitar con imperativa insistencia el envío de multitud de libros sobre ciencias aplicadas (mineralogía, cristalografía, hidráulica) a fin de incrementar su propio capital humano en la empresa de sí mismo que fue su vida.

Tal vez el "desarreglo razonado de todos los sentidos" del que hablaba en las "Cartas del vidente" se aplicara no solo a su poesía, sino también a esa pieza conceptual sobre el capitalismo contemporáneo que, a fin de cuentas, fue *toda* su vida; sobre todo si consideramos que *dérèglement* —el "desarreglo inmenso y razonado" al que el Rimbaud adolescente pedía someter la percepción entera— es la misma palabra que, en francés, traduce nuestra *desregulación* financiera. Algo parecido afirma Françoise Dragacci-Paulsen (1998) en "Rimbaud africain à travers sa correspondance":

> Siempre insatisfecho con sus "beneficios", siempre, como decía de la poesía, "hacia adelante" —de Europa va a Chipre, luego a Alejandría, luego a Adén, a Harar, luego nuevamente Adén, luego Harar...—, no duda en "ir a explorar aún más" [...] "para comerciar en lo desconocido". Curiosamente, Rimbaud utiliza, con casi diez años de diferencia, el mismo sustantivo con el que definió, en su segunda "Carta del vidente", del 15 de mayo de 1871, el "largo, inmenso y razonado *desarreglo de todos los sentidos*", a partir del cual el "Poeta se hace *vidente*". Y en cierto sentido, es lo que vuelve a hacer, pero aplicado al comercio. (134, énfasis en el original)

Poco después, Dragacci-Paulsen señala irónicamente: "Qué cambio, entonces, en el hombre que se declaraba 'en huelga' y que desafiaba a Verlaine: 'Estoy más lejos del trabajo que mi uña de mi ojo'" (136).

Debemos, me parece, *interpretar* —volver a hacer sonar— las palabras de Adorno en la clave anacrónica que autoriza su carácter anticipatorio, a fin de señalar —como quería Agamben, y en el mismo sentido etimológico— un encuentro entre lo arcaico y lo moderno. Específicamente, para ver de qué manera la actual crisis de la autonomía aparece ya prefigurada en un momento fundante de la historia de la poesía moderna, con la renuncia de Rimbaud, que es también un pasaje de la letra al acto, a la performance; y cómo esa figura de la crisis, que en la era neoliberal ha recibido el nombre de posautonomía, se presenta asociada a diferentes formas y regímenes del "trabajo" y el "silencio".

En la formulación de Adorno, sin embargo, parece haber una condena nostálgica del doble gesto de Rimbaud que, en su abandono de la poesía por el comercio, habría pasado de elaborar de manera desinteresada el menos material de los productos a hacer de la acumulación de bienes físicos no solo una compulsión sino una prótesis corporal —las distintas versiones de su leyenda coinciden en destacar el cinturón donde llevaba el oro que había ganado, al que indefectiblemente se le atribuye la gangrena que le costó la amputación de la pierna y, poco después, la muerte—.

Adorno no asistió, por sencillos motivos cronológicos, al desarrollo de esa crisis, pero ahora no podemos permitirnos esa nostalgia, porque somos aún más contemporáneos de Rimbaud, aunque más de su gesto, de su vida considerada como performance, que de su poesía. Quisiera, por lo tanto, invertir el movimiento que Adorno le atribuye a la poesía de Rimbaud en favor de su opuesto complementario, que también estaba contenido, aunque de forma más ambigua, en el diagnóstico del alemán. Para Adorno, entonces, el trayecto de Rimbaud lo lleva de lo menos a lo demasiado material; por mi parte, en cambio, veo un proceso de creciente desmaterialización, que va del trabajo con el lenguaje, en cuanto materia prima de la poesía, a la inmaterialidad del gesto como forma de una obra cuyo tema es el trabajo. Es decir: la "tremenda creación" de Rimbaud es también —y, tal vez, sobre todo— el arco que describen su "trabajo asalariado" y su "silencio".

Extremando esta línea de lectura —Rimbaud como obra de arte total, como *corpus* de gestos encarnados—, podemos *interpretar*, en sentido hermenéutico y escénico, la amputación de la pierna en clave de justicia poética: el "pie", después de todo, es la unidad rítmica de la métrica clásica; y nuestro encabalgamiento, una de las figuras por excelencia de la poesía moderna, se llama en muchas lenguas con la expresión francesa *enjambement*, que es precisamente la figura retórica que proscribieron los primeros versolibristas, como Gustave Kahn.

El rechazo de Adorno a la figura del poeta devenido asalariado testimonia las tirantes relaciones entre poesía y trabajo, sobre todo a partir de la masificación de la prensa escrita que, a la vez que ofrecía una necesaria salida laboral a los poetas que no provenían de las capas más altas, era percibida como la vulgarización de una tecnología de la palabra que hasta entonces les había sido reservada; y, también, como la profanación de un espacio verbal sagrado de cuyo tabernáculo se creían llamados a ser custodios. Esta doble amenaza se desdobla en dos imágenes del poeta: la primera, secular, lo presentaba como un orfebre, cuyo diferencial ante otros trabajadores de la palabra —meros productores de bienes de consumo— radicaba en la maestría para fabricar objetos suntuarios destinados a los aristócratas del espíritu.

La segunda supone considerar a los poetas no como un gremio de artesanos altamente especializados —pero, al fin, trabajadores manuales—, sino como una casta sacerdotal, una secta de iniciados en una ciencia oculta y, a la vez, iluminada. Stéphane Mallarmé encarna esta duplicidad: luego de extremar el trabajo de martillo y cincel con las formas heredadas en su "Sonnet en -yx", se lanza a demoler la tradición formal de la poesía, disolviendo la antigua sociedad entre la poesía y el oído para profundizar —a partir de su famoso poema largo en verso libre *Un coup de dés*— el vínculo con el ojo. Paul Valéry ofrece un testimonio inadvertidamente contemporáneo de su visita a Mallarmé, en ocasión de que el Maestro le mostrase su gran obra.

La narración se demora, gozosa, en la descripción ritualizada de sucesivos interiores decimonónicos hasta llegar al estudio del Maestro, su *sancta sanctorum*. Una vez allí, sin embargo, la lectura del poema se narra de forma elíptica, y Valéry se limita a ofrecer algunas impresiones que apuntan a lo visual y a lo inmaterial ("me pareció ver la figura de un pensamiento, por primera vez situado en nuestro espacio"), para concluir con una afirmación que sorprende por el blanco de su énfasis: "esta disposición tipográfica era lo esencial de su tentativa".

A pesar del elogio que precede su categórica conclusión, Valéry —cuya producción poética es más propia de un artesano que de un profeta— pareciera rebajar la obra de su maestro. Después de todo, la tipografía se asocia no solo al dominio del libro, sino al más profano de la prensa gráfica, cuyo auge acompañó espectacularmente, trascendiendo el ámbito de la palabra para sumarle el de la imagen —la ilustración y la fotografía como testimonio de lo real, pero cada vez más como herramientas para crearlo por medio de la publicidad—. Tal vez por esto el propio Adorno elige a Valéry como ejemplo de su propio ideal del poeta en "El artista como lugarteniente", un ensayo donde le agrega a su nostalgia de siempre un vitalismo desusado. Una vez más se pone en juego la potencia del anacronismo: "El artista debe transformarse en instrumento, hacerse incluso cosa, si no quiere sucumbir a la maldición del anacronismo en medio de un mundo cosificado". No se trata de rechazarlo sino, por el contrario, de asumirlo irónicamente para no rendirse a su "maldición". En términos de Adorno, al extremar el trabajo con la forma, el artista logra evitar, a la vez, hacerse sujeto y objeto, esquivando por partida doble la alienación de la subjetividad y la cosificación de la mercancía. Es, en cualquier caso, un anacronismo utópico: al entregarse por completo a sus materiales, el artista borra "el accidente de su individuación" y *deviene* —en el mismo sentido de Deleuze— "lugarteniente" de un "sujeto social y total", previo a la división social del trabajo; es decir, hace visible la supervivencia de un momento utópico anterior a la subjetivación capitalista.

En la historia de la poesía moderna, de estos dos bandos —más complementarios que enfrentados— se impone el segundo. Ante la espectacular expansión del capitalismo industrial, los movimientos poéticos renovadores tienden a rechazar el trabajo, considerándolo un instrumento de alienación. A la idea del poeta como miembro de una casta separada del resto de la sociedad se le suma su reverso, de origen romántico —la del inadaptado, el abyecto, el marginal—, y las múltiples variaciones de ese tema a partir de "El albatros", de Baudelaire, que presenta al poeta como un ave majestuosa en el cielo —es decir, más allá de lo social— pero enclenque y risible tan pronto toca el suelo y se ve forzado a integrarse a la vida en sociedad, donde se convierte en víctima de los demás porque "sus alas de gigante le impiden caminar". En paralelo, la desconfianza respecto del trabajo se manifiesta con nitidez en la dimensión formal, en la línea desmaterializadora iniciada por Rimbaud y consolidada por Mallarmé; así, la poesía empieza a renegar de sus materiales y técnicas tradicionales.

La crisis del verso propicia la entrada en escena de un movimiento liberador, que lleva a cabo la mayor revolución en la historia de la forma poética desde que el petrarquismo se impusiera en Europa. Este movimiento transversal, que antes de su irrupción se estaba destilando con lentitud, va derramándose desde los centros de expansión de la cultura capitalista en su fase global —Francia y Estados Unidos—, y luego se consolida de manera gradual y progresiva, conviviendo de manera cada vez más tensa con el antiguo régimen formal hasta convertirse, bajo el neoliberalismo, en una ortodoxia que pareciera inquebrantable.

Me refiero, por supuesto, al reinado del verso libre, cuyo potencial emancipador suele ser aceptado sin más y que recuerda, por las circunstancias de su surgimiento, las observaciones de Hannah Arendt en "¿Qué es la libertad?" (2006). En este ensayo, Arendt señala con amargura que el problema aparece en la historia de la filosofía con san Agustín, quien divorcia la idea de libertad de la política, para afirmar que se puede ser un esclavo en el mundo y, aun así, seguir siendo libre. Estas transformaciones en el ámbito de la forma y la técnica del verso acompañan —con variados matices y algunas resistencias— otras mutaciones análogas en la esfera más amplia del trabajo, donde se verifica un cambio de paradigma aproximadamente al mismo tiempo que se impone la línea de la desmaterialización. Con ella, alcanza una ortodoxia incuestionada el verso libre, cuyo fundamento —biopolítico— clásico es que expresa la "respiración" única e inalienable de cada poeta, como la huella de una subjetividad que encarna en un ritmo irrepetible. La formulación paradigmática de esta idea se encuentra en el manifiesto por el verso proyectivo de Charles Olson:

> El verso hoy, 1950, si ha de seguir adelante, si ha de servir de uso *esencial*, debe, según mi criterio, ponerse al día e incorporar ciertas leyes y posibilidades de la respiración, del respirar del hombre que escribe, como también de lo que escucha. (La revolución del oído, 1910, el sube y baja del troqueo, lo exige de los poetas jóvenes. (Olson cit. en Caws 2001, 548)

El poeta, como quería Adorno, deviene un instrumento de sí mismo, pero este devenir no borra los efectos de su subjetivación, sino que los multiplica, provocando una nueva homogeneización al atomizar las diferencias a la vez que las esencializa. En términos generales, estas transformaciones del trabajo señalan el pasaje del modelo fordista —orientado a la producción de bienes materiales— al posfordismo neoliberal, ligado a las tecnologías de la comunicación, al sector de servicios y a las finanzas. Bajo este nuevo paradigma, el énfasis ya no está en la manufactura de un objeto, mediante la aplicación y el empleo de ciertas técnicas y herramientas y a partir de determinados materiales, sino en la puesta en escena de una serie de habilidades, talentos y aptitudes subjetivas.

En una permutación que habría horrorizado a Adorno, el trabajador asalariado deja de ser el negativo alienado del artista a la vez que éste pasa a ser modelo del primero: así, el viejo sueño de las vanguardias históricas de fusionar el arte con la vida parece haberse cumplido, de manera perversa, no por obra de la estética sino de la economía política. Paolo Virno ha encuadrado esta transformación bajo la figura del *virtuoso*, personaje conceptual emblemático del capitalismo en su fase posfordista —una fase que, de manera esquemática, coincide con la neoliberal, aunque pone el foco en las transformaciones en la esfera del trabajo a partir de la caída del modelo industrial que permitió el estado de bienestar en los países que suelen llamarse "desarrollados"—.

Si bien el concepto de Virno vale, en términos generales, para las clases medias precarizadas de los países más o menos desarrollados, resulta a todas luces inadecuado para dar cuenta del ancho y ajeno mundo de la producción material, donde —mediante un nuevo encuentro entre lo arcaico y lo moderno— millones y millones de trabajadores permanecen en condiciones de esclavitud virtual o real, desplazados a una periferia invisible, más acá o más allá de las fronteras nacionales. Como veremos en capítulos subsiguientes, a pesar de la ortodoxia versolibrista, han aparecido otras figuraciones del trabajo manual y artesanal que no proponen una vuelta nostálgica a viejas tradiciones ni un gesto reaccionario, sino que desafían ese sentido común.

Quiero pasar anacrónicamente, en el sentido de revelar potencias pasadas aún sin detonar en el presente, a una segunda escena inaugural, ahora sí latinoamericana, donde también chocan, en ocasión del parto —siempre prematuro— del artista autónomo, la poesía, el trabajo y el silencio; y su hermana, la música. El protagonista de esta escena es, como Rimbaud, un niño monstruo, un genio de provincias que abandona su remota periferia apartada de todos los pasillos de la modernización y arriba a sucesivas metrópolis para cambiar, literalmente, el ritmo de la modernidad poética en castellano. Como Rimbaud, aunque del otro lado de la expansión imperial del capitalismo —lo que lo apasiona no parece ser el intercambio sino el consumo, como observó Ericka Beckman ("el modernismo instaló una lengua estetizada para hablar del consumo de bienes", [2012, 45])—, es presa de una fascinación materialista que sus pretensiones aristocráticas no consiguen ocultar, sobre todo por bienes suntuarios importados; y que se vuelve política, porque es, a fin de cuentas, la reivindicación de un subalterno que percibe —ya entonces— el consumo como una carta de ciudadanía en el mundo liberal. Como Rimbaud, termina dedicándose a la exportación: en este caso, de un producto cultural que revoluciona la poesía de la lengua, sacudiendo la modorra de la añeja metrópolis, que ya no será el centro de irradiación cultural de sus antiguas colonias. Me refiero, por supuesto, a Rubén Darío.

En la obra literaria de Darío, el texto que de forma más explícita trabaja las vicisitudes del poeta en su entrada al mercado laboral, regido no por las oscilaciones del Espíritu sino las de la oferta y la demanda, es "El rey burgués", un relato originalmente publicado en el periódico santiaguino *La Época*, cuyo director suele ser citado como inspiración, y que un año más tarde abriría su libro consagratorio, *Azul* (1888). La trama puede resumirse muy brevemente así: un poeta hambriento se presenta en la corte del rey burgués —un monarca sin Estado, que de algún modo prefigura el absolutismo del capital en su fase más reciente—, donde tan pronto llega es "saludado por los cisnes de cuellos blancos, antes que por los lacayos estirados" (18). En presencia del soberano, éste no logra identificar al recién llegado: "El rey tenía cisnes en el estanque, canarios, gorriones, senzontes en la pajarera: un poeta era algo nuevo y extraño" (19). El poeta, que encarna otra figura del marginal —el mendigo—, le pide al rey que le dé de comer. La respuesta es lacónica: "Habla y comerás" (19).

El poeta obedece, pero en vez de confiarse a la benevolencia del monarca, procede a desplegar un largo y desafiante discurso escatológico, donde reclama para sí el papel de profeta de un nuevo orden, otro fin de la historia en que la poesía está llamada a recobrar su función cultural, puesto que "viene el tiempo de las grandes revoluciones, con un Mesías todo luz, todo agitación y potencia, y es preciso recibir su espíritu con el poema que sea arco triunfal, de estrofas de acero, de estrofas de oro, de estrofas de amor" (20). El rey burgués tolera con paciencia el exabrupto de su huésped y, perplejo, le pregunta a uno de sus consejeros qué hacer con él:

> —Si lo permitís, señor, puede ganarse la comida con una caja de música; podemos colocarle en el jardín, cerca de los cisnes, para cuando os paseéis.
> —Sí —dijo el rey, y dirigiéndose al poeta—: Daréis vueltas a un manubrio. Cerraréis la boca. Haréis sonar una caja de música que toca valses, cuadrillas y galopas, como no prefiráis moriros de hambre. Pieza de música por pedazo de pan. Nada de jerigonzas, ni de ideales. Id. (21)

El poeta acepta el trabajo que se le ofrece, que luego desempeña ante el escarnio de las aves cantoras ("todo entre la burla de los pájaros libres", 21). Al igual que los cisnes, a la vera de cuyo estanque el poeta se apostaba, su canto es un réquiem: está claro que esta encarnación de la figura del poeta no podía sobrevivir. Cuando llega el invierno, "se olvidaron de él, el rey y sus vasallos; a los pájaros se les abrigó, y a él se le dejó al aire glacial que le mordía las carnes y le azotaba el rostro, ¡tiriririn!" (21). Finalmente, el poeta muere de frío, "todavía con la mano en el manubrio" (22).

En la lectura clásica, "El rey burgués" ilustra la encrucijada de un artista que, al instaurarse la nueva racionalidad económica —enemiga del espíritu en su materialismo maquinal— se ve en peligro de extinción y, si no quiere quedar fuera de la sociedad, debe incorporarse al mercado, miserablemente y a cambio de su servidumbre. Como en el fin de siglo anterior, el final del xx fue testigo de especulaciones sobre la muerte de la poesía: los nostálgicos balbucearon sus quejas ante el avance del mercado, donde el arte del verso no tenía lugar; otros, por el contrario, recibieron jubilosos lo que aquellos consideraban una nueva barbarie. Pero contrariamente al tan difundido temor a la inevitable defunción de la lírica en su enfrentamiento con el mercado, el siglo xx y lo que va del xxi han sido testigos de un espectacular reverdecimiento, que parece estar devolviéndole el lugar de preeminencia entre los géneros literarios que la novela le había arrebatado; a cambio, sin embargo, la poesía debió pagar un precio que, para algunos, resulta intolerable y que está anunciado en "El rey burgués": incorporarse al sistema del trabajo asalariado.

En el centro de la historia, escondidos a plena luz del día, aparecen los vaivenes de la relación entre la música y la poesía —lo demuestra la profusión de pájaros, que enfrenta a los enjaulados con los libres y a los cantores con el cisne, que solamente canta en el momento de su muerte—. Pero el relato de Darío, al menos aquello que hay en él de contemporáneo, no nos habla de la desaparición de la poesía, sino que anticipa las condiciones de su supervivencia, ligada al crecimiento de la música popular —de cuya lírica, en América Latina, la poética modernista fue el modelo principal—, y cuyo consumo —y las ganancias que éste reporta— supera ampliamente el de cualquier otra producción verbal, exceptuando tal vez la publicidad, esa otra tecnología de la palabra.

Todo el mundo, sea lector o no, lleva tatuadas en la memoria las letras de sus canciones preferidas, las cuales —a diferencia de la mayor parte de la poesía autónoma, que en la actualidad se escribe en verso libre— hacen uso de los aparejos poéticos tradicionales de la rima y el metro: la adjudicación del Premio Nobel de Literatura a Bob Dylan en 2016 es testimonio elocuente, así como el Pulitzer otorgado al rapero Kendrick Lamar en 2018. De esta manera, el verso libre no sería el fin de la historia de la técnica poética sino, en todo caso, la forma dominante de la última etapa de su momento autónomo, que coincide con el auge de la razón neoliberal.

La historia de la poesía contemporánea no es, entonces, la del poeta amenazado que quiere cantar pero no puede porque se lo impide, desde arriba y con violencia, una autoridad intransigente, enemiga del espíritu. Por el contrario, es la historia del poeta que, como en "El rey burgués", tal vez preferiría hablar pero al final no le queda más remedio que volver a cantar, y es remunerado por eso, porque le gusta el dinero o porque lo necesita para pagar su sustento mientras hace su trabajo sin avergonzarse de ello. Es verdad, en esta alegoría el poeta muere. Pero hay algo, también, que permanece solidificado en el hielo que a la vez lo mata y lo preserva. Quizá la identidad del que empuña el manubrio caiga en el olvido, parece decir la fábula, pero el poeta, convertido en caja de música, recibe la vida eterna a cambio de su anonimato —la rueda, la impulse quien la impulse, sigue girando—.

Ahí está, en mi lectura, ese encuentro furtivo entre lo arcaico y lo moderno, que asegura la supervivencia del relato de Darío; lo que lo hace legible, aunque inactual, tal vez porque la frivolidad decorativa con que Darío disimula su virtuosismo resuena con nuestra época, aunque no el celo prosódico que esconde esa performance manierista. No desaparecerá de la escena el poeta autónomo, cuya "respiración", pero también la desmaterialización de sus instrumentos técnicos, podrán seguir siendo huella de una subjetividad irrepetible o no, pero igualmente atravesada por los dispositivos que la produzcan. Por el contrario, no parece que pueda conservar la potestad de presentarse como representante exclusivo de la poesía; y, en especial, en lo tocante a su popularidad en nuestra cultura de masas, tampoco parece que futuras mutaciones del capitalismo vayan a devolverle una cuota de mercado que nunca tuvo: como el pie métrico amputado durante el reinado versolibrista, al menos tendrá asegurada su supervivencia como miembro fantasma en alguna provincia de la cultura.

Sin embargo, si adoptamos un enfoque menos nostálgico, en las nuevas condiciones —que parecen, al fin, erosionar el proyecto romántico que atraviesa nuestra modernidad estética, de la Revolución Industrial al neoliberalismo—, la poesía aspira una vez más a un lugar de relieve: relegada por la novela y otros géneros escritos de más fácil absorción (la idea es de Charles Bernstein), a partir de la puesta en circulación oral y multimedial masiva de materiales líricos que hacen posible internet y las plataformas. Sobre el futuro de la poesía es difícil hacer pronósticos, aunque no parece improbable que la tendencia inmaterial se revierta, por influencia de la música u otras disciplinas contiguas, y en gran medida por el desplazamiento de un soporte escrito a uno multimedial; o que, si permanece, quede confinada a la poesía —nótese la ironía— "tradicional". Desde una perspectiva más amplia de lo poético, lo único seguro es que las formas y las técnicas serán otras, quizá menos reñidas con la memoria, el cuerpo y el trabajo manual —"todavía con la mano en el manubrio", al decir de Darío—, pero con toda probabilidad arcaicas en alguna medida —es decir, indefectiblemente contemporáneas—.

II

La isla bonita

1

Islas

Una sección de vientos que parece anunciar una arenga triunfante con acordes mayores se disuelve en apenas unos pocos compases y desnuda una base que repite y varía, expandiendo y contrayendo, un sencillo motivo en escala menor que da una sensación de urgencia y nerviosismo. De esa manera —deshaciendo promesas, revelando las tensiones sin resolver que ocultan— comienza "Going Hard", el track que abre *The Beautiful Struggle*, segundo álbum solista de estudio del rapero de Bed-Stuy, Talib Kweli. En esa misma dirección, la letra —una vehemente impugnación del orden capitalista globalizado— incluso llega a desmentir lo que promete el título: "Basta de hacer la más *difícil*, hagamos la más *inteligente*". Enseguida, después de la proclama revolucionaria del estribillo de apertura ("Las balas empiezan a volar, la revolución ya va a empezar"), Kweli denuncia en la estrofa inicial el trabajo invisible que sostiene el consumo en una economía global de la que Nueva York, su ciudad de nacimiento, se ha convertido primero en anuncio y después en emblema:

> Decís que nunca te asusta que haya chicos en otros países
> que fabrican camisetas, vaqueros y zapatillas que nunca
>   [van a poder usar
> padres que nunca están, ocupados construyendo casas
>   [que no pueden permitirse comprar
> coches que no pueden permitirse conducir
> trabajando en empleos que no les permiten vivir.

Conforme avanza esa primera estrofa, en su tono nasal característico y haciendo gala de la variedad de rimas y florituras técnicas que le habían valido el reconocimiento de un artista menos comprometido pero incomparablemente más popular como Jay-Z ("Si el talento vendiera, la verdad, /

líricamente yo sería Talib Kweli"), el MC (Master of Ceremonies) de Bed-Stuy se prodiga en referencias a los explotados de la periferia global: niños milicianos descalzos obligados a pelear en guerras no especificadas; niños forzados a trabajar en las minas de diamantes de Sierra Leona que han perdido un brazo en castigo por llorar, y a sus madres por la epidemia de sida.

En la estrofa siguiente, Kweli abandonará la tercera persona y asumirá la primera para poner en serie esa mano de obra y esa carne de cañón esclavizadas de la periferia con la travesía atlántica, revisando la historia de su país ("Combatiendo años de historia que nos negaron, mentiras y misterios") desde esa óptica, para incluir dentro del mismo ciclo el asesinato de Abraham Lincoln ("Terroristas con etiqueta que votan y matan a su presidente") y la efervescencia neoconservadora post-9/11 con su creciente demanda de vigilancia y seguridad ("Quienes cambiarían libertad por protección / no merecen ninguna de las dos"). Esa formulación de largo alcance se acerca a las ideas del filósofo italiano Domenico Losurdo, para quien la historia del liberalismo no puede entenderse separada de la empresa esclavista, dado que es inherente a éste la conformación de "comunidades de los libres" que a su vez se definen por sus excluidos.

De todos modos, antes de este ensayo de interpretación histórica, que acerca con ayuda de la rima realidades lejanas en el tiempo y el espacio, un elemento recurrente, que se escucha de fondo, vuelve a poner el foco en la historia reciente y lo trae otra vez de lo global a lo local. No bien termina la primera estrofa, y apenas antes de que empiece la segunda, se oye la voz distorsionada de la cantante Res, asidua colaboradora del rapero, entonar un motivo musical que persiste hasta el fin de la parte de Kweli, y que, a pesar de estar sincopado, recortado y traspuesto un semitono más arriba, es bien reconocible: el fragmento inicial de la melodía de "La Isla Bonita", de Madonna. No tanto a causa de la distorsión, sino más bien por el lugar que ocupa en la mezcla, no se alcanza a entender exactamente lo que dice la cantante. Lo que sí queda claro, sin embargo, es que no reproduce el escapismo tropical panhispánico de la letra de Madonna ni su ventriloquismo identitario, al punto de que puede distinguirse, antes de que la distorsión creciente y la superposición con el flow de Kweli vuelvan sus palabras del todo ininteligibles, el comienzo de una frase repetida: "Esta época es una época dura…".

La presencia ominosa, intermitente, de ese coro —reconocible aunque manipulado, tapado por la mezcla algunas veces— acompaña la crítica del track. La música refuerza e incluso profundiza lo que dice la letra. Se trata de mostrar un entramado histórico de largo recorrido que ahoga algunas voces y hace que otras resuenen mediante la creación de fantasías insulares que sumergen lo que excluyen, invirtiendo la forma en que esas dos maneras de representar la realidad se muestran: el registro realista, puesto en la voz de Kweli, tapa la fantasía que evoca —desmintiendo— la de Res. Al respecto, sería pertinente recordar que en el hip-hop —que surgió en la segunda mitad de los setenta en el Bronx, en respuesta a un proceso de abandono programático disfrazado de modernización— el concepto de representación no es solo estético, casi siempre ligado al realismo (como dijo Chuck D, de Public Enemy, "El rap es la CNN de los negros"), sino literalmente demográfico y político: se trata de afirmar la presencia y la agencia de personas y comunidades forzadas al silencio y a la invisibilidad.

En este sentido, debe interpretarse el arte del grafiti y en especial el *tagging* de esa época, cuyos primeros practicantes fueron llamados *writers*: la forma que encontraron algunos excluidos de dejar —mediante un uso casi ideogramático de la palabra, que recuerda el origen de muchos alfabetos— constancia de sus nombres, inscribiéndolos como avisos publicitarios en el exterior de los vagones desvencijados del metro, emblema del fracaso —de la desigualdad— de esa modernización y, a la vez, el metrónomo de sus ciclos, dado que, en una ciudad con una planta automotriz muy inferior al promedio nacional, regulaba la circulación de las personas al trabajo. En una cultura cada vez más penetrada por los discursos y las fantasías escapistas de la publicidad, utilizar la red de transporte público como valla publicitaria móvil que diseminara por el espacio urbano los nombres de los marginados —a fin de cuentas, que los imprimiera en sus ritmos— era una intervención de una potencia inusitada, que explica el celo con que fue perseguida.

Con la misma intención, si bien en clave más comunitaria, se puede interpretar la presencia frecuente en las letras de rap de *shoutouts* localistas que mencionan el nombre de un barrio o de una calle, y sobre todo el uso —difundido al extremo de parecer una convención del género— del verbo *to represent* en su acepción política: el MC pide la palabra en representación directa de una comunidad —local, usualmente racializada— cuya mera existencia y supervivencia es urgente afirmar. En *The Beautiful Struggle* no faltan los *shoutouts:* "Talib Kweli, BK MC" en "A Game"; "Herkimer" en "Around My Way", en referencia a una calle muy conocida de Bed-Stuy; y "Kweli, BK, c'est la vie" en "We Got the Beat", donde el MC además muestra su virtuosismo, desplegando distintos tipos de rimas —"B" y "vie"; "Kweli" y "c'est la", etc.— en el espacio de unas pocas palabras de dos idiomas diferentes.

En todo el álbum, Kweli no utiliza de manera directa esa noción de representación, tal vez por desconfianza manifiesta de la política entendida como alternancia de un engañoso bipartidismo que supuestamente representaría visiones enfrentadas del mundo y de la sociedad:

> Tratás de votar y participar en el gobierno
> y estos demócratas hijos de puta hacen lo mismo que los republicanos
> [...]
> La revolución ya llegó, la revolución es personal
> me llaman el rapero político
> aunque les diga que no me meto en política. ("Beautiful Struggle")

A pesar de la ausencia de ese tropo, tanto el arte de tapa como el *booklet* que acompañan el CD de *The Beautiful Struggle* no dejan muchas dudas con respecto al compromiso del rapero con su comunidad. La tapa es elocuente: frente a la escalera de entrada de un típico brownstone de Bed-Stuy, un niño de un color de piel que en los Estados Unidos se llamaría *brown*, que viste camiseta roja, jeans azules y zapatos marrones, corre de izquierda a derecha sobre una vereda abigarrada de inscripciones indescifrables, casi todas en tiza blanca, que coinciden con el sentido de lectura del observador, con excepción de una, paradójicamente la única legible y en minúsculas: New York. Por efecto de la velocidad, la silueta del niño aparece borroneada, fuera de foco; los jeans que lleva hacen juego con algunas de las letras ilegibles, que están en tiza azul.

En el centro de la imagen, en grandes letras blancas y marrones respectivamente, que parecen generadas por computadora, aparecen el título del álbum y el autor: THE BEAUTIFUL STRUGGLE, recostado a la derecha, y TALIB KWELI, a la izquierda. En el margen inferior izquierdo, en su típico diseño monocromático en letras blancas y negras sobre fondos en negativo, se ve el sello PARENTAL ADVISORY EXPLICIT CONTENT, una advertencia sobre el contenido de las letras incluida desde 1985 por presión del grupo conservador Parents Music Resource Group, cuya cara más visible fue Tipper Gore, futura segunda dama de los Estados Unidos bajo administración demócrata de Bill Clinton. Finalmente, abajo a la derecha, en una letra chica que parece escrita a mano en un blanco que remeda el de la tiza, mirando discretamente al observador, aparece sobreimpresa la leyenda: "Brooklyn, NY".

El esquema de colores de la foto remite a la vez a la bandera de los Estados Unidos —blanca, roja y azul— y al contraste entre el blanco y el negro y el blanco y el marrón que parece indicar las tensiones raciales que están, literalmente, en el centro de la historia de la nación. Por otra parte, a nivel local, parece sugerir la expropiación del negro y el marrón por el blanco que supuso la gentrificación de Brooklyn: es decir, la llegada de una población caucásica, expulsada de Manhattan por el alza del precio de la renta, que vino a ocupar los brownstones donde tradicionalmente residían las llamadas minorías raciales, desplazándolas. En efecto, las páginas del *booklet* que acompaña el CD están ilustradas con fotografías de fachadas e interiores de brownstones. En una se ve al propio Kweli posando junto a unas molduras antiguas, que parecen desgastadas; y en otra, particularmente poderosa, en la contrapágina de la que reproduce la letra de "Going Hard", una mujer de edad mediana, sentada ante una mesa puesta, con las sillas vacías, observa de costado a cámara, mientras tres niños, que parecen sus nietos, miran por una ventana al otro lado de la habitación, dando la espalda a contraluz al observador.

Esos niños de espaldas que están mirando algo mientras los difumina la luz de lo real, y aquel otro que corre borroneado en la tapa —¿está jugando?, ¿huyendo?—; y de manera análoga, el juego entre las letras legibles e ilegibles, escritas en el suelo o sobreimpresas, apuntan en la misma dirección: se busca señalar las estrategias de invisibilización e hipervisibilidad, inteligibilidad e ininteligibilidad, a que son sometidas esas comunidades, cuyo futuro no precisamente espléndido estos niños sin padres a la vista parecen anunciar de manera ominosa. ¿Cómo se representa —en la cultura y políticamente—, o se opta por no representar a esas comunidades? ¿De qué maneras chocan las representaciones de sí mismos de quienes no se sienten representados con las de aquellos que se niegan a otorgarles representación en pie de igualdad y que, cuando se los representa, eligen a menudo figurárselos orlados de un borrón de luz amenazante, censurando en efecto la propia explicitud con que se los exhibe?

La insistencia en situar en la comunidad geográficamente circunscrita un relato global remite de manera muy directa a la historia de Nueva York y su papel en la conformación de un nuevo orden del mundo: primero *cautionary tale* y luego cuento de hadas —con trasfondo siniestro, como el género exige. Esa "isla bonita" que la letra no menciona es Manhattan, desde donde irradió este cambio de orden del que la gentrificación de Brooklyn es una de las muchas consecuencias; y que se enmarca, sin lugar a duda, en un proceso de más largo alcance, como señala Kweli en este mismo track, que recorre la historia del liberalismo en general y de sus encarnaciones estadounidenses en particular, hasta lo que llamamos neoliberalismo. Por lo demás, esa transformación de Nueva York en capital financiera y cultural del nuevo orden del mundo coincide exactamente con la vida del rapero, que de hecho nació en pleno estallido de la crisis fiscal, a principios del mes a cuyo fin el *Daily News* publicaría en su primera plana un titular que se volvió famoso, sobre la negativa del gobierno federal a asistir a la ciudad al borde de la quiebra: FORD TO CITY: DROP DEAD. O sea: "Ford le dice a la ciudad que se muera".

La historia de "La Isla Bonita", más aún en función del contexto en que aparece citada la canción, resulta cuanto menos sugerente, porque reproduce esa dialéctica de invisibilización e hipervisibilización de comunidades racializadas: en este caso, el brumoso colectivo que forman los "hispanos" y "latinos", también protagonistas silenciados de la transformación de Nueva York. El guitarrista Bruce Gaitsch y el tecladista Pat Leonard habían compuesto la pista instrumental, que aún no tenía título, y se la habían ofrecido a Michael Jackson para su álbum *Bad*. Afortunadamente para ellos, Jackson la rechazó: "No la quería hacer, gracias a Dios. No me caía bien. Siempre me pareció un freak, me parecía desagradable. Me daba mala espina, como si hubiera conocido a un fantasma", cuenta Gaitsch con visible desagrado (O'Brien 2007, 111). Leonard tuvo la idea de enviársela a Madonna, que estaba en Hong Kong rodando *Shanghai Surprise*. La cantante aceptó y mandó en respuesta la melodía, el título y la letra. Gaitsch, quien a juzgar por sus declaraciones no parecía sentirse demasiado cómodo con las llamadas minorías, entró en shock: "Pensé: 'Ah, bueno, esto nunca va a ser un hit. La canción era demasiado básica. Pero me equivoqué. Se hizo famosísima, y se volvió el himno nacional de la isla de San Pedro" (111).

Allí donde Gaitsch veía imposible que una canción de tema hispánico —y letra en castellano ocasional— pudiera ser un hit, Madonna percibió con nitidez la posibilidad de monetizar el avance demográfico de la comunidad latina, como notó Rikky Rooksby, autor de una guía de la música de Madonna: "Primera regla para volverte un artista de éxito masivo: conectá con la mayor cantidad de grupos étnicos que puedas" (Rooksby 1998, 26). Sin embargo, el prejuicio de Gaitsch resuena una vez más en la cantante transformado en un malentendido que, a pesar de la pátina ecuménica, solamente podría tildarse de ignorancia. Madonna declaró que la canción era "un homenaje a la belleza y el misterio del pueblo latinoamericano" (Easlea y Fiegel 2012, 57). En relación con esto, pocos años más tarde Madonna alabaría la exótica e icónica belleza de Frida Kahlo —a quien quería interpretar en cine—, en una entrevista con Carrie Fisher para *Rolling Stone*: "En sus autorretratos exageraba su vello facial. No tenía las dos cejas juntas, pero se las pintaba para que pareciera que sí. Y tenía el bozo oscuro porque era de Latinoamérica" (Fisher 1991).

No obstante, lo cierto es que San Pedro es una isla de Belice, un país que destaca —entre otras cosas— por ser el único de Centroamérica cuya lengua oficial es el inglés, algo que se explica por el hecho de que en tiempos coloniales fuera conocido como Honduras Británica. Sin mencionar este detalle, la cantante cubana radicada en Miami Gloria Estefan hizo una aguda crítica de la letra y la instrumentación: "Los únicos que piensan que popularizó el español son los angloparlantes. Madonna está un poco confundida con el idioma. Habla de una isla tropical al sol, que es Puerto Rico. Después menciona la samba, que es de Brasil. Y después suena una guitarra flamenca, de España. La canción es un mejunje de todas esas cosas. Pero bueno, todo suma" (O' Brien 2007, 112).

En otra entrevista para *Rolling Stone*, de 2009, Madonna le confiesa a Austin Scaggs que sus canciones no siempre son autobiográficas, mencionando "La Isla Bonita" como ejemplo. Con sorpresa legítima o fingida, el periodista le pregunta: "¿Me estás confesando que nunca soñaste con San Pedro?". A lo cual, la cantante le responde: "No sé dónde queda San Pedro. En esa época de mi vida, no era una persona que fuera de vacaciones a islas paradisíacas. A lo mejor lo que pasó fue que iba a grabar al estudio por la autopista y vi un cartel de salida que decía San Pedro" (Scaggs 2009). La desmentida no impidió que el mito beliceño siguiera circulando. No solo la página de Wikipedia de la canción continúa propagando el malentendido, y reproduce una foto de la isla con el siguiente pie: "La isla de San Pedro, la principal inspiración del tema" (Wikipedia). Además, si bien San Pedro es parte de Belice y, por lo tanto, es imposible que "La Isla Bonita" se haya convertido en su himno nacional, como afirmaba Gaitsch, un gran número de agencias turísticas locales busca capitalizar la asociación con Madonna. Nadie, de todos modos, llegó al extremo del periodista mexicano Ricardo Garza, que cuenta en una crónica turística, publicada en el periódico *Reforma*, su visita —real o imaginaria— a la isla de San Pedro:

> El turismo en la isla comenzó en 1965, cuando a Celi Nunez, una nativa, se le ocurrió levantar el Holiday Hotel. Sus cinco habitaciones no contaban con teléfono ni electricidad, pero alojaban a viajeros ávidos por descubrir el territorio [...] Dos décadas después, la cantante Madonna viajó a este destino, y en pocos días se enamoró de su ambiente isleño, de su naturaleza y de la mirada de sus niñas. Por eso escribió "La Isla Bonita", canción en la que confiesa su afecto por el lugar, que en realidad se convirtió en ínsula hace varios siglos, cuando los mayas cavaron un canal para comunicar el Caribe con Chetumal y separaron la antigua península del territorio mexicano. (Garza 2009)

El "ambiente isleño", la "naturaleza" y "la mirada de [las] niñas" de San Pedro que habrían enamorado a esta Madonna de ficción seguramente sean citas de los versos "Tropical la brisa isleña / Libre y salvaje la naturaleza" y "Una chica con ojos de desierto" —curiosa y creativa forma de imaginar una visita que nunca se produjo a partir de las pocas referencias concretas de una letra que, por lo demás, es imprecisa y genérica, tanto a nivel de las imágenes como de la narración. En el marco borroso que dibujan el sueño y el recuerdo nostálgico ("Anoche soñé con San Pedro / Todo parece ayer, parece cerca"), se presenta una serie de estereotipos y contrastes. Desde un lugar de enunciación que se deduce urbano, se añora la "naturaleza salvaje y libre" de la isla, descrita escuetamente según la tradición del *locus amoenus*: largos días en que el sol se demora en su cénit, al punto de entibiar el propio cielo; un mar cálido; una brisa tropical.

Se alternan dos idiomas: además del inglés, que predomina, se usa el castellano para expresar una sorpresa cuyo motivo no es del todo claro ("¿Cómo puede ser verdad?"); repetir el estribillo que da título a la canción y que funciona como epíteto de esa San Pedro imaginaria ("La isla bonita"); referir ocupaciones típicamente atribuidas a la cultura hispánica, ajenas a la ética protestante ("siesta"); y, finalmente, agregarle detalles a una anécdota amorosa cuyas menciones se repiten en ambos idiomas sin organizar un relato inteligible ("Te dijo te amo", "Él dijo que te ama").

Estas últimas frases resultan enigmáticas por su desplazamiento de la segunda a la tercera persona, por el cual no se puede saber quién dice que ama a quién. ¿Madonna le hace de Celestina a una segunda persona genérica? ¿Esa otra voz remeda a una latina *ad hoc* que le asegura al yo de la canción que sus requiebros son correspondidos? ¿O se dirige a los oyentes angloparlantes para aliviar —traduciendo— cualquier tensión lingüística, etnorracial, que puedan percibir? En cualquier caso, antes que "un homenaje a la belleza y al misterio de la gente de Latinoamérica", el puñado de frases que Madonna articula en castellano parece extraído de una guía de turismo, o aprendido en las primeras clases de un curso para principiantes. O tal vez el "homenaje" (*tribute*) sea un "tributo" en otro de sus sentidos literales: el impositivo.

El videoclip de "La Isla Bonita" —que ostenta el récord de haber sido el más pedido en MTV durante veinte semanas consecutivas— reproduce los mismos estereotipos y contrastes, y los lleva al extremo. El video comienza con el primer plano de unos timbales bajo unas diestras manos que pronto se verá que pertenecen al percusionista afrobrasileño Paulinho da Costa. Conforme se abre el plano, se ve que Da Costa está sentado sobre los escalones de la entrada de un edificio venido a menos. Detrás de él, un joven latino de pelo largo se pavonea y baila haciendo gala de un look entre urbano y *sauvage*: torso desnudo, pantalones blancos hasta las pantorrillas, zapatillas Converse y una bandana en la cabeza. Más atrás, una pareja de edad mediana —ambos de piel morena; él con pantalones negros de vestir y camisa blanca, ella con vestido y delantal de cocina— se suma tímidamente al baile. Unos niños entran en tromba al edificio. Una mujer de cabello oscuro con una mantilla negra —¿está de luto?— pasa presurosa, como si quisiera alejarse de la escena.

En el plano siguiente, con un *traveling*, la cámara acompaña a esa misma mujer, que pasa junto a la carcasa de un auto desguazado: la puerta y la ventanilla del lado del conductor están cubiertas de grafitis; faltan las cuatro ruedas, probablemente víctimas del reciclaje urbano. Detrás del coche, otro hombre latino, con anteojos oscuros, pelo largo, tiradores y camiseta blanca tan ceñida que apenas contiene su musculatura, toca una guitarra española sentado en un sofá desvencijado. Más atrás, unos tachos rebosan de basura: son imágenes estereotípicas de un *inner-city ghetto*. Tras un pequeño corte, con otro *traveling* la cámara se mete por la ventana de un departamento en otro de los edificios de la misma calle.

Adentro está Madonna, sentada en una mecedora, con un vestido blanco que parece una enagua pero muy ajustada. Lleva el pelo muy corto y mucha base blanca, que realza su palidez y la hace contrastar aún más con el color de piel de los vecinos. De repente, la imagen se funde con postales de un pueblo colonial y una puesta de sol, únicas referencias a la isla del título. De regreso en la austera habitación, casi sin mobiliario a excepción de la mecedora y otra silla, se ve un altar con fotos familiares sobre la repisa de la chimenea, que la cámara enfoca antes de seguir a Madonna hasta la ventana, con cortinas bordadas al estilo español, por donde mira a la calle y advierte la presencia del guitarrista; al verlo, se le cae una lágrima.

Hay un corte y de pronto Madonna está enfundada en un traje flamenco color rojo flamígero, en otra habitación mucho más recargada, con una alfombra de intrincado diseño y un verdadero enjambre de candelabros encendidos. Allí también hay un altar familiar, sobre el que preside una de esas imágenes en las que Jesucristo se señala el Sagrado Corazón, que arde —según la tradición católica— con el fuego del amor. El montaje alterna imágenes de las dos Madonnas: la flamenca bailando encendida como el fuego de ese sinfín de candelabros; la piadosa católica, hincada como en misa —¿o haciendo penitencia?— en un banquito, que enciende de una en una las velas del altar familiar, luego apaga soplando la punta del chispero y se pone a rezar el rosario.

Con el solo de guitarra flamenca, la cámara vuelve a enfocar al guitarrista, que ahora está de pie, y entrecierra los ojos y mueve la cabeza compenetrado con la música. A su lado, Paulinho da Costa sonríe en los timbales. Alrededor, el barrio está de fiesta, y vecinos de todas las edades bailan ritmos latinos de variada procedencia. A un costado, al margen de la acción, el actor Benicio del Toro hace un raro cameo previo a la fama, sentado sobre el capot de un auto. De fondo, se ven letreros en inglés: SERVICES y D. G. REAL ESTATE. Tentada por la fiesta, la Madonna piadosa no se atreve a bajar y observa desde arriba, aferrada al rosario, mientras que la flamenca se revuelca por el suelo de la habitación, pasándose la mano por la ingle en ademán lascivo.

Pronto está otra vez de pie, y tras girar con sensualidad la cabeza mirando de costado a cámara, baja las escaleras y se pone a bailar con dos varones jóvenes: el que aparece en la primera escena con el torso desnudo y otro con camisa de franela a cuadros sobre una camiseta, también de pelo largo. Enseguida se aparta y a pesar de que el joven sin camisa la sigue, reclamando su atención, se acerca al guitarrista, lo abraza desde atrás haciendo un bailecito y le habla al oído en sincronía con la letra: "Te dijo te amo". Tras besarle la punta de la larga cabellera, que va soltando de a poco, la Madonna flamenca se aleja mientras la fiesta sigue. Luego de un plano en que su avatar católico repite: "Él dijo que te ama", se ve a la bailadora abandonando el barrio, caminando hacia atrás de frente a cámara, mirando al guitarrista y a los bailarines, que la observan de perfil, sin intentar seguirla, como si se supieran circunscritos a ese espacio. En el último cuadro, Madonna se da media vuelta y avanza hacia al final de la calle, donde se recorta la silueta de un rascacielos. Parece un edificio de oficinas de un distrito financiero: podría ser Manhattan (Bego 1992, 189) o Los Ángeles (Easlea y Fiegel 2012, 57). Es lo único en todo el videoclip que no parece un decorado.

Lo primero que llama la atención en el pasaje de canción a video es que las referencias al *locus amoenus* tropical desaparecen casi por completo: sobreviven apenas unas pocas postales sobreimpresas al montaje de manera arbitraria. Lo que persiste es la actitud turística, si bien en el video la fantasía insular está localizada en un espacio que contrasta de manera dramática. En vez de un rústico resort isleño, la acción se desarrolla en pleno centro de la ciudad, pero esa ubicación es igualmente periférica. La representación de la pobreza urbana es estereotipada —grafitis y basura, autos robados—, así como su asociación a un grupo étnico: los latinos encarnan ese estado de naturaleza que la letra celebraba en San Pedro ("toda la naturaleza salvaje y libre").

En contraste con ambos avatares estilizados de Madonna —la pálida y austera; la fogosa aunque renuente—, los latinos andan semidesnudos y algunos visten ropas viejas y raídas. De manera previsible y estereotipada, se los hipersexualiza: solo saben de música y de bailes. Pero los suyos no son cuerpos para la reproducción y el trabajo, y ni siquiera objetos de deseo y consumo, más que fugaz y ambivalentemente. Mientras que ese paseo por el gueto es una vacación para Madonna, los latinos no pueden disfrutar de la alternancia entre el ocio y el negocio. Si se entregan al baile por completo, es porque no hay trabajo para ellos. Solamente la muerte —pareciera decir la mujer de la mantilla negra que se niega a sumarse a los festejos— es capaz de sacarlos de ese círculo. Por eso, en la coreografía del final se quedan donde están, sin transgredir los límites que les dicta ese espacio restrictivo. En cambio, la cantante, después de sus prudentes coqueteos, da por finalizada la excursión turística a ese gueto de utilería y va, entre baileoteos, hacia la realidad, donde del otro lado de la calle la espera un rascacielos, símbolo de la ciudad corporativa.

Si bien esa ciudad que se levanta al cielo solo se ve de fondo, en el barrio aparecen señales de la transformación económica de la que hablaba Kweli en "Going Hard". Además de que nadie trabaja en el video, algo que se podría atribuir al proceso de desindustrialización en curso en esos años, los dos letreros en inglés que pueden verse apuntan claramente a la nueva configuración económica de la que Nueva York se convirtió en modelo, una ciudad donde la riqueza se concentraba cada vez más mediante la especulación inmobiliaria (D. G. REAL ESTATE), al tiempo que la economía se desplazaba progresivamente de la manufactura al sector de servicios (SERVICES).

En relación con esto, los versos ya citados de la canción de Kweli, que mencionan a niños que fabrican zapatillas y ropa en una periferia no especificada, remiten a un proceso general de migración de la planta productiva de los centros urbanos a países o zonas periféricas, donde el precio más bajo de la tierra, una menor presión impositiva —o incluso beneficios y exenciones— y, sobre todo, el acceso a mano de obra barata, a menudo en condiciones de explotación extrema, hacen posible reducir drásticamente los costos.

Se trata de una referencia especialmente ominosa para el caso de Nueva York, cuya industria de la indumentaria era uno de los sectores más importantes —en 1950, más de un tercio de los empleos manufactureros de la ciudad se concentraba en ella— de la pujante economía productiva de una "ciudad no fordista en época de Ford", en palabras del historiador del trabajo Joshua B. Freeman (2000).

Esta planta industrial debía proveer a un amplio mercado interno, y se caracterizaba —en parte a causa de la escasez de la tierra, su alto precio y las regulaciones de zonificación— por un número enorme de pequeños emprendimientos a menudo vinculados entre sí por especializarse en diferentes tareas del proceso productivo, y agrupados en distritos industriales, cuyas huellas todavía pueden observarse en la geografía urbana, a pesar de que sus trabajadores hayan perdido su centralidad social y, en gran medida, su visibilidad.

De regreso a Madonna, la conexión algo menos explícita entre pobreza y fuego —el vestido ardoroso de la cantante en su disfraz ibérico, la profusión de candelabros— no debe haber pasado inadvertida para nadie que —al igual que la diva— hubiera vivido en Nueva York unos años atrás, o al menos visto las noticias por televisión. Durante los setenta, una ola de incendios barrió con el South Bronx, una comunidad partida al medio por la construcción de la autopista Cross Bronx Expressway, un proyecto del poderoso planificador urbano Robert Moses que había comenzado al terminar la Segunda Guerra Mundial, y cuyo último tramo habría de completarse en 1973, a pesar de que el resto ya estaba listo una década antes.

No deja de ser una ironía cruel que un hombre de apellido Moses haya partido no las aguas sino el tejido urbano. En un libro de ambiciones faraónicas a la altura de su objeto de estudio, el periodista Robert A. Caro relata la destrucción —física y social— que causó la construcción de la autopista, concentrándose en el tramo de una milla que atravesó la comunidad entonces predominantemente judía y de clase media trabajadora de East Tremont. En una escena con reminiscencias veterotestamentarias, los ingenieros principales de Moses —el coronel Chapin, el general Farrell y el capitán Praeger, todos veteranos condecorados de la Segunda Guerra— inspeccionan las demoliciones bajo la supervisión de Moses, que observa los trabajos desde su limusina, mientras se escucha el ruido atronador de las topadoras, las excavadoras y los taladros; el aire se impregna de una lluvia de polvo que se mete incluso por las ventanas selladas con toallas húmedas de los edificios que quedan en pie; y la tierra tiembla durante un año entero por las cargas explosivas colocadas para horadar el terco lecho de roca.

La destrucción causada por la Cross-Bronx Expressway provocó, en consecuencia, un marcado éxodo de la población blanca del South Bronx, algo que Caro cuenta no sin indicios de ansiedad racial. En un pasaje particularmente cargado, Caro salta del pasado de la narración histórica al presente del testigo contemporáneo, para abonar una vez más dos tropos frecuentados entonces como ahora: el gueto como jungla urbana; y como zona de guerra, que el autor reelabora como ucronía distópica:

> Después de las siete de la tarde, las calles residenciales de East Tremont se vacían, copadas por pandillas de drogadictos que parecen manadas de lobos. Hasta en East Tremont Avenue, para las nueve de la noche la mayoría de las tiendas están cerradas y con las luces apagadas, pertrechadas detrás de sus puertas de acero y sus barrotes de hierro. Las calles de East Tremont están tan tapizadas de vidrios rotos que brillan al sol. Hay basura, colchones empapados, pedazos de muebles rotos y, en las cunetas y desagües, pequeñas esquirlas de acero. Las veredas están llenas de baches; y las calles, en particular las que dan a la autopista, porque la autopista las ha convertido en callejones sin salida, reduciendo el tráfico en ellas al mínimo, están llenas de carcasas de autos desmantelados. Mientras se construía la autopista, East Tremont tenía el aspecto de una Londres bombardeada; ahora parecía una Londres en la que, después de las bombas, las tropas hubieran avanzado combatiendo de casa en casa. Parecía una selva. (Caro 1975, 893)

Para fines de la década de los sesenta, la mitad de esa población blanca había partido rumbo a los suburbios del norte, segregados de hecho racial y geográficamente. En su lugar, llegaron contingentes de familias afroamericanas, afrocaribeñas y latinas, desde zonas más empobrecidas del Bronx o desplazadas de los guetos de Manhattan por otros planes de "renovación urbana". Para la década de los setenta, la situación económica era desesperante: el South Bronx había perdido 600.000 puestos de trabajo en el sector manufacturero. A mediados de la década, los ingresos per cápita equivalían a la mitad de los de la ciudad de Nueva York, y a un 40 % del promedio nacional. La cifra oficial de desempleo entre los jóvenes era del 60 %; extraoficialmente, se hablaba de un 80 %. Los edificios de departamentos cayeron en manos de *slumlords*; y dado que, además, las rentas estaban reguladas, preferían dejar de suministrarles agua y calefacción a sus inquilinos, forzándolos a irse. Luego retenían impuestos a la propiedad del municipio, y finalmente destruían los edificios para cobrar las pólizas, muchas veces en connivencia con las propias aseguradoras, dando origen a un nuevo sector de la economía informal, que remuneraba el vandalismo: las pandillas se dividían un territorio abandonado por el Estado.

A fines de la década, el South Bronx había perdido a manos del fuego 43.000 unidades de vivienda, el equivalente a cuatro manzanas por semana. El apagón de la noche del 13 de julio de 1977, que se extendería por treinta y seis horas, detonó la apoteosis que, momentáneamente, le dio máxima visibilidad al conflicto: el fuego ardió por todas partes y cientos de tiendas fueron saqueadas; los noticieros de televisión cubrieron los hechos como si se tratara de una zona de guerra. Según Jeff Chang, autor del influyente *Can't Stop Won't Stop: A History of the Hip-Hop Generation*, ése sería el caldo de cultivo para el nacimiento del hip-hop: "Si la cultura del blues se había desarrollado en condiciones de trabajo forzado y opresivo, la del hip-hop surgió en un contexto en el que directamente no había trabajo" (2005, 13).

A juzgar por las cifras y estadísticas, la afirmación de Chang parece irrefutable. Sin embargo, decir que la cultura del hip-hop emergió de un contexto de desempleo masivo de una comunidad no implica presentar a sus pioneros como ociosos —al estilo de Madonna con los latinos—, y ni siquiera como marginados, a pesar de que hayan ocupado un lugar marginal en la vida política y económica de la ciudad. Si bien, como se ha dicho, en la cultura del hip-hop la representación es un concepto tan central como anfibio, de ninguna manera eso equivale a decir que se trate de una cultura pobre por el hecho de haber aparecido en esas condiciones.

En primer lugar, ya desde los inicios, las fiestas vecinales organizadas por DJ Kool Herc —donde el consenso de los historiadores suele ver los comienzos del hip-hop— tenían como objeto recolectar dinero, aunque el negocio fuera con el ocio. En segundo lugar, amén de la voluntad de representación de algunas de sus letras y del "realismo" que se le atribuye o que sus propios practicantes reivindican, el hip-hop —en su manifestación lírico-musical— se caracteriza principalmente por su formalismo y artificiosidad, y por establecer una relación compleja y crítica con el trabajo, la técnica y la tecnología.

2

Manualidades, técnica, sonido

Se acostumbra ubicar el origen del hip-hop el 11 de agosto de 1973, en una fiesta organizada por los hermanos Clive y Cindy Campbell en el salón recreativo de 1520 Sedgwick Avenue, donde vivían con sus padres. Solo un paredón rojo separa la avenida del tráfico de la Major Deegan Expressway. Muy cerca se levanta el George Washington Bridge y apenas al sur, la autopista I-95, que en este tramo se conoce como Cross-Bronx Expressway. El edificio es una torre de departamentos acogida al programa Mitchell-Lama que, según su sitio web, "ofrece viviendas cooperativas y accesibles a familias de ingresos moderados y medios" desde 1955. Cindy Campbell quería comprarse ropa nueva para el año escolar que estaba por empezar, e invirtió una pequeña suma de dinero en alquilar el salón recreativo del edificio donde vivía, algo más en bebidas y, finalmente, en promocionar la fiesta. Su hermano, Clive Campbell, sería el encargado de la música.

Los Campbell eran inmigrantes jamaiquinos. En Jamaica vivían una vida de clase media con aspiraciones de movilidad ascendente. En Kingston, habían dejado el tumultuoso Trenchtown y se habían trasladado a Franklyn Town, a una cómoda casa con jardín. Podían permitirse una empleada doméstica. El padre, Keith Campbell, era capataz en jefe del garaje del puerto de Kingston; la madre, Nettie Campbell, había decidido estudiar y trabajar en Nueva York para suplementar los ingresos familiares. Nettie había emigrado a principios de la década de 1960, y había estudiado enfermería mientras trabajaba como técnica dental. Al terminar sus estudios, convenció a su marido, que no quería irse de Jamaica, de que toda la familia se mudara a Nueva York. El primero en llegar fue Clive, que vivió con su madre en 611 East 178th Avenue, precisamente en esa milla arrasada por la Cross-Bronx Expressway cuya historia contó Robert A. Caro; luego de un incendio accidental, la familia completa se mudaría a Sedgwick Avenue. Clive era alto y fornido, y destacaba en los deportes. Burlándose de su fuerza física, uno de sus compañeros de escuela lo apodó Hércules, mote que Clive prefirió acortar, haciéndose llamar Herc.

Hacía tres años que Herc pasaba música en fiestas hogareñas. Su papá, Keith, un aficionado a la música, había empezado a hacerle el sonido a un grupo de R&B local, y a tal efecto había comprado unos altoparlantes Shure. A diferencia de su hijo, que estudiaba en una escuela técnica, Keith Campbell no era bueno con la tecnología, y no sabía extraerle al poderoso equipo su potencial sonoro. A escondidas, Herc descubrió la manera de aprovechar todas sus prestaciones, y pronto empezó a ayudar a Keith pasando música durante los intermedios de la banda con la que trabajaba; a cambio, podía usar el sistema de sonido en las fiestas donde era DJ. Después de esa noche de agosto, la fama de Herc se extendería por todo el barrio, y a partir de entonces se haría llamar DJ Kool Herc.

En Jamaica, Herc había entrado en contacto con la cultura de los *sound systems*, sistemas portátiles de bandejas tocadiscos y potentes altoparlantes que se usaban para montar fiestas callejeras. En competencia por el público, los *sound systems* buscaban diferenciarse haciendo sonar discos que nadie más tuviera, a veces conseguidos en los Estados Unidos. En los sesenta, los *sound systems* empezaron a grabar canciones de artistas locales para ampliar su repertorio de material exclusivo. Esos discos de acetato se llamaban *dubplates*, y no se producían para su distribución y venta, sino para su uso por parte de los operadores de *sound systems* (Stolzoff 2000, 58).

En una cadena histórica de accidentes, el ingeniero Byron Smith olvidó agregar la pista de voz a "On the Beach", el hit de The Paragons, en una sesión de grabación de 1967. Ruddy Redwood, el operador de un sistema de sonido que trabajaba para el DJ y productor Duke Reid, se llevó de todos modos el acetato a la fiesta esa noche, y el público enloqueció cuando Redwood alternó las dos versiones, la instrumental —desde entonces llamada "dub"— y la vocal. Rápidamente, Reid vio el negocio: podía bajar sus costos a la mitad o más si incluía la versión dub como lado B del sencillo, dado que una sesión de grabación ahora podía rendir varias versiones —la versión dub, de hecho, le cedía el protagonismo al ingeniero de sonido, que podía experimentar con distintos niveles de mezcla y diversos efectos y ecualizaciones, de manera tal que la versión se volviera autónoma respecto del "original" (Chang 2005, 30).

Se trata de una apropiación plebeya que extremaba una tendencia que, para la misma época, se estaba convirtiendo en el nuevo paradigma de la industria discográfica *mainstream*: gracias a adelantos técnicos como la grabación multipista, cuyas posibilidades podían aprovecharse integralmente luego de la invención del sistema Dolby de reducción del ruido, los discos ya no procuraban imitar el sonido en vivo, sino que en el estudio se abrían nuevas posibilidades sonoras que los músicos luego debían intentar recrear sobre el escenario (Gronow y Saunio 1998, 152).

El pionero de esta nueva filosofía de grabación fue Phil Spector, inventor del famoso Wall of Sound. A partir de entonces, el rol del productor no se limitaría a registrar el sonido de un artista o de un grupo lo más "naturalmente" que fuera posible, sino que se pondría en pie de igualdad creativa con los músicos e incluso marcaría la dirección musical y conceptual. George Martin, el productor de los Beatles, fue otro caso emblemático: la banda dejó de salir de gira en 1966, para dedicarse a grabar discos de fuerte impronta experimental, como *Sgt. Pepper's Lonely Hearts Club Band*, que aprovechaba al máximo las posibilidades —modestas, para estándares actuales— de la tecnología del estudio, y que ni siquiera estaba pensado para ser ejecutado en vivo. La formación clásica y la amplia experiencia en el estudio de Martin tuvieron un profundo impacto en el sonido de la banda, al punto de ser conocido popularmente como "el quinto Beatle".

Ya en los Estados Unidos, Kool Herc se inspiraría en ese descubrimiento accidental que había causado furor en los *sound systems* de Kingston y, reformulándolo, lo convertiría en una de las bases del hip-hop. Luego de esa primera fiesta, la reputación de Herc como DJ se extendió por los colegios secundarios de la zona. Pronto, las fiestas en el salón recreativo se celebraban una vez por mes. En el verano de 1974, Herc ya se ganaba la vida organizando fiestas, y decidió hacer una al aire libre para la gente de la cuadra, con entrada gratuita. Lejos de haber sido un accidente, el descubrimiento de Herc fue fruto de estudiar detenidamente a su público: "Yo fumaba esperando que terminaran los discos. Y me di cuenta de que la gente esperaba a que llegara determinada parte de la grabación" (Chang 2005, 78-79). Esa parte del disco donde la gente se volvía loca era el momento en el que todos los instrumentos dejaban de tocar, menos la batería y, ocasionalmente, el bajo. La base rítmica —los cimientos sobre los que se apoyaban la armonía y la melodía— abandonaba su papel secundario: ese momento se llamaba *break*.

Al principio, Kool Herc se puso a buscar discos por sus *breaks*. Además de cubrir los nombres de los álbumes, para que otros DJ no lo copiaran, inventó una técnica que le permitía aislar y alargar los *breaks* a voluntad:

> En una técnica que bautizó "la calesita", Herc empezó a trabajar con dos ejemplares del mismo disco, retrocediendo una hasta el comienzo del *break* mientras la otra llegaba al final, para así extender cinco segundos de break a cinco minutos de furia, una excursión improvisada por la versión. Pronto descartó la mayoría de las canciones, concentrándose solo en los breaks. Sus sets llevaban a los bailarines de un clímax a otro con oleadas de tambores frenéticos. "Cuando escucharon eso, ya fue, no había vuelta atrás", dice Herc. "Siempre querían escuchar break tras break tras break tras break". (79)

Si la cultura del *sound systems* había surgido en Kingston después de la Segunda Guerra Mundial debido a la escasez de músicos, producto en gran medida de la inmigración a Gran Bretaña, que demandaba mano de obra de sus colonias para la reconstrucción (Stolzoff 2000, 41), en el Bronx los recortes presupuestarios en los programas de música de las escuelas reducían considerablemente el acceso a formas tradicionales de instrumentación y composición, por lo que los jóvenes dependían cada vez más de la música grabada (Rose 1994, 34). En este contexto, apropiándose desde la lógica del trabajo manual de un dispositivo pensado para otros usos, DJ Kool Herc inauguró la transformación —central para la historia del hip-hop— de tecnologías de reproducción en instrumentos para producir nuevos sonidos.

Esta relación entre trabajo manual y usos inusitados de la tecnología recorre la historia del hip-hop. Herc había estudiado en la escuela técnica Alfred E. Smith, que preparaba a sus estudiantes para un empleo en la industria automotriz, y en una ciudad cada vez más desindustrializada —y que, por lo demás, nunca se había caracterizado por su modo de producción fordista—, esos saberes le permitirían manipular la tecnología para fines radicalmente distintos, poniendo sin embargo en práctica una lógica afín al desguace y reducción de autopartes. Joseph Saddler, hijo de inmigrantes barbadenses, también asistía a una escuela técnica, la Samuel Gompers Vocational High School, donde había aprendido a reparar equipos electrónicos.

Saddler estaba decidido a perfeccionar y ampliar el repertorio técnico de Herc, aprovechando sus propias inclinaciones científicas. La destreza con la que manejaba las bandejas le valieron el nombre de Grandmaster Flash, con el que pronto se haría famoso. Flash desarrolló un sistema llamado *quick mix theory* (teoría de la mezcla rápida), para ejecutar de manera exacta el loop que había descubierto Herc usando dos copias del mismo álbum en sendas bandejas conectadas por un simple interruptor de luz para alternar entre una y otra.

Dividiendo el disco en cuadrantes a la manera de un reloj, calculó que cada cuatro compases debía darle seis vueltas hacia atrás para volver al comienzo del *break*, y utilizó un crayón para marcar ese punto, lo cual hasta el momento resultaba impensable, porque se creía que el vinilo era un material muy delicado, que había que proteger de todo contacto, incluso con los dedos. Esta técnica manual exigía además alterar la bandeja. Por un lado, Flash descubrió que para poder girar los discos en sentido antihorario necesitaba una púa que no se saliera del surco; en ese momento, las púas elípticas brindaban la mejor calidad de sonido, pero saltaban al girarlas hacia atrás, de manera que empezó a utilizar las cónicas, con las que podía conseguir el efecto buscado, a pesar de la pérdida de fidelidad.

Por otra parte, Flash se dio cuenta de que las bandejas convencionales venían con un plato de goma, que estaba diseñado para evitar que los discos se deslizaran. Para girarlos en sentido antihorario, Flash necesitaba encontrar un material que le permitiera reducir la fricción. Esta vez no acudió a la ciencia, sino a un saber más tradicionalmente manual, heredado de su madre costurera:

> Mi mamá era costurera, por lo cual conocía distintos tipos de género. Al tocar un retazo de felpa, pensé: "Esto podría funcionar". El problema de la felpa era que caía. Así que volví corriendo a casa y agarré un ejemplar de mi disco y compré la felpa justa para cortar dos círculos del mismo tamaño de un LP de 33' y, cuando mi vieja se distrajo prendí la plancha al máximo y le rocié su spray de almidón. Le eché spray hasta que el pedazo de felpa se endureció —decía que

era una hostia, como las que te dan en Pascuas en la iglesia. Ahora les dicen *slipmats*—. (Butler 2016)

Además de estas hostias seculares, Flash inventó otras técnicas, como el *backspinning*, que permite repetir frases y *beats* de un disco haciéndolo girar rápidamente hacia atrás, variando los patrones rítmicos para producir distintos efectos. Si bien Grand Wizard Theodore, un discípulo, es considerado el inventor de la popular técnica del *scratching*, se cree que fue Flash quien la perfeccionó y popularizó (Rose 1994, 53). La importancia del *scratching* es fundamental, porque extiende la manipulación del material grabado a producir sonidos que no están en el disco.

Por otra parte, estas técnicas permitían subvertir las jerarquías de la estructura tradicional de la canción popular, rescatando el ritmo de su rol subordinado a la armonía y la melodía. Según la musicóloga Susan McClary:

> Las estructuras tonales se organizan teleológicamente, en función de la promesa ilusoria de identidad tonal cuando concluye cada pieza. Pero para que esas piezas tengan algún contenido narrativo, tienen que alejarse de la tónica y embarcarse en una aventura que las llevará a visitar (los teóricos a veces dicen "conquistar") otras áreas claves, en las que se suspende, al menos temporalmente, la certeza de determinada identidad tonal. Si no, no habría trama. Sin embargo, con excepción de algunas piezas del siglo diecinueve y comienzos del veinte, que de manera deliberada ponen en cuestión las premisas de este esquema narrativo, el resultado —la vuelta inevitable a la tónica— siempre se conoce de antemano. (1991, 156-157)

Como ha sugerido Tricia Rose (1994), al poner el ritmo en primer plano, reproduciéndolo circularmente en forma de loop y eliminando la armonía y la melodía ("la parte pedorra", al decir de Grandmaster Flash), se dejaba de lado esta estructura compositiva en la que el tiempo se organiza teleológicamente en torno a la expectativa de conflicto, clímax y resolución. Que esta celebración del tiempo circular, más cercano a concepciones tradicionalmente consideradas arcaicas, tuviera lugar en el contexto de una crisis de un proyecto de modernización —cuya temporalidad era característicamente teleológica— resulta particularmente significativo, sobre todo a raíz de la apropiación manual de la tecnología, uno de los emblemas de esa pretendida modernidad.

Algunas de estas innovaciones ya se habían ensayado de manera parcial en la música disco: extender las canciones mediante loops mucho más allá de su duración normal, usualmente determinada por la difusión radiofónica, en lo que constituía un uso antipop del pop; o, por el contrario, recortarlas (Shapiro 2007). De hecho, ya se había experimentado específicamente con alargar los *breaks*; sin embargo, en términos generales la música disco respetaba la estructura armónica y melódica de las canciones, mientras que desde sus orígenes el hip-hop adoptó una lógica del desguace, primero reduciendo la grabación a sus cimientos rítmicos, y luego —al dejar de ser un fenómeno en vivo para convertirse en un producto de la industria discográfica— reciclando elementos de diferentes álbumes para producir nuevas bases: en este sentido, el *sample* —otro de los principios constructivos del hip-hop— parte de esa misma lógica.

A este respecto, el productor Eric "Vietnam" Sadler establece una analogía entre su trabajo en "The Nigger You Love to Hate", de Ice Cube, y un desguazadero: "El loop original era 'Weak in the Knees', de Steve Arington. Era funky pero muy básico. Cube lo escuchó, le gustó, le grabó voces... Después lo desarmamos como a un coche y lo volvimos a armar desde cero" (Rose 1994, 80).

Esa estructura rítmica circular, producto del encuentro de la mano con la tecnología, pronto hizo interfaz con la voz y la palabra, definiendo el hip-hop que conocemos actualmente: una voz que, separándose del resto de la música popular, no canta; y una palabra que hace de la rima —un recurso considerado anacrónico y retrógrado por las instituciones de la poesía escrita contemporánea— su razón de ser. La voz y la palabra tuvieron un lugar desde el principio: como los operadores de los *sound systems* en Jamaica, los primeros DJ de la historia del hip-hop arengaban al público que asistía a sus fiestas.

Enseguida, esa función se especializó con la aparición de los MC que, como indica su nombre, hacían las veces de maestros de ceremonias, e intercalaban arengas con saludos y chistes, muchas veces rimados. Eran animadores de las fiestas cuyo protagonista era el DJ. Se cree que Robert Keith "Cowboy" Wiggins, un expandillero de los Bronx River

Black Spades que empezó a acompañar a Flash con el micrófono en sus fiestas, fue el primero en arengar al público con una rima que hasta hoy sigue siendo repetida: "Throw your hands in the air and wave'em like you just don't care". Wiggins y otros tres asiduos de las fiestas de Flash, los hermanos Melvin "Melle Mel" y Nathaniel "Kid Creole" Glover, formaron los Furious 4, que se convertirían en los Furious 5 en 1976. Ésta y otras *crews* destilaron el arte del MC, refinando las rimas y los juegos de palabras, y para 1977, los DJ que no rapeaban tenían su propio grupo de maestros de ceremonias (Chang 2005, 114).

Hasta entonces, lo que hoy conocemos por hip-hop era un fenómeno ligado exclusivamente a la performance en vivo, y resultaba inconcebible que esas fiestas que se extendían durante horas y horas, celebradas primero en espacios públicos —muchas veces robando electricidad de postes de alumbrado o tomacorrientes de la municipalidad— y luego en clubes, pudieran traducirse a un formato que se adaptara a las necesidades de la industria discográfica. Significativamente, el mito de origen del hip-hop como género grabado vuelve a conjugar el trabajo manual con la lógica de la apropiación. La reputación de Flash y otros DJ había trascendido el Bronx, y en octubre de 1979, Sylvia Robinson, fundadora de Sugar Hill Records, un sello independiente de Nueva Jersey, estaba intentando contratar a un grupo de rap, pero se había topado con la desconfianza y el escepticismo de las figuras más conocidas del ambiente.

Una tarde, Joe Robinson, el hijo de Sylvia, estaba en una pizzería de Nueva Jersey. Ahí escuchó que detrás del mostrador el empleado que amasaba las pizzas estaba rapeando sobre un cassette de Grandmaster Caz, un talentoso MC. Impresionado, Joey le pidió al pizzero que lo acompañara a su auto para hacer una audición improvisada: se llamaba Henry "Big Bank Hank" Jackson y había estudiado oceanografía en el Bronx Community College, una profesión que nunca ejerció. Jackson se había desempeñado como *bouncer* en un club del Bronx y luego de conocer a algunos artistas de la vieja guardia del hip-hop, se había vuelto el representante de Grandmaster Caz y otros artistas.

Para ayudar a pagar los equipos, había conseguido trabajo en Crispy Crust, una pizzería de Englewood, Nueva Jersey (Chang 2005, 130). Aún cubierto de harina, Big Bank Hank pasó la audición. Enseguida, otros dos jóvenes, Guy "Master Gee" O'Brien y Michael "Wonder Mike" Wright, que tampoco tenían experiencia como MC sobre los escenarios, se subieron al auto y demostraron sus habilidades para rimar. Poco después, sobre la base de "Good Times", el hit del grupo disco Chic, interpretada por músicos sesionistas que trabajaban con el sello, el trío, bautizado con el nombre The Sugar Hill Gang, grabaría "Rapper's Delight", el primer éxito de la historia del hip-hop. De hecho, el nombre del género surgió de los primeros versos de la canción: "I said a hip hop / Hippie to the hippie / The hip, hip a hop, and you don›t stop, a rock it out", que luego versionaría fonética e improbablemente el grupo ibérico Las Ketchup: "Aserejé, ja, dejé / de jebe tu de jébere / seibiunouva majavi / an de bugui an de güididipí".

Antes de grabar "Rapper's Delight", Big Bank Hank le había pedido ayuda a Grandmaster Caz porque, si bien sabía de memoria algunas rimas, que le habían servido para pasar la audición, no era letrista. Convencido de que un disco de hip-hop era inviable, Caz le prestó su cuaderno de rimas, y Hank directamente levantó de ahí su parte de la letra, sin preocuparse siquiera por borrar la firma de su autor ("Check it out, I'm the C-A-S-AN, the O-V-A and the rest is F-L-Y). Resulta por lo menos sugerente que la historia del hip-hop como género interpretado en vivo, cuyo protagonista era el disc-jockey, haya llegado a su fin a instancias de otro trabajador manual que, en una extraña analogía con la labor del DJ, manipulaba y hacía girar discos de masa.

"Rapper's Delight" era un himno festivo de quince minutos, a tono con la base de "Good Times" sobre la que Big Bank Hank, Master Gee y Wonder Mike intercambiaban rimas a menudo ingeniosas pero más bien ingenuas. El espíritu era afable y ecuménico: "And I'd like to say hello / To the black, to the white, the red and the brown / The purple and the yellow…", sin rastros de los conflictos —raciales, económicos, políticos— que caracterizaron esa época. Grabada tres años después, durante la presidencia de Reagan, que llevó el desempleo y la pobreza a los niveles más altos desde la Gran Depresión, con cifras aún más desalentadoras para la población afroamericana.

El segundo éxito de Sugar Hill Records fue tan manufacturado como su predecesor, e igualmente influyente, pero en otro sentido. Si bien la autoría del sencillo se atribuye legalmente a Grandmaster Flash and the Furious Five, lo cierto es que en gran medida es una creación del compositor y percusionista de estudio Ed "Duke Bootee" Fletcher, que trabajaba para Sylvia Robinson en Sugar Hill Records. Flash y su grupo pensaban que el tempo de la canción era demasiado lento para bailar, y que la letra —oscura y descarnada— haría que los fans los abuchearan; creían que la gente iba a verlos precisamente para olvidarse de esas cosas (Chang 2005, 178). Melle Mel fue el único de los integrantes del grupo que Sylvia Robinson consiguió persuadir de que grabara la canción y agregara algunas estrofas a la letra del demo de Fletcher. Flash y los otros tres MC solo se escuchan al final del track, en un diálogo actuado en que la policía los confunde con una pandilla y los sube a una patrulla.

En 2012, *Rolling Stone* eligió a "The Message" en el primer puesto de su ranking de las cincuenta mejores canciones de la historia del hip-hop. Además de marcar el avance del rapero solista sobre el *crew*, "The Message" ayudó a cambiar la percepción del género: en vez de ser considerada sobre todo festiva y escapista, la lírica del hip-hop comenzó a asociarse cada vez más con una variante del realismo social, con fuerte contenido narrativo. En efecto, la letra de "The Message" pinta un paisaje urbano similar a la escena de East Tremont que había descrito Robert A. Caro. Una vez más, el gueto se compara con la selva ("Es una selva, a veces me pregunto / cómo evitarlo pero igual me hundo"). Como en el relato de Caro, aquí también hay vidrios rotos por todas partes y manadas de drogadictos ávidos de cambiar violencia por dinero para comprar sustancias.

Sin embargo, la canción tiene un espíritu más homérico que bíblico, y se prodiga en un nutrido —e inspirado— catálogo de desgraciados y marginales, con momentos baudelaireanos como la descripción de una prostituta sin techo: un "modernismo callejero", al decir de Marshall Berman, otro nativo del Bronx que, si bien reconoció tempranamente la importancia del hip-hop, no le concedió un lugar de privilegio en su rehabilitación del modernismo —hoy tal vez podríamos aventurarnos a decir que, en realidad, el hip-hop es un modernismo desde abajo—. Por lo demás, el estribillo ("No me empujen / que yo ya estoy al borde / Estoy tratando de / no perder la cabeza") señala de manera penetrante los vínculos entre marginación y subjetividad.

Estar "al borde" implica aquí no solo constituirse psíquicamente a partir de los ciclos del trauma y la violencia, sino también, de manera situada, en la periferia, que sin embargo está "cerca", en la propia ciudad. La ausencia del Estado modela la subjetividad, y hasta los niños nacen deshumanizados, con la mente en blanco: "Los chicos nacen sin estado mental / ciegos a las costumbres de la humanidad". En esa tabla rasa se sobreimprime el odio hasta volverse canto: "Te criás en el gueto ciudadano de segunda / y cantás con los ojos una furia profunda".

De todas maneras, considerar el hip-hop una manifestación mimética de la pobreza urbana, prestando únicamente atención a su "mensaje", empobrece —y racializa— su interpretación. Por otra parte, si bien se suele postular la genealogía africana de sus fundamentos musicales —preeminencia del ritmo sobre la melodía y la armonía; estructura que avanza cíclica en vez de teleológicamente—, los argumentos de este tipo corren el riesgo de, al esencializar el género, perder de vista el contexto específico en que surgió, en particular las apropiaciones productivas de tecnologías de reproducción, en el marco de una modernización violenta, en la que la expropiación y la pérdida de representación democrática se disfrazaban de austeridad, y el presupuesto se convertía en un instrumento para transformar la ciudad, "racionalizando" el gasto público y forzándola a abandonar el "altruismo irresponsable" que la había caracterizado (Phillips-Fein 2017); y en la que los trabajadores, que habían ocupado un lugar central en la vida pública, iban desapareciendo de la escena y haciéndose invisibles en la nueva imagen que, como una marca comercial —I♥NY—, Nueva York proyectaba, hasta convertirse en "Trump City", como proféticamente tituló Joshua B. Freeman en el año 2000 el último capítulo de su influyente *Working Class New York*. Tal vez la metáfora, repetida hasta volverse un tropo, de la "selva urbana" remitiera menos a los escombros de esos barrios periféricos abandonados por la modernización que a una nueva ética general, que dejaba de lado la solidaridad en favor de la competencia feroz como principio rector de la vida social (Dardot y Laval 2013).

El hip-hop surgió en un contexto de desindustrialización y desempleo, cuando la apropiación artesanal de tecnologías diseñadas para otros fines hizo interfaz con la voz y la palabra. De la misma manera, el uso de esta última en el hip-hop ha sido asociado con tradiciones afrodiaspóricas y afroamericanas, que van de los *griots*, rapsodas del África occidental, a formas primitivas del rap practicadas por artistas afroamericanos como Pigmeat Markham, pasando por relatos, competencias verbales y juegos de palabras propios de comunidades negras (*the toasts, the dozens, signifyin'*, etc.). Más allá de esas continuidades, el hip-hop establece un quiebre con la práctica verbal institucionalmente legitimada como "poesía", que se producía y circulaba por escrito.

De acuerdo con ese otro relato de modernización —la progresiva desregulación del verso que desembocó en la ortodoxia versolibrista—, la poesía contemporánea se apartaba de la rima y el metro, considerándolos resabios de una tradición a combatir, y atribuyendo a sus practicantes un conservadurismo estético y político: lisa y llanamente, cualquiera que escribiera con metro y rima se volvía poco menos que un nostálgico de la restauración borbónica. Esa ruptura es a la vez el retorno a una tradición rítmica arcaica: el verso acentual anglosajón, cuyo número de sílabas o de pies es variable, y en cambio la medida está determinada por la cantidad de acentos fuertes. En *Book of Rhymes: The Poetics of Hip-Hop*, Adam Bradley inscribe la métrica del hip-hop en la tradición de la balada, que se remonta al siglo trece y, de manera reveladora, demuestra el paralelo estructural entre "Rapper's Delight" de The Sugar Hill Gang y "The Rime of the Ancient Mariner", de Samuel Taylor Coleridge (Bradley 2009, 20).

En el hip-hop no existe el verso libre, porque el ritmo está literalmente regulado por el metrónomo del *beat*; de hecho, la gran mayoría de las canciones están en un compás de cuatro por cuatro. Eso no implica uniformidad: el *flow* es la manera característica que tiene cada rapero de fluir sobre una base rítmica preestablecida, sincopando sus versos, cortando o estirando las palabras o cambiando su pronunciación, y alternando silencios. Sin embargo, a diferencia de las teorías que subyacen a la práctica del verso libre moderno, y a pesar de sus inflexiones personales, el *flow* es menos una huella identitaria que una suma de estrategias para posicionarse frente al *beat*, estrategias que pueden ser estudiadas, aprendidas y adoptadas, sin que eso implique imitación; a este respecto, el musicólogo Kyle Adams llega a compararlo con la técnica de un instrumentista: "El 'flow' podría considerarse el equivalente rapero de lo que los músicos llaman 'técnica', un conjunto de herramientas que permiten al intérprete comunicar su visión artística de la manera más precisa posible" (Adams 2009).

Por lo demás, a diferencia de la poesía contemporánea en formato escrito, en el hip-hop la rima es ineludible y carece de asociaciones conservadoras. De todos modos, por haber surgido en un contexto donde la competencia se había convertido en un principio rector subjetivo y social, el género evolucionó formalmente de manera muy acelerada. Como señala David Caplan en *Rhyme's Challenge: Hip-Hop, Poetry and Contemporary Rhyming Culture*, "con un ánimo despiadadamente competitivo, esta forma artística se estableció muy rápido y enseguida empezó a demandar innovación: estilos nuevos, revisiones y otros tipos de rima" (2014, 11).

De esa manera, los primeros raperos tendían a acompañar con cierta regularidad silábica los golpes del compás, mientras que de manera progresiva fueron comprimiendo y estirando a voluntad la cuenta de sílabas para producir distintos efectos. Las rimas también se hicieron más complejas y dejaron de concentrarse exclusivamente al final de cada verso, proliferando las rimas internas; se generalizaron las rimas multisilábicas, desusadas en inglés por las características fonéticas del idioma, y aparecieron otras que cortaban las palabras y jugaban con los encabalgamientos. Algo similar fue ocurriendo con el lenguaje, que se fue haciendo cada vez menos denotativo y más críptico.

A pesar de su supuesto "realismo" —habría que actualizar en un marco de posverdad la interpretación de aquello de que "el rap es la CNN de los negros"—, el hip-hop no suele caracterizarse por su claridad comunicativa. De hecho, a juzgar por su trabajo con la palabra, desde una perspectiva hemisférica —y a falta de que alguien emprenda un estudio de la retórica del género a la luz de los tratados clásicos de Baltasar Gracián sobre el ingenio y la agudeza (1998)—, el hip-hop podría considerarse un barroco posindustrial, en virtud de su formalismo y artificiosidad, que lo emparenta con otras apropiaciones y reformulaciones del barroco que estaban ocurriendo en la poesía latinoamericana, donde el castellano permitía un acceso más directo a esa tradición. En relación con esto, la dificultad de interpretación de muchos pasajes donde el artificio oscurece el sentido ha dado origen a la aparición de un sitio web —Genius.com, anteriormente RapGenius.com— donde en forma de escolios se intenta interpretarlos, un poco a la manera de los comentarios y prosificaciones de la poesía de Góngora, como las de Dámaso Alonso y Robert Jammes.

3

Obreros del alba

Entre las apropiaciones del barroco en la poesía latinoamericana contemporánea, la del puertorriqueño Manuel Ramos Otero ofrece llamativos puntos de contacto con la historia del hip-hop. En medio de una crisis del trabajo formal —tanto en los términos más generales del empleo como en lo relativo a la labor con la palabra poética—, se vuelven a observar usos inusitados, incluso indecorosos, de la técnica, así como una nueva reivindicación, deliberadamente anacrónica, del trabajo manual y artesanal en un momento en que su visibilidad cada vez menor era inversamente proporcional a la creciente dependencia de esa mano de obra en condiciones informales para llevar a cabo las transformaciones neoliberales que le cambiarían no solo la cara sino el espíritu a la ciudad. Nueva York dejaría de ser un vigoroso polo manufacturero y una "isla de democracia social" (Freeman 2000) para convertirse en una ínsula cada vez más exclusiva y excluyente, dedicada a la especulación financiera e inmobiliaria, apoyada en el sector de servicios.

Ramos Otero vivió en Nueva York durante aquellos años y fue testigo directo de las transformaciones de la ciudad. Pero, además, el arco que traza su poesía, sobre todo en el aspecto formal, dialoga de manera crítica con la "modernización" del trabajo que tuvo lugar durante aquella época en Nueva York, adonde el poeta había llegado en 1968, proveniente de otra isla, Puerto Rico, de donde había salido a causa de su diferencia sexual:

> Primero, era la alternativa para salir de mi casa. Segundo, no aguantaba la atmósfera represiva de Puerto Rico. Me había dado cuenta de que Nueva York era una ciudad donde podía vivir sin sentirme perseguido todo el tiempo. En Puerto Rico sentía muchísima persecución debido a la apertura de mi sexualidad. (Otero 1991a, 59)

Ramos Otero no fue un poeta político, al menos no en el sentido que solía tener entonces la expresión en América Latina, más ligado al marxismo y a una estética realista. Tampoco era estrictamente un activista, aunque consideraba su sexualidad una militancia: "Como homosexual, siempre había sido militante, y Puerto Rico es una sociedad de apariencias, de decoro, de modales. Y éstos son los instrumentos que la sociedad tiene para reprimir" (60). Precisamente, lo que hace política la poesía de Ramos Otero tiene mucho que ver con el decoro, o su contrario. Si bien esta palabra suele estar asociada al respeto de las normas de la sociedad, existe otra acepción, proveniente de la retórica, con la que por supuesto está relacionada. Puede designar tanto la adecuación del comportamiento de los personajes a su condición social como la correspondencia entre el lenguaje y el estilo empleados y el tema a tratar. Quizás esta última acepción sea tanto o más productiva para leer la poesía de Manuel Ramos Otero que el desafío que supone para las costumbres de una sociedad retrógrada la apertura intransigente de su sexualidad.

¿En qué consiste el indecoro, entendido como categoría formal, de la poesía de Ramos Otero? Para responder a esta pregunta, habría que pasar revista a su producción poética, que traza un curioso arco, si no en términos temáticos, sí estilísticos. Su único volumen de poemas publicado en vida, *El libro de la muerte*, está dividido en dos secciones, "Fuegos fatuos" y "Epitafios", además de un "Epílogo". Los poemas de ambas secciones comparten el carácter dramático. En los de la primera entran y salen de escena personajes recurrentes, entre los cuales se cuentan algunos provenientes de la narrativa del autor, como Palmira Parés.

La segunda sección se compone de una serie de epitafios escritos a manera de monólogos, que se dirigen —de manera directa o utilizándolos como máscara— a algunos de los precursores de la literatura gay, por haber sido abierta, velada o presuntamente homosexuales. Entre ellos se cuenta una dura invectiva contra Federico García Lorca y su "Oda a Walt Whitman", aunque la censura ética contra la homofobia introyectada por el andaluz no logra ocultar la influencia de Lorca en Ramos Otero, que en este libro parece haberse contagiado en parte del aliento —y de cierta forma de enhebrar las imágenes sin una lógica clara a primera vista— de *Poeta en Nueva York*.

El epitafio es un género de larga tradición en la poesía occidental. Sin remontarse a la antigüedad, en la poesía del continente americano remite, por un lado, a las tumbas rubendarianas, inspiradas en los *tombeaux* del decadentismo francés, y por el otro, a un clásico del modernismo estadounidense, *Spoon River Anthology*, de Edgar Lee Masters. Aunque un tono característicamente anglomodernista atraviesa *El libro de la muerte*, no hay testimonios precisos de cuáles fueron las influencias estadounidenses de Ramos Otero, salvo uno de los epígrafes de *El libro de la muerte*, un poema atribuido a Douglas Kenny [sic], probablemente el cómico y escritor Douglas Kenney.

El caso del modernismo hispanoamericano es diferente; y tal vez la diferencia más saliente respecto del *Modernism* sea su relación mucho más fluida con la cultura popular. Como notó Daniel Torres (2005, 102; 104-105), la huella más profunda de Darío en Ramos Otero —a pesar de que el nicaragüense aparece en un epígrafe y alguna cita— tiene lugar por intermediación del bolero, cuya profunda relación con el modernismo han mostrado Carlos Monsiváis y Darío Jaramillo Agudelo, entre otros. Sin embargo, esta presencia es mucho más fuerte en el póstumo *Invitación al polvo* que en *El libro de la muerte*.

Hay, por lo demás, en *El libro de la muerte*, una preocupación por la oralidad y la teatralidad, que se volvería una constante en su obra. Como declara Ramos Otero en su entrevista con Marithelma Costa:

> Escribir poesía fue una artimaña para poder capturar a un público que no tenía. Como había estudiado teatro, estos poemas son altamente teatrales y me sirven para hacer performances con vestuario, luces, *props* [...] También estaba consciente de que a nadie le gusta leer la poesía, y que si la gente no quería escuchar poesía era porque los poetas no capturaban su atención. Volví a la idea de Borges de que un buen poema no permite que se le lea en voz baja. Y le devolví la oralidad al poema. En las lecturas exagero la dicción poética, me preocupo por proyectar la voz. Y estoy consciente de que el público me escucha. (1991a, 66)

La poesía de Ramos Otero es fuertemente escénica. Además de los aparejos acostumbrados del teatro (el desfile de personajes, el vestuario y los *props* en sus formas literales o metafóricas, etc.), en ella proliferan los efectos de sonido, por llamarlos de alguna manera: por ejemplo, el recurso a la oralidad y a los refranes, y la incorporación de la imaginería de la música popular, en especial el bolero. Llama la atención, además, la invocación de Jorge Luis Borges, por su arraigada identificación como poeta "culto", en el marco del debate sobre el público de la poesía. Este, al menos en las manifestaciones asociadas a su producción escrita —de la compra de libros a la asistencia a "lecturas" tradicionales—, se compone mayoritariamente de otros poetas. Ramos Otero lo percibe y busca incorporar recursos que enriquezcan la experiencia del poema, ya sea en su recitación en vivo o como huella de esa corporalidad suplementaria de la mera letra que sin embargo se inscribe en ella. De esa manera, Ramos Otero se suma a una tendencia a sacar a la poesía de los límites, brumosamente sublimes, de la ciudad letrada, valiéndose de todos los recursos exteriores a la letra escrita posibles, y en especial de los performativos.

Más allá de los recursos escénicos y las marcas orales, en términos estrictamente rítmicos, *El libro de la muerte* no falta a ninguna de las reglas del decoro consuetudinarias en la versificación hispánica. Con excepción del último poema del libro, todos están escritos en una variante, flexibilizada por periódicas efusiones amétricas, de la silva imparisílaba blanca —es decir, una combinación no rimada de pentasílabos, heptasílabos, eneasílabos, endecasílabos y alejandrinos— que tuvo gran protagonismo en la poesía hispanoamericana hasta las últimas dos o tres décadas del siglo XX y que, en sus modulaciones más irregulares, donde los períodos de medida disonante superan en frecuencia a los impares, suele ser llamado sin más "verso libre". En su variante más regular, este ritmo les presta el aliento a obras tan disímiles como *Poeta en Nueva York*, *Muerte sin fin* de José Gorostiza, *Canto general* de Pablo Neruda, todos los libros de César Vallejo (especialmente *Trilce* por su deliberado enrarecimiento métrico) y por supuesto a la casi totalidad de la obra del ya mencionado Luis Cernuda.

Invitación al polvo es un libro radicalmente distinto, tanto en la prosodia como en el lenguaje poético, en especial en su primera parte menos atendida por la crítica, "De polvo enamorado", cuyo intertexto —el soneto de Francisco de Quevedo— declara la filiación barroca de los poemas. Esa recuperación de la figura de Quevedo es un gesto bastante inédito en la llamada poesía neobarroca, que más que del barroco en general viene de la radical aventura emprendida por Luis de Góngora en sus *Soledades*, que en el siglo XVII se atrevió a derribar o tensar hasta sus límites categorías que se creían constitutivas de la poesía

—la estrofa, la rima, la inteligibilidad y el decoro lingüístico—. Góngora puede considerarse, también, precursor de Stéphane Mallarmé, del surrealismo, del modernismo e incluso del concretismo brasileño para una segunda oleada de poetas cuya herencia neobarroca postularían Roberto Echavarren, José Kozer y Jacobo Sefamí al reunirlos en una antología fundamental, *Medusario*.

El barroco de Ramos Otero es quevediano no tanto por las citas explícitas —el epígrafe de la primera sección de *Invitación al polvo*, la paráfrasis de "Miré los muros de la patria mía", etc.—, sino más bien por cierta intención moral y por la abundancia de retruécanos y salidas ingeniosas que con frecuencia manipulan el refranero y que rozan el conceptismo, a pesar de que ya hace mucho tiempo la crítica ha abandonado la gruesa separación entre un Quevedo conceptista y un Góngora culterano. El moralismo quevediano de Ramos Otero es mucho más explícito en "La ética de la marginación en la poesía de Luis Cernuda". En ese ensayo, la figura del poeta andaluz le sirve de máscara para desplegar su propia poética, atada a una ética de la marginalidad militante. Al igual que Quevedo, Cernuda fue un poeta moral y reaccionario, aunque sus circunstancias vitales —sus migraciones y estrecheces al vaivén de los poderes de turno; el ensañamiento contra su poesía— se parecieran más a las de Góngora que a las de su enemigo íntimo, que disfrutó de mayores privilegios materiales y una recepción menos virulenta.

Sin embargo, más que en Quevedo, Ramos Otero abreva en fuentes inusuales en las apropiaciones del barroco de la poesía hispanoamericana del siglo XX, no solo en un primer momento caribeño con José Lezama Lima y Severo Sarduy, sino también en el *neobarroso* de Perlongher y en otras escrituras de la época. Estas fuentes se alimentan de la línea neopopularista del Siglo de Oro, escrita en octosílabos. Esta línea luego sería mayormente ignorada por los llamados neobarrocos, aunque los españoles de la Generación del 27 sí la tendrían en consideración: la célebre invectiva de Borges contra Lorca, a quien acusó de "andaluz profesional", es testimonio de la desconfianza con que suelen recibirse intervenciones de este tipo.

En el caso de los poetas del 27, habían tenido como objeto disputar la centralidad canónica del *Cantar de Mío Cid*, o al menos su carácter originario o inaugural, lugar que ya había comenzado a erosionar Ramón Menéndez Pidal con sus estudios de la poesía mozárabe, que precedió a la castellana en la península ibérica. Lo que es inédito, en cualquier caso, es la apropiación de esa rítmica, pero sin abandonar la densidad retórica y conceptual y los temas "elevados" del barroco de arte mayor. Incluso, si en efecto podemos considerar *neobarroca* —importan menos los rótulos que las operaciones críticas sobre la tradición— la poesía de Ramos Otero, tal vez nos encontremos ante un neobarroco *menor*, en los términos ya clásicos de Deleuze y Guattari. Algo de esto vio el crítico puertorriqueño Lawrence La Fountain-Stokes (2009, 20), aunque su argumentación se disipa en ciertas discusiones en torno al género literario —llega a decir que la poesía y el ensayo son géneros menores—, en vez de centrarse en el uso de la lengua, donde para Deleuze y Guattari se cifraba la minoridad de una literatura. En cualquier caso, y más allá de los vocabularios críticos que se elijan, se trata de un uso *indecoroso* del barroco, por su falta de correspondencia, al menos respecto de lo que señala la tradición, entre retórica y ritmo.

Ese dispositivo poético ya había asomado en el "Epílogo" de *El libro de la muerte*, donde asistimos a una vertiginosa modulación rítmica. Luego de una tirada de endecasílabos y heptasílabos o alejandrinos (versos 44-57), mediante un efecto polirrítmico (58) se pasa a la letrilla octosilábica (58-65), aunque la escansión gráfica de los versos no reproduce la sonora, parafraseando aquella de sor Juana Inés de la Cruz, y luego se vuelve, dando otro salto mortal, al endecasílabo (66). Pero donde este recurso realmente cobra espesor poético es en la primera parte de *Invitación al polvo*, una serie de 29 poemas numerados que giran en torno a los amores, desamores, encuentros y desencuentros entre la voz lírica (que, si confiamos en los biógrafos, testimonia la experiencia del propio autor) y el personaje de José, un albañil y pintor de brocha gorda cubano que tiene mujer e hijos y vive, al parecer, su relación con Ramos Otero de manera ambivalente y esquiva.

Rítmicamente, los poemas de esta sección se dividen en cuatro grandes grupos: los que están escritos en combinaciones de versos de arte mayor —por lo general la ya mencionada silva blanca con pasajes menos regulares—; ocho sonetos (numerados 14-17, 20, 22, 24 y 26)—; los poemas que alternan el verso mayor con la copla o el romance octosilábico, ambos rimados; y los que emplean únicamente esta última forma, con la salvedad de que, si bien al oído el respeto de aquella es total, la escansión tipográfica del poema no respeta —o tal vez busca disimular— la separación visual de los versos que la tradición recomienda. Hay, además, excepciones: el poema 18 es un romance tradicional, con rima asonantada en los versos pares, y el 10, también de base octosilábica, a veces se aparta de la regularidad.

A grandes rasgos, llama la atención cómo Ramos Otero invierte los términos tradicionales del decoro entre tema y metro. En vez de hacer corresponder los temas "sublimes" a los versos de arte mayor y los más pedestres a los de arte menor, eleva el octosílabo y lo dota de gran urgencia lírica. También es cierto, por contraste, que en el libro abundan los pasajes endecasilábicos, y que en estos la impronta lírica también es poderosa. De todos modos, allí no se observan las mismas tensiones ni se suscita la misma sorpresa. Un ejemplo es el de los numerosos sonetos incluidos en el libro. Los hay de dos tipos: lírico-elegíacos y satíricos. Los del primer grupo palidecen si se los compara con los del mismo tenor escritos en verso de arte menor: las rimas son poco imaginativas (abundan las participiales, más *homoioteleuta* que verdaderas rimas) y el trabajo rítmico, débil.

La ausencia de encabalgamientos es casi total, por lo que la coincidencia entre unidades sintácticas y unidades métricas evita las torsiones sorprendentes y la acentuación de los endecasílabos no particularmente variada. Los del segundo tipo, por otra parte, no realizan un aporte crítico a la gran tradición del soneto satírico del Siglo de Oro, y tampoco pueden considerarse fieles continuadores de aquella, ni en el ingenio y la agudeza ni en el voltaje de los improperios. En efecto, los sonetos satíricos de Ramos Otero son directamente higiénicos si se los compara, por ejemplo, con la saña escatológica de los ataques entre Góngora y Quevedo, por citar solo a una pareja de enemigos íntimos. Pero tal vez estos sonetos sean menos impactantes que los poemas compuestos en octosílabos no solo por su menor pericia formal, sino principalmente porque son *camp*, en los términos clásicos que planteó Susan Sontag.

En estos poemas, el énfasis recae en el estilo, en la ironía del contraste artificioso entre una forma densa y un contenido mucho más ligero. Son también menos políticos, porque en ellos la elección formal obedece a una voluntad de desapego —traducida en un chiste para pocos— en lugar de a un deseo de acercarse al otro con la mayor intimidad posible: como veremos, la del isomorfismo. El *camp*, por lo demás, establece una relación sentimental con el pasado: estos sonetos son objetos de un museo de aparatosas antiguallas, rescatadas menos por su contenido transgresor que por un gesto implícito, que exige contrastar la sofisticación que se atribuye de antemano al autor con estas efusiones, tan chocarreras como calculadas: tal vez esa distancia sea lo *punzante* del estilo, si nos remitimos al origen etimológico de la palabra.

En cambio, los poemas amorosos de base octosilábica de *Invitación al polvo* no se escudan en el doble sentido. Son urgentes y en gran medida serios; y entablan una relación con el pasado que no es sentimental, teñida de una lánguida nostalgia, sino más bien utópica. En resumen, el *camp* es con frecuencia una celebración taimada de lo demodé en cuanto anacronismo improductivo, y a pesar de la artificiosidad que suele atribuírsele, es más curatorial que formalista. En esa dirección van los sonetos de Manuel Ramos Otero; los poemas de base octosilábica viborean en otra, radicalmente opuesta.

Es verdad que la recuperación de la variante popularista de la tradición barroca ya había sido llevada a cabo por la Generación del 27, en especial por Federico García Lorca en su *Romancero gitano*. Pero los poemas de Ramos Otero no se parecen en nada a los del granadino —aunque en *El libro de la muerte* sí aparecía el Lorca de *Poeta en Nueva York*—, y su uso del octosílabo poco tiene que ver con aquel, que en general opta por un romance de corte narrativo; pero, en contraste, el romance de Lorca prefiere la claridad en la expresión y solo se empaña (se *abarroca*) esporádica y estratégicamente. Además, a diferencia de Lorca, Ramos Otero no se apropia, de manera discutible, de la voz de un colectivo al que no pertenece —los gitanos—, sino que construye una lengua poética para hablarle *a* una persona singular, su amante José, a quien, a pesar de provenir de las clases populares, la voz lírica se dirige sin condescendencia.

Por otra parte, en Ramos Otero, la forma octosilábica predominante no es el romance, sino la redondilla con rima abrazada, que es la misma de las letrillas de sor Juana, pero también de muchos sones cubanos y de otros tantos boleros, género que cobra gran protagonismo en "De polvo enamorado"; todo eso sin contar que esta unidad de cuatro versos, aunque duplicada y conectada por un puente de rimas pareadas, es la base de la décima, probablemente la estrofa más practicada en la poesía popular del Caribe hispanoparlante. En cualquier caso, Ramos Otero casi nunca opta por el octosílabo desnudo, sino que lo disimula, o bien mediante su reduplicación —que, dicho sea de paso, fue la primera forma en que se lo conoció—, o bien a través de encabalgamientos.

Pero volviendo a la apropiación lírica de la redondilla barroca, ésta no solo sorprende por los escasos antecedentes en la poesía latinoamericana, que tendió a hacerse cargo de la variante más grandilocuente del barroco español, y sobre todo de los afeites y oropeles gongorinos. También llama poderosamente la atención porque recupera o retraduce aquello de barroco que había en el modernismo y que la canción popular latinoamericana, fuertemente influenciada por aquel movimiento, solo conservó como huella. Así, estos poemas de Ramos Otero logran armonizar las zonas más opacas de la lírica aurisecular con el linaje barroco del modernismo a través de las profundas huellas de este en la canción popular. De hecho, el poema "Entre paréntesis" explicita esa conflagración entre Rubén Darío y Agustín Lara, superestrella de la canción popular latinoamericana:

> "Te quise... te quiero...
> y siempre te querré..."
> Rubén Darío y Agustín Lara
> hicieron del amor un cisne
> de cabaret sudado y maloroso. (*Invitación*, 48)

Si bien hay guiños a la plena puertorriqueña y a la música popular cubana, sin duda para remitir a las respectivas nacionalidades de los amantes, el libro insiste una y otra vez en el bolero ("cuando te vayas sin plena y sin bolero" [13]; "como un bolero José de barcos que al puerto llegaron" [19]; "instantáneo bolero en las tinieblas" [21]; "éramos / boleristas de la misma loseta" [33]; etc.). Además de las citas explícitas, como los archiconocidos "Arráncame la vida" y "Vereda tropical", o la apropiación del tango "Niebla del Riachuelo", pareciera haber un merodeo en torno a "Angelitos negros", sin referencia directa, salvo que en este caso el sujeto amado no es pintor de iglesias sino "pintor fidelísimo de paredes humanas", un "obrero del alba por quien vive mi poesía" que, a juzgar por la insistencia en la negritud de algunos de los poemas amorosos, probablemente haya sido afrocubano (12, 15).

La referencia a este bolero es reveladora, porque la letra fue, en su origen, un poema "para ser leído", según la clasificación de Darío Jaramillo

Agudelo, que luego sería musicalizado y alcanzaría así una popularidad que superaría a la de su autor, el venezolano Andrés Eloy Blanco. La trayectoria de "Angelitos negros" —la canonización popular del poema a través de la música, con el consiguiente devenir anónimo de su autor— se condice con el gesto ramosoteriano de investir de dignidad lírica esa zona menor del barroco fundiendo su retórica con la del bolero y, de algún modo, cierra el círculo, porque borronea los límites, tan arbitrarios como ideológicamente dirigidos, entre la "alta cultura" y la "cultura popular".

Hay algo de anacrónico en la trayectoria poética de Manuel Ramos Otero. Es posible que sea deliberado: el poema final de *El libro de la muerte* anticipaba ya el pasaje de una poética muy influenciada por los procedimientos del modernismo estadounidense hacia otra que echaba mano del pasado: la tradición hispánica y el barroco en todas sus modulaciones, el modernismo hispanoamericano, la poesía del 27 y la canción popular. ¿Cuál es el sentido de este anacronismo? ¿Habrá sido un regreso nostálgico, una reconciliación con las anquilosadas tradiciones que el poeta, que se sabe terminal, combatió toda su vida en reivindicación de su diferencia sexual?

El sentido común diría que sí: desde hace tiempo, en poesía el interés por la forma y por otras tradiciones ajenas a la "tradición de la ruptura", como dio en llamarla Octavio Paz, suele asociarse de manera automática con el conservadurismo. Sin embargo, desde la teoría queer, Elizabeth Freeman desarrolla una reivindicación anticonservadora y antitradicionalista del anacronismo para oponerse a los ritmos y las formas de habitar el tiempo orquestadas por las corporaciones y los Estados nacionales. En *Time Binds*, Freeman sostiene:

> [H]asta hace poco, las corrientes dominantes de la teoría queer tendían a privilegiar la vanguardia. En un momento de mi vida como estudiosa de la cultura y la teoría queer, pensé que el objetivo de lo queer era estar siempre por delante de las posibilidades sociales realmente existentes. En este modelo, parecía que les queers verdaderamente queer lograrían disolver las formas, desintegrar las identidades, equilibrar las taxonomías, burlarse de la sociedad e incluso repudiar la política por completo... Ahora creo que el objetivo puede ser ir por detrás de las posibilidades sociales realmente

existentes: interesarse por el final de las cosas, dejarse bañar por la luz crepuscular de todo lo que se ha declarado inútil. Porque si bien el antiformalismo queer me atrae a nivel intelectual, me siento emocionalmente obligada por un anhelo formal no del todo queer que nos hace retroceder a momentos anteriores, avanzar hacia utopías vergonzosas, e ir de lado hacia formas de ser y pertenencia que parecen, a primera vista, completamente banales. (2010, xiii)

Para Freeman, el propósito de revolver entre lo inútil y lo anacrónico consiste en "excavar el presente en busca de fuerzas aún sin detonar de revoluciones pasadas" (xvi), buscar en los excesos producidos por el capital para recolectar y volver a movilizar restos arcaicos o futuristas como señales de que las cosas podrían y deberían haber sido diferentes. Esto se conecta con los planteos de José Esteban Muñoz, que en *Cruising Utopia* sustrae la utopía de la dimensión de lo irrealizable y la concibe, en cambio, en términos de temporalidades latentes que permanecen en espera, un tiempo fuera del tiempo que no coincide con el de la historia: el arte, en consecuencia, puede funcionar como un archivo de lo irrealizado, de lo *inactual* en tanto potencia en espera (2009, 1-18).

En consonancia con su reivindicación crítica del anacronismo, la metodología que propone Freeman es, si no la vieja filología, algo que se le parece mucho:

> Metodológicamente, una labor que implica algo que a primera vista podría parecer más bien retrógrado o recalcitrante: lecturas minuciosas del pasado en busca de detalles extraños, momentos ininteligibles o resistentes. Leer con atención significa poner el foco en lo que se resiste a ser traducido con facilidad a los términos del tiempo presente, a aceptar sin más cualquier programa "progresista" que haga del arte un antídoto mágico contra cualquier toxina cultural o histórica. Leer con atención es demorarse, entretenerse, disfrutar de demorarse… la lectura minuciosa es una forma de entrar en la historia, no de salir de ella; y es en sí misma una forma de historiografía y análisis histórico. (2010, xvi)

Ahora bien, ¿qué aporta específicamente, más allá de la estilística, este rescate filológico para leer la poesía de Manuel Ramos Otero? En primer lugar, el anacronismo parece ser la dirección de su escritura poética. En vez de comenzar utilizando formas con un arraigo de más largo alcance en la historia técnica de la lengua para luego desarmarlas, *El libro de la muerte* acude desde el copioso epígrafe a esa "tradición de la ruptura". En contraste, la experimentación en *Invitación al polvo* pasa por resucitar formas anquilosadas para la poesía —en cuanto institución con pretensiones de autonomía y prestigio en la que Ramos Otero parcialmente seguía creyendo, como lo demuestra su insistencia en vindicar la figura del poeta romántico en su papel de inadaptado— pasándolas por el filtro de cierta cultura popular (el bolero) o popularista (la letrilla barroca) pero no por el de la cultura capitalista de masas, evitando así el constante entrecomillado virtual que Susan Sontag asoció al *camp*.

En segundo lugar, para analizar este movimiento de aparente retroceso que la escritura poética de Ramos Otero daría la impresión de trazar, es necesario remitirse a las circunstancias en que se desarrolló. Casi toda su obra —salvo la primera mitad de su primer libro— fue escrita en Nueva York, ciudad a la que llegó en 1968 poco antes de cumplir la mayoría de edad, y en la que solo dejaría de residir por poco menos de un año, en 1977, cuando regresó brevemente a Puerto Rico. La Nueva York de hoy, paradigma de la ciudad globalizada neoliberal, se parece muy poco a la que recibió al poeta a finales de la década de 1960, donde viviría, según le contó a Marithelma Costa

> los años de la lucha por los derechos civiles de los homosexuales, las lesbianas, los hispanos y los negros, es decir, de los marginados. Era la época de la guerra de Vietnam [...] Además, había vivido el Nueva York de la efervescencia, de las discotecas, de la experimentación con el mundo de las drogas. (Otero 1991a, 60)

Si bien en su narrativa abundan las referencias a la ciudad, Nueva York está totalmente borrada de su obra poética, más tardía. La excepción más saliente se encuentra en "Metáfora contagiosa", de *Invitación al polvo*, donde Ramos Otero recuerda con nostalgia su *coming of age* neoyorquino ("El 20 de julio de 1969 invadían la luna / y yo cumplía 21 en una hospitalaria / cárcel de Harlem"), para luego hacer, en el mismo poema, una mención algo exotista de "Borges vistiéndose de Evita en Broadway" (50). En cualquier caso, no se trata de esa ciudad de libertades y la contracultura a la que huyó el poeta en su *sexilio* —según el concepto acuñado por su compatriota Manuel Guzmán—, sino todo lo contrario: la referencia es, precisamente, la cárcel, asociada al hito de cumplir la mayoría de edad.

En su entrevista con Costa, publicada también póstumamente, en 1991, Ramos Otero toma distancia de la visión tradicional de otros emigrados, para quienes Nueva York era una entidad monstruosa, pero sin embargo se mantiene ambivalente: "Nunca he visto esta ciudad como un espacio trágico, sino como el espacio de la soledad. Para mí la soledad es terrible, pero es necesaria". Esa ambivalencia responde a un progresivo desencanto: "El Nueva York que me había fascinado cuando me mudé por primera vez ha ido desapareciendo. Cuando comienza el problema del SIDA hacia 1980-81, la comunidad homosexual se resquebraja por completo y en Nueva York también comienza una decadencia física y social espantosa".

La ausencia casi total de referencias a la ciudad en la poesía de Ramos Otero tal vez pueda interpretarse como una preservación nostálgica de ese espacio utópico de libertad que fue Nueva York a su llegada. Además, el carácter tardío o póstumo de su producción poética respecto de su obra en prosa sugiere que los profundos cambios que experimentó la vida de la ciudad quizás expliquen, al menos parcialmente, tanto esa borradura del espacio urbano como el anacronismo formal en que incurren muchos de los poemas de *Invitación al polvo*. Y es verdad que no se puede exagerar la importancia del "resquebrajamiento" provocado por la crisis del sida que, en palabras de Ramos Otero, no solo sacudió a la comunidad a la que, a pesar de su militancia solitaria, pertenecía el poeta, sino que se cobró su propia vida.

Como muestra la historia del hip-hop, ese temblor que atravesó la ciudad y la dejó irreconocible fue anterior a la crisis del sida, aunque probablemente ambos impactos hayan sido mutuamente solidarios. El fenómeno en cuestión, que transformaría no solo las matrices de producción subjetiva, sino también las formas de organizar y habitar el tiempo, es el advenimiento del orden neoliberal. Si bien no se desvía de la periodización acostumbrada y señala el comienzo de la nueva era entre 1978 y 1980, con la llegada al poder de Ronald Reagan en los Estados Unidos, Margaret Thatcher en el Reino Unido y Deng Xiaoping en China, David Harvey (2005) señala en *A Brief History of Neoliberalism* dos casos precursores. En primer lugar, los golpes militares en el Cono Sur —especialmente el chileno—, que, además de desmovilizar a la sociedad por medio del terrorismo de Estado, buscaron redistribuir la riqueza en beneficio de las clases privilegiadas, mediante el ahora clásico recetario de medidas económicas —endeudamiento externo, privatizaciones, flexibilización laboral, desmantelamiento de las protecciones del estado de bienestar, etc.— con las que experimentaron los ministros de Economía locales, generalmente egresados de universidades estadounidenses de convicción neoliberal, políticas que continuarían a pesar de las restauraciones democráticas —y con algunos hiatos más cerca del presente—, al punto de convertirse en una especie de sentido común (8-9; 15).

El otro caso testigo que menciona Harvey como hito es, precisamente, la crisis fiscal de la ciudad de Nueva York (44-48), cuya historia cuenta —de manera exhaustiva y llena de matices— Kim Phillips-Fein en *Fear City*. En términos sucintos, desde los sesenta la ciudad gastaba cada vez más de lo que ingresaba. La caída de la recaudación se debía, en parte, a una recesión generalizada, pero también a las políticas que, a nivel estatal y federal, habían fomentado la desindustrialización y la suburbanización de Nueva York. Los subsidios a la compra de viviendas, así como la inversión en ampliar espectacularmente el sistema de autopistas —la Cross-Bronx Expressway es solo un ejemplo— alentaron a muchos residentes de clase media a mudarse a los suburbios, restándole a la ciudad ingresos por impuesto a las ganancias.

Las exenciones impositivas otorgadas por el gobierno federal para la relocalización de la industria, sumadas a políticas de desarrollo urbano como las que el alcalde John Lindsay implementó para desplazar la producción manufacturera de Midtown, SoHo y Lower Manhattan, golpearon con dureza la economía de la ciudad. En este contexto de recaudación menguante y déficit creciente, la ciudad debió recurrir a un endeudamiento sistemático para cerrar la brecha presupuestaria. El presupuesto reflejaba la pujanza e influencia de los sindicatos y otros actores sociales, y financiaba un generoso estado de bienestar que, en palabras de Joshua B. Freeman, había convertido a Nueva York en una "isla de socialdemocracia en los Estados Unidos de posguerra". Uno de los motivos por los que el endeudamiento se volvió insostenible fue una argucia financiera, también implementada por Lindsay.

Usualmente, la ciudad se había endeudado para mejorar su infraestructura con títulos a largo plazo, de entre diez y cuarenta años. Desde la administración de Robert F. Wagner, había comenzado a tomar deuda no solo para su presupuesto de capital, sino también para subvencionar sus gastos de funcionamiento. La novedad que introdujo la administración de Lindsay fueron las Tax Anticipation Notes (TAN), Revenue Anticipation Notes (RAN) y Bond Anticipation-Notes (BAN), que vencían en un año, y que fueron inflando la porción del presupuesto destinada a los pagos de la deuda, creando un círculo vicioso de nuevo endeudamiento: en sus cuatro años como alcalde, Lindsay casi quintuplicó el volumen de estos préstamos a corto plazo, llevándolo de USD 433 millones a 2100 millones en 1973, más del 20 % del presupuesto total para ese año (Phillips-Fein 2017, 42).

Abe Beame, el alcalde que sucedió a Lindsay, había sido su auditor, y un enfrentamiento con el suyo, Harrison Jay Goldin, sería uno de los catalizadores de la crisis. Como parte de su plataforma de campaña —el auditor o *comptroller* es, en los Estados Unidos, un cargo electivo—, Goldin había prometido una auditoría detallada, que le reveló tanto a la opinión pública como a la comunidad de negocios la extrema delicadeza de la situación. Charles Sanford, un joven banquero del Bankers Trust que había sido llamado para reemplazar a un colega con licencia médica que hasta entonces se había encargado de la venta de bonos municipales y que estaba acostumbrado al salto de fe fiscal que implicaba la operación, desencadenó una reacción en cadena.

Desconfiado, pidió el asesoramiento del estudio de abogados que representaba al banco, que le recomendó no seguir adelante con la transacción, en un momento en que, además, la progresiva desregulación financiera volvía menos atractivo invertir en bonos municipales que en la deuda de países en desarrollo, cuyo déficit aprovecharon las naciones petroleras a través de los bancos de Nueva York. Pronto la comunidad financiera se hizo eco de esta desconfianza, y súbitamente la insolvencia de la ciudad, hasta entonces considerada imposible, se volvió una amenaza muy concreta. Beame y el gobernador del estado de Nueva York, Hugh Carey, buscaron la ayuda del gobierno federal, que se negó de plano, porque Gerald Ford quería enseñarle una lección a la ciudad, cuyo gasto social consideraba de un altruismo irresponsable. Carey creó una nueva agencia, la Municipal Assistance Corporation (MAC), que buscaría reorganizar la deuda de la ciudad emitiendo bonos a largo plazo, a lo que se sumaría un paquete de ayuda desde Albany.

A cambio, Beame debía introducir recortes, y la MAC podía retener los fondos que Nueva York necesitaba para seguir funcionando si no se alcanzaban las metas de disciplina fiscal establecidas. A pesar del ajuste, cada vez más pronunciado, que la MAC fue forzando a Beame a implementar, los bonos no se vendían de la manera esperada, e incluso para evitar el default los sindicatos se vieron obligados a invertir sus fondos de pensión en ellos. El gobierno federal se mantuvo inconmovible, hasta que finalmente accedió a rescatar a la ciudad a cambio de una nueva cesión de autonomía democrática, justificada bajo la figura del estado de emergencia: la creación del Emergency Financial Control Board (EFCB), una junta fiscal que tenía potestad sobre el presupuesto de la ciudad y los contratos laborales. Los siete integrantes del EFCB eran el gobernador y el auditor del estado y sus pares de la ciudad; y tres representantes de la comunidad de negocios, elegidos por Carey: William Ellinghaus, el presidente de la New York Telephone Company; Albert Casey, presidente de American Airlines; y David Margolis, el presidente de Colt Industries, dedicada a la fabricación de armas de fuego (Phillips-Fein 2017).

Haciéndose cargo de las finanzas de la ciudad, la EFCB profundizó el ajuste: despidos de empleados públicos, recortes en la seguridad social, aumentos de tarifas básicas como el transporte público, cierres de hospitales y bibliotecas, introducción de una matrícula paga en la universidad pública —CUNY, donde Ramos Otero fue estudiante graduado—, etc. Este ajuste se produjo con el fin de destinar la mayor porción posible de la partida presupuestaria al pago de la deuda, pero sobre todo para llevar a cabo una radical transformación de la ciudad, que dejó de ser, en palabras de Joshua B. Freeman, una "isla de democracia social", para convertirse en una *isla bonita* de características opuestas. David Harvey considera que "esto equivalió a un golpe de Estado por parte de las instituciones financieras contra el gobierno, elegido democráticamente, de la ciudad de Nueva York, y fue igual de eficaz que el golpe militar que había tenido lugar en Chile poco antes. Se redistribuyó la riqueza en favor de las clases altas en medio de una crisis fiscal" (Harvey 2005, 45).

¿Hay algo más, entonces, que un gesto nostálgico en el anacronismo formal de *Invitación al polvo*? En el contexto de una crisis social generalizada, donde la promesa de la contracultura y los movimientos de derechos civiles parece derrotada por un proceso de "modernización" que disfraza un endeudamiento masivo que penetra las subjetividades —que dio lugar al personaje conceptual del hombre endeudado, según lo ha formulado Maurizio Lazzarato—, el recurso a la tradición —en sí misma, una forma de la deuda— por parte de Ramos Otero tiene como propósito volver a hacer de ésta una relación con el pasado que, lejos de reproducirse indefectiblemente en un futuro incontestable, es posible explorar en busca de alternativas desaprovechadas.

Además, si se considera el mito neoliberal del "fin de la historia" como un intento por sustituir la memoria histórica por otra episódica —una memoria RAM—, la opción de Ramos Otero por el metro y la rima —herramientas de origen mnemotécnico— cobra pleno sentido, sobre todo en un momento en que el *international free verse*, como lo llamó Jacques Roubaud (2009, 21-25), parece haberse convertido, en virtud de su incontestada hegemonía globalizada, en un automatismo formal. En consecuencia, el anacronismo de Ramos Otero debe entenderse como una táctica de resistencia a la creciente neoliberalización, pero en el sentido de Freeman y de Muñoz; es decir, no la simple nostalgia de ese momento utópico inicial —el de las libertades civiles y la contracultura—, sino una exploración de las posibilidades desaprovechadas que quedaron en el camino.

Por otra parte, el abandono del verso libre que Ramos Otero había elegido para la casi totalidad de *El libro de la muerte* es particularmente significativo en este contexto de neoliberalización. Entre los autores que, en la estela de Foucault, estudian el neoliberalismo como un dispositivo productor de subjetividades, otra importante línea crítica se dedica a estudiar las transformaciones en el mundo del trabajo ocurridas en las últimas décadas. Paolo Virno llama *posfordismo* a esta nueva fase del capitalismo, cuya periodización coincide en gran medida con el advenimiento del régimen neoliberal. Esta fase supondría un cambio de paradigma que desplazaría la línea de producción fabril, típicamente fordista, del centro de la escena, y la reemplazaría por el trabajo inmaterial, cuya figura emblemática sería no el obrero sino el *virtuoso*, ya no fabricante de un producto tangible sino ejecutor de una performance (Virno 2004, 52-56).

La historia del verso libre, cuya ortodoxia coincide con la hegemonía neoliberal, anticipa esta nueva configuración: progresivamente, la versificación dejó de ser un trabajo artesanal o suntuario, pero productivo al fin, que aplicaba una serie de técnicas compartidas (el metro, la rima, ciertas formas estróficas) a unos materiales verbales, para pasar a considerarse cada vez más un reflejo inevitable de la subjetividad autoral, cuya manifestación más corriente en los últimos años tal vez sea la idea, muy difundida, de que el verso libre es el producto de la subjetividad autoral, única e inalienable, de cada poeta.

Mediante la figura de José, el obrero cubano que es destinatario de la mayoría de los poemas amorosos de *Invitación al polvo*, se vuelve a poner en cuestión ese cambio de paradigma —la desmaterialización del trabajo en la era posfordista—, que vale para las clases medias precarizadas, y ciertamente también para la nueva imagen que Nueva York quería proyectar, pero no se condice con la realidad de las periferias, donde la precarización se modula de manera más cruel. Esas periferias pueden ubicarse en países lejanos, como la mano de obra infantil de los talleres que fabrican ropa y zapatillas que citaba Talib Kweli en "Going Hard". Pero también se pueden encontrar invisibilizadas en medio de la ciudad, en la *inner-city* o en áreas más satelitales.

En el caso de Nueva York, esa "isla bonita" del turismo, la especulación inmobiliaria y el sector financiero en que se convirtió la metrópolis neoliberal, fue en gran medida construida —o remodelada— por obreros migrantes en condiciones de explotación. Los latinos fueron uno de los grupos más nutridos de esta mano de obra invisibilizada, que además no contaba con protección sindical. Diana Balmori ha mostrado cómo en esos años el trabajo en la industria de la construcción se dividió en dos sectores, el de nuevas edificaciones, generalmente sindicalizado, que disminuyó de manera pronunciada; y el de refacciones y remodelaciones, que a la inversa creció, y donde la mano de obra migrante no agremiada —en particular latina— tuvo un papel preponderante.

El sindicato de la construcción había sido históricamente reacio a permitir que se agremiaran los afroamericanos y latinos, identificándose además con posiciones políticas reaccionarias, a menudo con vehemencia. Por ejemplo, el viernes 8 de marzo de 1970, doscientos obreros dejaron las obras en construcción aledañas en las que estaban trabajando para reprimir una manifestación de estudiantes que pedían en Wall Street la retirada de tropas estadounidenses de Indochina y protestaban contra el asesinato a manos de la Guardia Nacional de cuatro compañeros de Kent State University. Luego de golpear a los manifestantes con sus puños, cascos y herramientas, los obreros se dirigieron a City Hall, donde el alcalde Lindsay había ordenado izar a media asta la bandera en memoria de los estudiantes muertos (Freeman 2010, 237-238). El lunes siguiente, los obreros de la construcción se manifestaron masivamente en Wall Street a favor de la guerra, liderando una marcha cuya asistencia se calcula entre las 60.000 y 150.000 personas (Bigart 1970). Como señala Joshua B. Freeman, estas manifestaciones convirtieron a los obreros de la construcción en símbolos de la masculinidad:

> En una época en la que los incipientes movimientos de mujeres y homosexuales estaban poniendo en tela de juicio los patrones dominantes de las relaciones de género, la imagen estereotipada del trabajador de la construcción —bebedor empedernido, luchador y patriotero— se convirtió en un punto de encuentro para aquellos nostálgicos de una supuesta época en la que los hombres eran hombres, las mujeres conocían su lugar y la autoridad social y familiar permanecía incuestionable. (Freeman 2000, 239)

Unos años después, los Village People —el conocido grupo formado en 1977— se apropiaron de esos emblemas hipermasculinos para parodiarlos desde una estética gay. Con excepción del indígena, los disfraces de los integrantes del grupo encarnaban irónicamente arquetipos de la reacción conservadora de aquellos años: el vaquero, el militar, el policía y el obrero, interpretado con el infaltable casco de plástico rígido por David Hodo, "la bomba rubia del grupo" (Wikane 2014). Más adelante, Ramos Otero trascendería el gesto *camp* y la parodia con *Invitación al polvo*. Más allá de poner en el centro de la escena a ese actor invisible de la modernización neoliberal, Ramos Otero elige no *representar* a su objeto de deseo, que no es una bomba rubia, sino un obrero cubano, a quien la voz lírica, distanciándose de los popularismos y neopopularismos consuetudinarios, nunca rebaja ni exotiza. En vez de *hablar de él*, la voz lírica se dirige a José de igual a igual, de isleño a isleño ("Cuba y Puerto Rico son / dos hombres sudorosos exiliados al sol" [2]). Esa igualdad, sin embargo, no responde a las características de la relación: el albañil tiene mujer e hijos y, además, se le habla en su ausencia. Más bien tiene que ver con el trabajo: Ramos Otero construye una lengua poética anacrónicamente artesanal, que abreva de manera inédita en la vertiente popular del barroco a la vez que se hace cargo de la densidad retórica comúnmente asociada al verso de arte mayor, porque se ve a sí mismo como un colega: un artesano pero de palabras, una imagen especular de ese "obrero del alba por quien vive mi poesía".

III

Convertibilidades

1

Un esfuerzo significativo

El 10 de julio de 1980, el ministro de Economía de la Junta Militar, José Alfredo Martínez de Hoz, habló durante casi una hora por cadena nacional. Su alocución tenía como fin anunciar una nueva etapa del programa económico que el gobierno militar argentino estaba —en palabras del ministro— "ejecutando" desde el 2 de abril de 1976. Pero antes de dar a conocer las nuevas medidas, Martínez de Hoz se permitió un balance de esos cuatro años y tres meses, destacando la "profunda transformación de las estructuras económicas del país", para la cual el gobierno había "debido requerir a la población un esfuerzo significativo".

En esa evaluación de su gestión, luego de recordar los dos pilares básicos de su programa económico, cuya explicación da por sentada —"el principio de la subsidiariedad del Estado y la apertura de la economía"—, Martínez de Hoz expone los "doce puntos fundamentales a través de los cuales se puede medir la profundidad de la transformación" llevada a cabo por el gobierno militar:

> En primer lugar, la libertad de precios, la eliminación de los controles de precios; en segundo término, la libertad de las transacciones cambiarias con la eliminación de los controles de cambio; tercero, la libertad del comercio exterior con la eliminación de los monopolios a la exportación, por ejemplo de granos y de carnes; cuarto, la libertad de exportación, a través de la eliminación de las prohibiciones y de los impuestos a las exportaciones; quinto, la libertad de importar, con la eliminación de las previsiones, cuotas, licencias, y la aplicación de un programa arancelario de reducción gradual sobre un período de cinco años; sexto, la libertad de las tasas de interés y la aplicación de la reforma financiera que abre el sector a la competencia interna y externa; séptimo, la liberación de los alquileres, y la eliminación del control que afectaba la posibilidad de la

colaboración de la construcción privada para contribuir a eliminar la escasez de viviendas producida por esa misma causa; octavo, la eliminación de las tarifas políticas de los servicios públicos; noveno, la eliminación de los subsidios y las protecciones excesivas para ciertos sectores privilegiados de la economía que distorsionaban la misma; décimo, la libertad de los [sic] contratación de los salarios sobre las bases de los salarios establecidos como mínimos por el estado; onceavo, la libertad para las inversiones extranjeras bajo reglas justas y sanas tanto para el interés nacional como para los inversores; y doceavo, la libertad para la transferencia y tecnología en un marco que promueva y no obstaculice este movimiento fundamental para la modernización de nuestra economía de acuerdo los más altos intereses nacionales. (Martínez de Hoz 1980)

Esas recetas, hoy reconocibles de inmediato en todo el mundo, por entonces aún no constituían el consenso global en que se convirtieron apenas una década después. Sin embargo, en un temprano estudio de la política económica de Martínez de Hoz, publicado en 1983, en el último año del gobierno de facto, Jorge Schvarzer ya se refiere a esas políticas como una "nueva ortodoxia" (1983, 12), cuya consolidación parece haber sido muy rápida.

Precisamente, ese conjunto de medidas —el núcleo económico del consenso político ahora conocido de manera inequívoca con el nombre de neoliberalismo— fue puesto a prueba por primera vez por los regímenes cívico-militares del Cono Sur, en especial en Chile (1973-1990), Uruguay (1973-1985) y Argentina (1976-1983); y, en cierta medida —David Harvey habla de "golpe económico"— durante la crisis fiscal de la ciudad de Nueva York (1975), estudiada en el capítulo anterior. En la Argentina, se trataba en efecto de una "profunda transformación" que venía a poner fin a tres décadas de intentos, con periódicas interrupciones, por dejar atrás el modelo agroexportador —rémora colonial característica no solo del país, sino de casi toda Latinoamérica— mediante políticas de desarrollo industrial por sustitución de importaciones.

En el caso argentino, ese proyecto se había encarnado sobre todo en el peronismo, que tras llegar al poder en 1946 y consolidar su hegemonía mediante una alianza de clases (Murmis y Portantiero 1971) con los trabajadores, a los que otorgó derechos y beneficios inéditos, fue derrocado en 1955 por el golpe militar de la autoproclamada Revolución Libertadora y luego proscrito hasta 1973. Justamente, el Proceso de Reorganización Nacional —como dio en llamarse con un nuevo eufemismo el gobierno de facto del que Martínez de Hoz era ministro de Economía— había llegado al poder en 1976, luego de un golpe contra María Estela Martínez de Perón, más conocida como Isabelita, que ejercía la presidencia tras la muerte del fundador del movimiento, ocurrida en el 74.

Esa transformación, si bien se llevó a cabo disfrazada de proceso modernizador, fue en realidad una "restauración conservadora" de la cual, según Schvarzer, el ministro fue el "artífice" (1983, 26). Para dar una idea de la profundidad de los cambios:

> [r]ecordemos que en 1974, en la Argentina, la distribución de la riqueza era similar a la de muchos países desarrollados: los ingresos del 10 % más rico eran 12,7 veces mayor [sic] que el del 10 % más pobre. En realidad, la falta de difusión de indicadores socio-económicos durante el régimen militar, a lo que siguió la profundización del deterioro de las condiciones de vida de franjas importantes de los sectores medios y populares, explican que solo a mediados de los 80, con el retorno a la vida constitucional, gran parte de la sociedad tomara conciencia de la dimensión de los cambios producidos. (Svampa 2005, 23-24)

A falta de guarismos oficiales —el Banco Central suspendió la publicación de estadísticas—, Schvarzer ofrece "estimaciones razonablemente buenas" sobre la distribución del ingreso, que prueban de manera elocuente el shock ocurrido en 1976. En relación con el año anterior, el ingreso de los asalariados cayó aproximadamente el 35 %, manteniéndose en niveles similares, con un leve crecimiento hacia 1979-80. Por su parte, el salario real se contrajo en un 25 % en el año del golpe, y luego siguió bajando hasta volver en 1980 a los niveles del 76. A la vez, el ingreso de los no asalariados trepó un 31 % luego del golpe y siguió creciendo o se mantuvo en esa misma franja (1983, 130).

Como muestran las cifras, el resultado fue una redistribución de la riqueza —que, por lo simétrico de la transferencia, bien podría calificarse de termodinámica— en beneficio de los sectores más altos, de cuya ala oligárquica el propio Martínez de Hoz era un conspicuo representante.

Descendía de un español llegado al Virreinato del Río de la Plata en el siglo XVIII, que se había enriquecido, entre otros negocios, como traficante de esclavos y contrabandista. En una ironía de la historia, este antepasado habría pronunciado su adhesión al virrey Cisneros durante el Cabildo Abierto del 22 de mayo de 1810, en que se dirimía la destitución de la autoridad virreinal y la instauración de una junta de gobierno autónoma; en contraste con su descendiente, el libre comercio —hasta entonces la colonia solo tenía permitido el intercambio con la metrópolis— lesionaba sus intereses, al dejar sin efecto el contrabando.

Otro Martínez de Hoz, José Toribio, fue uno de los fundadores —y primer presidente— de la institución más emblemática de la oligarquía vernácula: la Sociedad Rural Argentina. En *Martínez de Hoz* (2017) un frondoso y apasionado documental de más de tres horas de duración, el cineasta y abogado Mariano Aiello afirma, basándose en material de archivo, que la Rural financió la llamada Conquista del Desierto, que extendió las fronteras del territorio nacional a través de la expulsión y matanza de los pueblos originarios. A cambio, según Aiello, el gobierno le habría entregado dos millones y medio de hectáreas —una superficie equivalente a la de El Salvador— al ancestro del mediático ministro.

El proyecto liberal decimonónico había buscado "civilizar" los elementos autóctonos, que asociaba a la "barbarie", mediante —entre otras cosas— la apertura a la inmigración europea de las fronteras nacionales y su ampliación por vía militar. Además de las armas y la financiación de los terratenientes que, finalizada la campaña, verían incrementados aún más sus latifundios, ese primer genocidio nacional había recurrido a una operación de lenguaje para hacer desaparecer poblaciones y territorios bajo el signo del desierto. Por su parte, el proyecto neoliberal se inscribió en esa misma tradición y llevó a cabo un movimiento análogo, abriendo no las fronteras físicas de la nación, sino las inmateriales de los mercados a la entrada irrestricta de capitales especulativos, y eliminando planificada y sistemáticamente a sus opositores, al tiempo que los convertía en "desaparecidos". De hecho, en 1979,

> [el] gobierno se propuso festejar los cien años de la conquista del desierto con bombos y platillos. Conmemorar las operaciones de Roca en el sur era celebrar la historia del Ejército y, a su vez, sugerir un paralelismo entre aquel hecho militar y la lucha emprendida por

> la Junta contra la guerrilla. Se imaginaban así dos formas de barbarie, dos versiones históricas de un mismo flagelo: el indio —tan agresivo en la frontera como indolente en la economía— y el subversivo —tan peligroso en el interior de la sociedad como disoluto en sus valores—. Desde la mirada militar, allí había dos maneras de estar *fuera de la Nación*: la amoralidad de los aborígenes y la inmoralidad de los subversivos. (Pujol 2007, 131)

Como su contraparte un siglo atrás, el proyecto neoliberal implementado por el Proceso apoyó —y codificó— su ejercicio de la violencia contra los cuerpos en una densa trama de procedimientos retóricos. El mensaje de Martínez de Hoz del 10 de julio de 1980 es extremadamente ilustrativo de estas estrategias verbales de opacidad y sustracción. Si bien en su discurso el ministro emplea un tono desafectado y un lenguaje técnico que pretenden situarse por encima de las pasiones políticas, proclamando la imparcialidad del mercado como principio rector de la economía, si se presta atención a la estructura anafórica se puede percibir que, en un lapso muy breve —poco más de dos minutos—, Martínez de Hoz repite una y otra vez la palabra "libertad", seguida indefectiblemente de "eliminación". De manera perversa, lo que ocultan ese tono moroso y monocorde y la acumulación de tecnicismos lo vuelven a exhibir obscenamente en el discurso los recursos retóricos del ritmo: la ausencia manifiesta de aquello que se insiste en elidir —los desaparecidos; el terror estatal que es condición necesaria de la transformación económica— se vuelve a hacer presente, a materializarse y tomar cuerpo, a través del paralelismo sintáctico y la repetición anafórica. Por lo demás, en un pasaje cuyo contenido anuncia una modernización, resulta llamativo que la figura central sea la anáfora, el más arcaico de los dispositivos rítmicos en la historia de la poesía.

De forma más explícita y brutal, en una conferencia de prensa ofrecida en el Salón Dorado de la Casa Rosada el 13 de diciembre del año anterior, el presidente de facto Jorge Rafael Videla también se había valido de un vocabulario con pretensiones científicas, así como del mismo procedimiento retórico —la exhibición por sustracción—, para definir la figura del desaparecido:

> Frente al desaparecido, en tanto esté como tal, es una incógnita el desaparecido. Si el hombre apareciera, bueno, tendrá un tratamiento X; y si la desaparición se convirtiera en certeza de su fallecimiento, tiene un tratamiento Z. Pero mientras sea desaparecido no puede tener ningún tratamiento especial, es una incógnita, es un desaparecido. No tiene entidad, no está, ni muerto ni vivo, está desaparecido. (Videla 1979)

La jerga matemática desmaterializa al desaparecido: lo vuelve una abstracción, la incógnita de una ecuación brumosa —y luego lo convierte en un *undead*; volveremos sobre ello. Hasta que esa ecuación no se resuelva, argumenta Videla, el desaparecido no tendrá "entidad" ni "tratamiento". Una vez más, como en otra conferencia de prensa tristemente célebre —en Caracas, el 13 de mayo de 1977—, el militar no niega la existencia de los desaparecidos pero no asume responsabilidades. Sin embargo, en su esfuerzo por negarlas, traduciendo los hechos a un lenguaje formalizado, Videla incurre en una nueva sustracción, porque a la serie que usa como ejemplo (X, …, Z) es evidente que le falta un término (Y), que brilla por su ausencia; de esa manera, se abre en su discurso un espacio de desaparición de la que solo él puede ser el agente en cuanto enunciador, y que, performativamente, exhibe lo que quería encubrir.

A la luz —o a la niebla— de estas operaciones de lenguaje, el "esfuerzo significativo" que Martínez de Hoz pedía a la población recupera un sentido literal, hermenéutico. El almirante Emilio Massera, uno de los ideólogos de la dictadura, amén de su orador más elocuente, expresó con sombría y sinuosa claridad la importancia que el régimen le otorgaba a la lengua como campo de batalla:

> Lo primero que se perdió fue la nitidez. Rotos los límites de las cosas, una pesada niebla fue extendiéndose sobre los núcleos vitales de nuestro universo [...] Las palabras, infieles a sus significados, perturbaron el raciocinio y hasta del Verbo de Dios quisieron valerse los asesinos para inventar una teología justificadora de la violencia. ¡Con qué despreocupada frialdad mataban a los hombres para salvar a la humanidad! Cuando se vive en un mundo como éste, en el que los enemigos se mimetizan recíprocamente hasta

confundir sus identidades; cuando el esquema selvático impregna las conciencias; cuando el solo hecho de existir es un acto de provocación, entonces ha llegado la hora de decirle basta a esta abyecta Torre de Babel. (Massera 1979, 49-50)

No hace falta decir hasta qué punto este diagnóstico describe con mayor claridad el terror estatal que las acciones de la guerrilla armada. En cualquier caso, el director de la Escuela Mecánica de la Armada (ESMA) pareciera formular, especialmente aquí pero en todo el libro que recopila sus discursos públicos —insólitamente titulado *El camino a la democracia* y publicado de manera sospechosa en Caracas aunque impreso en Buenos Aires—, un barroco de Estado, en toda su abyección. Perdida la "nitidez" y traspuestos los "límites" —éticos, pareciera—, se trata de oponerle a esa "niebla" más noche y otra torre a esa "Torre de Babel".

Entrevistada por Marguerite Feitlowitz, Renée Epelbaum, una de las fundadoras de las Madres de Plaza de Mayo, reflexionó al respecto: "Era psicotizante [...] Apenas si podíamos 'leer', y menos aún 'traducir', el mundo que teníamos a nuestro alrededor. Y eso era exactamente lo que querían" (Feitlowitz 1998, 31). Además de una sintaxis, el régimen creó un léxico repleto de eufemismos y metáforas en las dos esferas en que se sostenía su poder —la clandestina y la pública—, para dificultar lo más posible la traducción entre ambas. Como recuerda Piglia, por ejemplo, con el fin de ocultar a la vez que mostraba con obscena impunidad el tráfico entre esas dos esferas, el discurso oficial insistía en comparar a la nación precisamente con un cuerpo enfermo, tomado por el "cáncer" de la "subversión", que el gobierno militar, como si fuera un cirujano, tenía que "operar sin anestesia", "hasta el hueso", al decir de Videla.

Esta metáfora adquiere ribetes aún más siniestros si se considera que la tortura se llevaba a cabo bajo supervisión de un médico, que irónicamente debía asegurarse de que las víctimas permanecieran en un umbral entre la vida y la muerte, pero sin trasponerlo. Paradójicamente, esta última, al menos en el caso de la ESMA, tenía lugar previa anestesia, bajo la figura del "traslado", un término que traducía la siniestra metodología de arrojar al Río de la Plata los cuerpos inconscientes pero aún con vida desde aviones en vuelo; que en una de sus acepciones el verbo "trasladar" también signifique "traducir" es un detalle particularmente inquietante.

De manera ominosa, en un capítulo de sus memorias cuyo inverosímil título es "Negociaciones, úlceras y derechos humanos", Martínez de Hoz construye el negativo de la escena de tortura en uno de los tantos episodios donde el ministro se ufana de los "sacrificios" realizados en aras del "éxito" de su gestión, que según su relato extendía sus funciones a las de un virtual canciller. Ante la visita inminente del presidente del BID, Martínez de Hoz se ve incapacitado de ir a recibirlo al aeropuerto porque se le diagnostica una úlcera sangrante que lo envía al quirófano de urgencia, donde para su felicidad descubre que el cirujano de guardia es un excompañero de colegio.

La operación se lleva a cabo con anestesia peridural, de modo que el ministro —plenamente consciente mientras otro dispone de su cuerpo, aunque con la ventaja de la anestesia local— da cuenta de la charla distendida con su "amigo médico" que le habla "como si fuera un locutor de radio o de televisión transmitiendo una carrera del hipódromo o un partido de fútbol". Al terminar la operación de úlcera, el médico observa que la vesícula de Martínez de Hoz se encuentra en "estado calamitoso" y le pregunta si sufre de dolores de cabeza. El paciente responde que padece de jaquecas crónicas y el médico le explica que la causa es la vesícula y le ofrece extirpársela, a lo cual el ministro presta consentimiento —en sus palabras— "con algún entusiasmo" (Martínez de Hoz 2015, 41).

De esta manera, a más de treinta años del fin de la dictadura cívico-militar, otra vez habla un cuerpo mientras es sometido a la clínica y su instrumental técnico. En este caso, sus palabras quedan perfectamente registradas, a diferencia de las de esos otros cuerpos obligados a hablar en un "quirófano", como —según el nutrido glosario con la terminología usada en los centros clandestinos de detención recopilado por Feitlowitz (1998, 59-69)— se llamaba a los calabozos donde se practicaba la tortura y se extraían las confesiones. En sus memorias, sin embargo, el cuerpo del ministro no confiesa nada; antes bien, intenta silenciar, aunque podría decirse que, al igual que Videla, por su jactancia acaba revelando.

En su autobiografía, Martínez de Hoz pretende entablar una disputa con los desaparecidos en el triple terreno de la memoria, la palabra y el cuerpo. Y elige hacerlo nada menos que con el suyo, que sigue encarnando, más de tres décadas después, aunque de forma menos subrayada, una metáfora de la nación, a la vez que da cuenta de la persistencia de una matriz de enunciados que tiene su origen en la dictadura, cuya continuidad precisamente suele expresarse con mayor elocuencia en el ámbito económico. Pasados treinta años, esa metáfora ya no puede enunciarse de manera tan explícita, y el "cáncer" de la "subversión" tiene que traducirse en una jaqueca tan insidiosa como enigmática, que se cura "extirpando" no un peligroso "tumor" sino una simple vesícula, con la anuencia entusiasta del ministro, que incluso en el quirófano puede ejercer la potestad sobre su propio cuerpo mitad anestesiado.

Como en el capítulo inicial de sus memorias, donde Martínez de Hoz cuenta como una nota pintoresca que en las vísperas del golpe se encontraba en Kenia, "el paraíso de la caza mayor", practicando su "deporte predilecto", y que debió interrumpir el safari para reunirse con los líderes de la Junta, en este episodio vuelve a quedar claro que el rol del ministro no se limitaba a una función técnica, sino que se entregó en cuerpo y alma a esa larga expedición de cacería que fue el Proceso de Reorganización Nacional.

Estas —literalmente, en su sentido táctico y quirúrgico— *operaciones* de lenguaje no solo proliferaban en el discurso oficial y su ámbito complementario, la represión clandestina. En la esfera cultural, funcionaba la censura, de manera deliberadamente brumosa, pero muy aceitada. De hecho, el carácter de la "reorganización" llevada a cabo por el Proceso puede observarse en nítido relieve si se comparan las cifras ya citadas de redistribución de la riqueza con las de libros impresos en el país, que bajaron de 50 millones en 1974 a solo 17 en 1979, es decir, una caída de casi el 300 % en cinco años (Favoretto 2014, 31). Sin embargo, la censura no solo prohibía ni limitaba su influjo a ámbitos más tradicionalmente "políticos"; también obligaba a traducir, y se extendía a zonas en apariencias menos "peligrosas". Por ejemplo, en la industria discográfica existían glosarios con palabras a evitar, que no solo aplicaban a artistas comprometidos como León Gieco. Alfredo Rosso trabajaba en el Departamento Internacional de Music Hall, eligiendo la música extranjera que luego la grabadora editaría; él mismo se ocupaba de traducir los títulos de las canciones al castellano, con algunos recaudos:

> [E]n los discos no podía usarse la palabra *aguja* (aparentemente, su sola mención empujaría a los jóvenes hacia la heroína.) Tampoco *caliente* era un vocablo apropiado (apuraba el despertar sexual más

allá de lo prudente.) Fue así como "Needles and Pins" de los Searchers se convirtió en "Espinas y alfileres" (ya no sería tan sencillo inyectarse con una espina) y "Hot Legs" ("Piernas calientes") de Rod Stewart se conoció como "Piernas sugestivas". El arte del sinónimo prosperó bajo la dictadura militar. (Pujol 2007, 57)

Durante aquellos años, paradójicamente, empezó a consolidarse el llamado "rock nacional" —el rótulo se ha naturalizado hasta tal punto que se olvida su origen chauvinista, durante la prohibición de difundir música cantada en inglés que entró en vigor durante la Guerra de Malvinas—. Como afirma Mara Favoretto, este auge fue una "consecuencia inesperada de la gran represión, que estaba dirigida especialmente a los jóvenes" (2014, 148). El rock le daba voz, de manera encriptada, a una disidencia que no podía expresarse de otro modo y por otros canales, y que, probablemente, tampoco pudieran enunciar otras personas. Después de todo, aunque fueron detenidos, demorados, amenazados y reprimidos con mucha frecuencia, los músicos y su público no eran para el Proceso una amenaza del todo inteligible, ciertamente no al nivel de los militantes políticos en un sentido más tradicional. Pero además de prestarle una voz a lo que no podía decirse de otro modo, el rock abrió con los conciertos espacios de movilización, incluso masiva —como el Luna Park, con capacidad para 15.000 personas—, que permitían que se celebrasen "actos políticos encubiertos" (154). A propósito, Pablo Vila y Paul Cammack ponen como ejemplo que, si bien el 76 y el 77 se caracterizaron por la inmensa cantidad de conciertos, "de todos modos no fue un período en el que se produjera un aumento notable en la venta de discos del género, porque lo que se estaba produciendo era una necesidad social más que una cuestión estética" (1987, 133).

En este contexto, más que el arte del sinónimo prosperó el de la metáfora. Sergio Pujol (2007, 147) recuerda que los músicos llamaban "la compactadora" a la censura, un mote que no solo daba cuenta de las prohibiciones que imponía, sino también de los procedimientos de condensación a los que era necesario someter las letras para eludirlas (Favoretto 2014, 150). Por otra parte, en consecuencia, si los artistas se veían obligados a compactar y encriptar, el público, en complicidad con ellos, debía forzosamente aprender otra vez a leer, pero entre líneas y sin libros: una pedagogía del reprimido. A este respecto, uno de los géneros más practicados durante aquellos años, que demandaba el ejercicio cómplice de la lectura oblicua, fue la alegoría, que en su estructura enhebra una serie de metáforas consecutivas, cada una de las cuales tiene una correspondencia política que es necesario descifrar. Sin dudas, el mayor alegorista —o al menos el más popular— de ese período fue Charly García, cantante y principal compositor y letrista de Sui Generis (1972-1975), La máquina de hacer pájaros (1975-1977), Serú Girán (1978-1982), y luego cantautor en solitario.

"Canción de Alicia en el país" de Serú Girán usa como pretexto el universo ficcional de la novela casi homónima —y casi infantil— de Lewis Carroll. Precisamente, el título incompleto omite de forma intencionada las "maravillas" que cualquiera podía reponer. Además de señalar que no se trata de una inquietante fábula para niños anacrónicamente ambientada en la Inglaterra victoriana sino de "este país" —una Argentina aún más reprimida—, al desaparecer de manera literal una parte del título la canción se apropia, a fin de combatirla, de la misma estrategia de opacidad y sustracción de las palabras y los cuerpos que caracterizaba al régimen.

Por su parte, la letra hace mención a algunos animales del relato de Carroll, que un oyente informado podía identificar de manera instantánea con otros personajes de la historia política reciente: "la morsa" era el apodo de Juan Carlos Onganía, el cabecilla del golpe que había derrocado en 1966 a "la tortuga" Arturo Illia, y que por primera vez —al igual que su sucesor, el Proceso de Reorganización Nacional— se había pensado no como un gobierno de transición sino como un régimen que aspiraba a tener continuidad —un Estado burocrático autoritario, en los términos clásicos de Guillermo O'Donnell—. Con ironía, la letra ("ya no cuentes lo que viste en los jardines, el sueño acabó") finge nostalgia de esa época comparativamente menos represiva, a la vez que señala la continuidad con el presente.

Más adelante aparecen unos "brujos" que remiten al pseudónimo de José López Rega, ministro de Bienestar Social durante el último gobierno de Juan Domingo Perón y el interregno de su viuda, conspicuo aficionado a las ciencias ocultas y fundador de la Triple A —Asociación Anticomunista Argentina—, un grupo parapolicial de extrema derecha que prefiguró el accionar terrorista luego implementado de manera sistemática desde el Estado. En la canción, los brujos "pueden volver a nublarnos el camino", en referencia a la niebla que nimbaba las acciones de los Grupos de Tareas de la Dictadura, según la doctrina *Nacht und Nebel* impulsada por Heinrich Himmler en la Alemania nazi. A su vez, el imperativo "no cuentes", que luego se repite ("no cuentes lo que hay detrás de aquel espejo"), alude de manera inconfundible al miedo que cundía en la población de hablar de lo que estaba sucediendo o protestar, cifrado en la expresión "no te metás", que fue un lugar común de aquellos años, como recuerda Mara Favoretto (2014, 171).

Sin embargo, las alegorías de García son siempre porosas y le dejan considerable espacio a la literalidad. De esta manera, por ejemplo, la oscura y retorcida relación —en todos los sentidos— entre las palabras y los cuerpos durante el Proceso es denunciada con total nitidez. Así, "el trabalenguas traba lenguas," una ironía que se multiplica precisamente porque García espeja y desensambla el *portmanteau*, tan habitual en Carroll, y le devuelve a cada una de las palabras que lo componen su sentido literal: "detrás de aquel espejo", los trabalenguas de la dictadura ya no solo confunden, también matan. En el plano musical, por otra parte, el contraste tonal y afectivo entre las dos secciones que componen la canción marca la dualidad de toda alegoría: la serie metafórica y el referente a decodificar. El contraste, además, se extiende al ritmo: el pulso más pesado y ominoso de la segunda hace sentir el paso marcial de las botas que dejan "un río de cabezas aplastadas" tras de sí.

Esa porosidad llega a un extremo en "Los dinosaurios", la segunda canción del lado B de su segundo álbum solista, tal vez la alegoría más poderosa del repertorio de García, seguramente porque *Clics modernos* fue editado poco más de un mes antes del retorno efectivo de la democracia, y con posterioridad a las elecciones que llevaron a la presidencia a Raúl Alfonsín. Al presentar el disco en el Luna Park, la semana siguiente a la asunción de Alfonsín, Charly García se dirige al público en un lenguaje apenas velado, más para suscitar complicidad que para formular de manera encriptada algo que no pudiera decirse abiertamente:

> Esta canción está como pasada de moda. Las cosas cambian muy rápido acá. Algunas veces cambian mal, otras bien. Hace poco la cosa cambió para bien. Se debe haber equivocado con nosotros la historia, porque siempre cambia para mal. Así que esta canción de

alguna manera refleja la era paleozoica. Escuchen el sonido de los dinosaurios. (García 1983)

Una vez más, el vehículo de la alegoría es el anacronismo: ahora es la prehistoria en lugar de la Inglaterra victoriana. Se trata nuevamente de burlarse de la supuesta modernización llevada a cabo por el gobierno de facto, que en rigor restauró un orden más antiguo: todos, en ese mundo paleozoico —"los amigos del barrio", "los cantores de radio", etc.—, *pueden* desaparecer, menos los dinosaurios, cuya desaparición no es potencial sino inevitable. Como en "Canción de Alicia en el país", los animales tienen un papel protagónico: "Los dinosaurios" es, en cierto modo, una fábula antiesópica, en la que los militares, pretendidos paladines de la moral cristiana occidental, son reducidos al primitivo totalitarismo de la cadena alimentaria, sin siquiera concedérseles la extinción. Así, la justicia poética reemplaza a la moraleja y, literalmente, el eufemismo se les vuelve en contra. Por eso, en el futuro —ahora liberado de las garras reptilianas de una modernización ilusoria— "van a desaparecer".

Los jóvenes autores de poesía escrita también habían buscado formas de resistir mediante la palabra. En una antología que recoge el trabajo de poetas que publicaron sus primeros libros después del golpe del 76, Jorge Santiago Perednik distingue algunas líneas estéticas —que, en el contexto del terror de Estado, se volvían políticas—, vinculadas a revistas no clandestinas pero sí de circulación limitada. Perednik (1989) señala el retroceso de "la poética inmediatista que fue dominante en los 60-70", también llamada "coloquial" y "populista", caracterizada por su "unánime repudio a las escrituras complejas, a la minuciosa tarea con el lenguaje, a lo que llaman 'artificio'" (ix). A esta tendencia mimética —en su relación con la lengua y con sus referentes—, le opone otras propuestas que establecen, de maneras distintas, una relación de opacidad respecto del contexto, como el surrealismo de las revistas *Poddema* y *Signo ascendente* y el neorromanticismo de *Último Reino*.

A su vez, Perednik contrasta estas vertientes, que desdeña con cierta liviandad, con el rigor y eclecticismo que le atribuye a *Xul*, publicación en que participó desde el primer momento. A juicio del antólogo, esas poéticas "serán posiblemente consideradas las más influyentes de su tiempo" (xiv); amén de la jactancia, la verdad es que el único poeta antologado cuya obra sigue siendo leída y discutida con frecuencia es un autor que, en su primer libro, *Austria Hungría* (1980), también se vale del anacronismo típico de la tradición alegórica y escenifica buena parte de los poemas en los últimos días del imperio austrohúngaro, un trasunto evidente del Proceso. Como veremos, el anacronismo no se limita al contenido alegórico; por el contrario, se vuelve aún más poderoso cuando se desplaza al trabajo con la forma y la lengua. Se trata de Néstor Perlongher, el autor de "Cadáveres", donde estas relaciones entre retórica y política son tratadas de forma muy explícita:

> Féretros alegóricos!
> Sótanos metafóricos!
> Pocillos metonímicos!
> Ex-plícito!
> Hay Cadáveres (Perlongher 2012, 88)

2

Un barroco de trinchera

Trotskista, militante por los derechos de los homosexuales, antropólogo y autor de importantes estudios sobre la pandemia del sida y la prostitución masculina en Brasil, Néstor Perlongher fue el escritor más político y más politizado de su generación. Sin embargo, como ocurrió también con el rock y su público, la militancia de Perlongher no era plenamente legible para el régimen, que lo hostigó por su diferencia sexual antes que perseguirlo por motivos ideológicos. De esa manera, como el de Ramos Otero en Nueva York, su exilio en Brasil fue, en sus propias palabras, un "exilio sexual" (Perlongher 1985). En relación con esto, a pesar de su carácter político, la poética de Perlongher elude radicalmente tanto el "inmediatismo" que criticaba Perednik, dominante en las décadas de 1960 y 1970, como el realismo irónico y desafectado que, con diferentes modulaciones, caracterizaría a la generación posterior, la de los años noventa. La suya es una opción por el barroco que, si bien adhiere en su programa al neobarroco cubano de Lezama y Sarduy para extenderlo al Cono Sur, presenta diferencias fundamentales con sus precursores.

Perlongher recupera esa opción violentamente anacrónica por la forma y el artificio de los cubanos y, como en la poesía de sus predecesores, la voluptuosidad formal y el regodeo en la corporeidad del lenguaje erotizan y politizan la escritura. Como observa Cecilia Palmeiro (2011, 9-10), "en el centro de su producción, no se trata de hablar del cuerpo, sino de poner el cuerpo (para la política, para la literatura, para la antropología)". En la poesía de Perlongher, ese "poner el cuerpo" es un gesto que se traslada a la forma y a la materialidad del lenguaje poético, él mismo entendido como una corporeidad. Ahora bien, se trata de precisar la naturaleza de ese cuerpo del que, según Palmeiro, no es necesario *hablar*, sino más que nada *poner*. Y, asimismo, de dirimir dónde —y cómo— hay que ponerlo, en especial cuando falta: precisamente de esto nos hablará "Cadáveres", su célebre poema sobre los cuerpos de la dictadura.

En 1991, Perlongher preparó una antología llamada *Caribe Transplatino. Poesia neobarroca cubana e rioplatense*, publicada en portugués por la editorial Illuminiras de San Pablo. Un ensayo del propio Perlongher —luego vuelto a incluir en *Medusario*— encabezaba la muestra a manera de introducción, ofreciendo una peculiar lectura del barroco y en especial del neobarroco. Desde el primer párrafo, Perlongher se refiere a la potencia a la vez destructora y generativa del lenguaje poético neobarroco:

> [L]a "lepra creadora" lezamesca mina o corroe —minoritariamente mas eficazmente— los estilos oficiales del buen decir. Es precisamente la poesía de José Lezama Lima, que culmina en su novela *Paradiso*, la que desata la resurrección, primeramente cubana, del barroco en estas landas bárbaras. (Perlongher 1996, 19)

La idea de una "resurrección" del barroco parece implicar de manera necesaria su muerte. De hecho, en el párrafo siguiente, Perlongher dice que éste había sido "dado como muerto y enterrado en el siglo XIX". Eso se liga con una concepción general de la lengua poética. Desde la latinidad clásica, la lírica representó su propio mito de origen a partir de su muerte: en la introducción, ya mencioné el mito de Orfeo según Ovidio.

Precisamente, al definir su poética y dar cuenta de sus precursores, Perlongher elige una declaración de Lezama ligada a la muerte y a la descomposición, pero sobre todo a la fragmentación del cuerpo (la "lepra creadora"): "Es en el plano de la forma que el barroco, y ahora el neobarroco, atacan" (1996, 20). Como notaba Palmeiro, política y poética son inseparables para Perlongher, y encarnan una poesía que "ataca a través de la forma". A raíz de esto, en una entrevista, Luis Chitarroni le pregunta a Perlongher por las relaciones y los puntos de contacto con el barroco español. Tras deslindarse de intentos de traducción, como las prosificaciones explicativas de Dámaso Alonso, Perlongher afirma: "La otra manera es dejarse llevar por esos flujos, que es lo que hice con Lezama: me zambullí en él. Entonces lo que aparece es una especie de máquina, un uso bélico del barroco áureo" (Chitarroni 1983).

Luego de desarrollar su concepción del barroco, y de señalar las diferencias entre éste y el neobarroco de Lezama y Sarduy, Perlongher se adentra en el meollo de su argumentación: los orígenes y las características del *neobarroso*, su peculiar adaptación del neobarroco. Resulta sumamente interesante la genealogía neobarrosa que construye Perlongher, por lo disímil de los elementos que la constituyen pero también por las relaciones, a veces impensadas, que establece entre ellos. Y en el gesto de publicar su ensayo por primera vez en Brasil, con una muestra de poemas traducidos al portugués, hay además un guiño a la vanguardia brasileña: al concretismo de Haroldo de Campos, cuya influencia declara, pero también, en ese afán omnívoro de incorporación y mezcla, a la antropofagia de Oswald de Andrade.

La biblioteca de precursores de Perlongher está constituida por, en primer lugar, los modernistas, que curiosamente aparecen ligados al surrealismo, una tendencia que había vuelto a practicarse en la Argentina en los años de la última dictadura militar:

> Ya Darío lo había artificializado todo, y algún Lugones lo seguiría en el paciente engarce de las jaspeadas rimas. Por otro lado, el neobarroco parece resultar —puede arriesgarse— del encuentro entre ese flujo barroco que es, a pesar de sus silencios, una constante en el español, y la explosión del surrealismo. Alguna vez habría que reconstruir [...] los despliegues del surrealismo en su implantación latinoamericana, cómo sirvió en esas costas bravías para radicalizar la empresa de desrealización de los estilos oficiales —el realismo y sus derivaciones, como la "poesía social". [...] En el propio Lezama se siente el impacto del surrealismo, sobre el cual se monta o labra la construcción barroca. (Perlongher 1996, 25-26)

A continuación, Perlongher cita otro antecedente: *En la masmédula*, de Oliverio Girondo. Lo interesante es que, si bien se trata de un libro fuertemente experimental, en tanto el énfasis está puesto en la materialidad del significante, a nivel prosódico Girondo se ajusta perfectamente a la gran tradición métrica castellana. Martín Prieto fue el primero en observar que, lejos del libertinaje versolibrista, había en Girondo una voluntad de apropiación, descomposición y recomposición de esquemas tradicionales:

> El enorme trabajo de descomposición rítmica, hecho a partir del heptasílabo, que es un hemistiquio del alejandrino, uno de los metros clave del modernismo, convierte a *En la masmédula* en una especulación teórica sobre el programa modernista. (Prieto 2006)

Es cierto que en Girondo hay un trabajo insistente con el heptasílabo. Sin embargo, Prieto hace una lectura parcial: si se estudia en mayor detalle la métrica de *En la masmédula*, se observará que, además de la profusión de heptasílabos, hay una recurrencia casi igualmente considerable de endecasílabos que, dicho sea de paso, son el metro preferido de Perlongher: "[Y]o tengo un problema con la escansión: no puedo salir de las cosas poéticas, de la cosa tipo endecasílabo... la necesito. Se me pega la musiquita" (Chitarroni 1983). Sin embargo, lejos de desautorizar la hipótesis de Prieto, esto la lleva aún más lejos: además de una deconstrucción formal del modernismo, a través de la separación de los hemistiquios heptasilábicos del alejandrino, hay una apropiación crítica de la silva, una libre combinación de endecasílabos y heptasílabos que, en su variante rimada, popularizó Góngora en su obra más conocida y radical, las *Soledades*.

Precisamente, más que el barroco en general, las *Soledades* son el modelo poético de los neobarrocos. Tal vez habría sido más ajustado llamar al movimiento *neogongorismo*, puesto que la aventura que emprende el poeta cordobés con el lenguaje va mucho más allá de las florituras y los juegos conceptuales de sus contemporáneos. La revolución gongorina —no le cabe otro mote— lleva a cabo un triple movimiento, impensable en el siglo XVII pero ciertamente más afín con la experiencia del XX. En primer lugar, Góngora tensa al máximo la unidad del sentido: es cierto, como reconocen los neobarrocos, que las *Soledades* pueden ser decodificadas como una ecuación matemática y que, por consiguiente, hay un significado último. Sin embargo, en la experiencia rítmica de la lectura, el sentido comunicable del poema permanece siempre esquivo, como una asíntota, como advirtieron bien los neobarrocos.

En segundo lugar, Góngora lleva al límite dos unidades de las que la poesía tardaría unos doscientos cincuenta años más en comenzar a desembarazarse: la estrofa y la rima. Si bien la silva es una forma estrófica rimada, la absoluta libertad para construir las estrofas y establecer las rimas, que a veces se alejan tanto que el oído ya no las percibe, lleva a ambas categorías a un umbral de desaparición. Finalmente, el tercer movimiento consiste en la apropiación de la sintaxis, y muy a menudo del léxico, del latín, para implantarlos como un cuerpo extraño en el castellano. A su vez, este gesto tiene una doble relevancia. Primero, porque socava el sitial de privilegio del latín como lengua culta de las élites letradas. Y, segundo, porque el latín, lengua muerta para la comunicación diaria pero marcador de pertenencia y acceso a la alta cultura, al fundirse con el castellano arrastra a ambas lenguas a una entrevida donde la función comunicativa del lenguaje parece siempre a punto de expirar.

Además, en ese doble movimiento de muerte e inhumación —del lenguaje comunicativo— y de resurrección y exhumación —de esa "lengua muerta"—, hay una potencia que, al poner en sincronía distintas temporalidades, perturba la organización geológica de la historia de la cultura, removiendo las diversas capas de sedimentos y fósiles, para producir un efecto de dislocación del presente; precisamente, tanto el barroco áureo como el neobarroco tienen en común un uso subversivo del anacronismo, donde aquello que parecía sepultado en el pasado se vuelve a presentar como un futuro posible. A este respecto, en el caso de Góngora, su enemigo íntimo Francisco de Quevedo se burla en su "Aguja de navegar cultos" de la profusión de neologismos tomados directamente del latín que aparecen en los poemas de su rival; sin embargo, llama la atención comprobar cuántas de esas palabras son hoy en día parte del registro más coloquial de nuestra lengua: "joven", "líquido", etcétera.

Sobre el experimento de Girondo, gongorino también en su deseo de ubicarse siempre en el umbral de lo inteligible, Tamara Kamenszain cita en el epílogo de *Medusario* unos versos de "Cansancio", último poema de *En la masmédula*: "Y de los intimísimos remimos y recaricias de la lengua y de sus regastados páramos y reconjunciones y recópulas y sus remuertas reglas y necrópolis y reputrefactas palabras, simplemente cansado del cansancio" (Girondo 1968, 349). Afirma Kamenszain:

> ¿Cómo escribir poesía, entonces, después de *En la masmédula*, si el cansancio es realmente una enfermedad contagiosa? [...] Girondo venía escapando de la rima lugoniana pero, sobre todo, de esa actitud autoral sumisa que da por descontada la naturalidad del recurso [...] La finalidad es inyectarle a las "remuertas" un plus, una especie de autovacuna. (1996, 487-488)

La mención de la "enfermedad contagiosa" recuerda la "lepra creadora" de Lezama, y contribuye a cimentar una visión clínico-forense de la poesía que, en el caso de Perlongher, entabla una disputa en el terreno de la lengua —no solo a nivel del significante sino en cierta medida en el de la estilística— con el barroco estatal del discurso público de la dictadura y su proliferación de metáforas médicas.

Lo crucial aquí es la idea de que, al inyectarle al cuerpo muerto de la lírica ("las remuertas") una "autovacuna", el resultado es un "plus" productivo. Si aceptamos que la lírica está muerta desde su propio origen —no *ha* muerto, *está* muerta—, la autoinmunidad deviene una forma de salud, de preservar la productividad de ese estado de muerte permanente. Por lo demás, tanto el gongorismo como el modernismo y la poesía de Stéphane Mallarmé —también mencionada por Perlongher, siguiendo a Echavarren, como antecedente de aquello que hay de las vanguardias en el neobarroco— tienen un fuerte componente autoinmune, entendido en términos de esa autoinoculación de la que hablaba Kamenszain. Al cuerpo moribundo de una estética dominante se le inyecta una cepa perversa de sí mismo, una "lepra creadora" que la exaspera y, tras llevarla a su límite, arroja como resultado un cuerpo nuevo, medio vivo y medio muerto, pero productivo.

También se puede observar algo del orden de la autoinmunidad en la apropiación que hace Perlongher del neobarroco. Para terminar su ensayo, el poeta vuelve a uno de los textos fundacionales de esta tendencia, "El barroco y el neobarroco", publicado en 1972 por Severo Sarduy. En ese ensayo, el cubano ofrecía una definición ambigua de lo barroco. Por un lado, a partir de su etimología, lo asociaba a lo inorgánico: "Fue la gruesa piedra irregular —en español barrueco o berrueco, en portugués barroco—, la roca, lo nudoso, la densidad aglutinada de la piedra —barrueco o berrueco—". Por el otro, por desplazamiento del significante, lo ligaba a lo orgánico: "Nódulo geológico, construcción móvil y fangosa, de barro, pauta de la deducción o perla, de esa aglutinación, de esa proliferación incontrolada de significantes" (167). A continuación, Sarduy contrastaba dos versiones del barroco:

> Si en su mejor gramática en español —la obra de Eugenio d'Ors—, tratamos de precisar el concepto de barroco, veremos que una noción sustenta, explícita o no, todas las definiciones, fundamenta

todas las tesis: es la del barroco en tanto que retorno a lo primigenio, en tanto que naturaleza. (168)

A este barroco como vuelta a la naturaleza, Sarduy le oponía una concepción ligada a lo artificial:

> El festín barroco nos parece, al contrario, con su repetición de volutas, de arabescos y máscaras, de confitados sombreros y espejantes sedas, la apoteosis del artificio, la ironía e irrisión de la naturaleza, la mejor expresión que J. Rousset ha reconocido en la literatura de toda una "edad": la *artificialización*. (168)

Perlongher cierra su ensayo con una paráfrasis de Sarduy ("barroco: perla irregular, nódulo de barro"), pero da la impresión de que se acerca a su predecesor para alejarse de él. En el argentino, no parece haber una distinción tajante entre lo natural y lo artificial, o al menos ésta parece resolverse en su predilección por lo orgánico del barro frente a lo inorgánico de la perla o la piedra:

> Si el barroco del Siglo de Oro, como dijimos, se monta sobre un suelo clásico, el neobarroco carece, ante la dispersión de los estilos contemporáneos, de un plano fijo donde implantar sus garras [...] En su expresión rioplatense, la poética neobarroca enfrenta una tradición literaria hostil, anclada en la pretensión de un realismo de profundidad que suele acabar chapoteando en las aguas lodosas del río. De ahí el apelativo paródico de neobarroso para denominar esa nueva emergencia. (1996, 30)

En una entrevista con Daniel Freidemberg y Daniel Samoilovich (1992), Néstor Perlongher declara: "En este sentido, yo una vez pensé en una construcción que sería como una especie de 'barroco de trinchera', una especie de barroco cuerpo a tierra, o ligado a la tierra". Pero la importancia del barro y lo terrestre no es solo una declaración programática en la poesía de Perlongher. Precisamente, una de las piezas centrales de su primer libro, *Austria-Hungría*, de 1980, se llama "El polvo". Respecto de este poema, observa Cecilia Palmeiro:

> Ya el título deriva el sentido hacia por lo menos tres posibilidades: polvo como maquillaje, artificio femenil, máscara, simulacro; polvo como metáfora bíblica de la muerte [...] y finalmente, según el argot, como acto sexual, coito. De hecho, esos tres flujos de sentido conforman una máquina de guerra que articulada en el lenguaje dará como resultado la barrosidad de la escritura para formular un programa de una política sexual. (2011, 14)

Palmeiro ve muy bien lo que se juega en esa serie polvo/barro/tierra. Por un lado el afeite, la forma, el artificio. Por otro, la potencia sexual, generativa, de la materia orgánica. Por último, la muerte, la descomposición, el retorno a la tierra. A esto habría que agregar dos cosas. En primer lugar, la tierra opuesta al territorio, como fuerza de desterritorialización que, en el caso de Perlongher, opera fundamentalmente sobre la lengua —por eso, no es ocioso su exilio en Brasil, ese verdadero Otro latinoamericano, y su portuñolización del castellano: en ese sentido, la suya es una poesía de la tierra, pero nunca telúrica—. En segundo lugar, y en estrecha relación con lo anterior, el barro como mezcla. Aquí también se verifica fundamentalmente en el plano lingüístico: de lenguas y registros, de lo alto con lo bajo, de lo oral con lo escrito, etcétera.

En Perlongher se mezclan y articulan los diversos sentidos de lo barroso, y lo vivo y lo muerto se reúnen bajo el signo de lo orgánico: se trata de un proyecto *radical*, en el sentido moderno pero también, literalmente, en el etimológico. Esta vuelta anacrónica a la tierra, sin embargo, no es un acto de nostalgia. A este respecto, en *The Dominion of the Dead*, Robert Pogue Harrison señala la importancia de estudiar las zonas de contacto entre la vida y la muerte, "a fin de exhumar lo que llamo los fundamentos húmicos de nuestros mundos vitales. Un fundamento húmico es aquel cuyos contenidos se encuentran enterrados para volver a desenterrarlos en el futuro. Lo húmico guarda en su elemento conservador la historia inconclusa de lo que ocurrió (2005, x). Esos fundamentos húmicos son, para Harrison, los cimientos de lo humano. Para esto, se apoya en Vico, que encuentra en la etimología latina de *humanitas* el verbo *humare*, enterrar. Ser humano, entonces, dirá Harrison, es una forma de relacionarse con los muertos, y de enterrar. Y sin embargo, la muerte no se opone a la vida:

Nietzsche declaró: "Cuídense de decir que la muerte se opone a la vida. Lo vivo es apenas una forma de lo muerto, y una forma muy rara" [...] Puesto que la tierra hace millones y millones de años reabsorbe a los muertos, ¿a esta altura quién puede distinguir entre el recipiente y su contenido? (1-2)

Se podría decir que hay en Perlongher una obsesión por la materia cadavérica que se liga con las teorías de Harrison, en el sentido en que lo vivo y lo muerto entran en una zona de contigüidad que a menudo los vuelve indistinguibles. Esta obsesión no opera únicamente en el plano del ritmo y de la lengua. También se manifiesta en una serie de textos sobre los cadáveres patrios, en los que éstos, por lo general, no acaban de morir y viven una entrevida de algún tipo: los poemas "El cadáver" y "El cadáver de la nación" y la prosa "Evita vive", todos sobre Eva Perón; además, por supuesto, de "Cadáveres", su poema más abiertamente político, que sin embargo el propio Perlongher se ocupó de desmarcar de la poesía social: "'Cadáveres' podría incluirse en un grupo de textos que dijeran algo sobre la guerra sucia, pero no creo que estuviera muy cómodo entre esos textos. Yo no voy a asumir esa postura del poeta social. Hay siempre que irse para el otro lado, tender líneas de fuga" (Chitarroni 1983).

La misma circunstancia de escritura del poema tiene que ver con una línea de fuga. Perlongher escribió "Cadáveres" en un largo viaje en ómnibus a San Pablo en 1982, en un momento en que la noche y la niebla parecían empezar a disiparse lentamente y los muertos de la dictadura comenzaban a aparecer por todas partes. El poema parece replicar este alejamiento, y comienza con una descripción de un descampado, límite entre el campo y la ciudad:

> Bajo las matas
> En los pajonales
> Sobre los puentes
> En los canales
> Hay Cadáveres (2012, 79)

Esta sensación de inevitabilidad se ve enfatizada por la rima, un elemento poco usado por Perlongher. Muy pronto acaban casi por completo las localizaciones geográficas: la referencialidad del poema empieza a enloquecer, y los cadáveres pasan a encarnarse literalmente en cualquier parte. Por este magma lírico, desfila una larga galería de mujeres *infames*, en el sentido de Foucault: profesoras, costureras, manicuras, abuelas, yernas y matronas casadas, todas igualadas en estado permanente de deseo cuya expresión va desde el guiño modernista hasta la explicitud más absoluta. Como afirma Jorge Panesi, la lengua deviene "loca", tanto en sentido clínico como en términos de identidad de género: como desquiciamiento y como performance artificializada de lo femenino. A propósito, el mismo Panesi nota: "La regularidad de los versos, su recursividad regulada parece lo contrario de la locura, pero justamente los esquemas de la razón esconden monstruos. Cuando una lengua se vuelve loca deja salir a los monstruos, los desata, los desvela" (2013, 1).

La regularidad alucinada pero flexible de los heptasílabos y los endecasílabos, antiguos componentes de la silva gongorina, no solo evita la disgregación formal del poema, sino que en su potencia sostenida conduce la carga libidinal de esa lengua enloquecida. En este contraste entre forma recurrente y contenido desatado está el "poner el cuerpo" del que hablaba Palmeiro: extremar la materialidad erótica del lenguaje poético, cargar la lengua con una proliferación delirante de imágenes sensoriales, enhebradas sin embargo por un latido rítmico que, si bien se hace más tenue por momentos, impide su desintegración.

"Cadáveres" lleva este poner el cuerpo hasta su límite, precisamente porque todo el tiempo se recuerda la ausencia de los cuerpos. Si en Martínez de Hoz la anáfora señalaba el vínculo indisoluble entre "libertad" y "eliminación", el estribillo de Perlongher, con el verbo repetido en su conjugación impersonal, insiste en esta falta que se vuelve presencia: ¿cómo poner el cuerpo cuando se trata de cuerpos que —en palabras de Videla— "no están ni vivos ni muertos, están desaparecidos"? El poema se aleja del testimonio histórico y la denuncia, y se propone, en cambio, *trasladar* —traducir— esa materia ausente de los cuerpos de los desaparecidos a la materialidad corpórea de un lenguaje erotizado. En esa lengua —y esto se hace evidente en el recitado del propio Perlongher— el dolor se confunde con un teatral gemido de placer: ¿es "Hay cadáveres" o "Ay, Cadáveres"? Seguramente las dos cosas a la vez. Como dice Panesi con Perlongher: "En la poesía, la historia se pone a delirar; poesía e historia alucinan, deliran juntas en una condensación corporal, o según lo dice él mismo: 'se trata en el plano de la escritura de hacer un cuerpo'" (2013, 5).

En "Cadáveres", la lengua merodea lascivamente en torno a lo que falta, y al insistir en esa ausencia le da espesor y cuerpo, a la vez que lo reinscribe en la historia, y permite conmemorar aquello que se ha visto privado incluso de su derecho a ser recordado. Toda esa charla aparentemente insustancial y frívola pero cargada de deseo, en boca de una galería de personajes que parecen apolíticos y obedientes al imperativo del régimen ("mejor no te metás"), está tejida con los restos diurnos de la noche y la niebla de la dictadura, y cristaliza en un estribillo que, junto al "en" anafórico que el poema repite sin cesar, devuelve a esos cadáveres a una ubicua entrevida:

> en ese soslayo de la que no conviene que se diga, y
> en el desdén de la que no se diga que no piensa, acaso
> en la que no se dice que se sepa...
> Hay Cadáveres (Perlongher 2012, 79)

En este devolver la vida, la presencia y el presente, en este "hacer un cuerpo" por medio de una lengua cuya vitalidad radica en su aprovechamiento del equivalente lírico de la materia cadavérica, con su uso delirante pero riguroso de técnicas y tradiciones anacrónicas, está el gesto político de Perlongher.

Con sus confusas Torres de Babel, su perversa aritmética y sus operaciones —quirúrgicas pero sobre todo metafóricas—, el barroco de Estado de la lengua oficial y los discursos públicos encubría a la vez que exhibía impunemente las políticas de eliminación que habían hecho posible la "libertad" de la que ahora gozaban los mercados. A ese barroco público y su niebla evanescente, Perlongher le opone una *necropoética*, material y barrosa, que debe ser entendida en los términos en que Ovidio representaba el mito de Orfeo. En su etimología —*nekrós* es cadáver y *póiesis*, creación— vuelven a resonar esa voz extinguida y esa lira incorpórea. La lírica está muerta, como dirán la década siguiente en un sentido distinto los poetas del 90; pero, para Perlongher, tal vez en consonancia con la dimensión mística que su poesía adoptaría más tarde, es un gólem hecho de esa misma tierra, con su multiplicidad delirante de restos y sedimentos que aseguran su fertilidad.

3

Neoliteralismo

El 29 de diciembre de 1990, por medio del Decreto 2741/90, el presidente Carlos Saúl Menem indultó a la plana mayor del Proceso de Reorganización Nacional, alegando el propósito de "crear las condiciones y el escenario de la reconciliación, del mutuo perdón y de la unión nacional" (Gobierno de la Nación Argentina). Así, Jorge Rafael Videla y Emilio Eduardo Massera, que habían sido condenados a prisión perpetua con destitución en el llamado Juicio a las Juntas de 1985, recuperaron la libertad, al igual que Roberto Viola, Omar Graffigna y Armando Lambruschini, que habían recibido sentencias menos severas. Además, mediante el decreto 2745/90, firmado el mismo día, Menem exoneró a José Alfredo Martínez de Hoz, que estaba procesado pero libre, tras pasar 77 días en la cárcel sin que pudiera probársele su participación en el secuestro extorsivo de los empresarios Federico y Miguel Gutheim. Finalmente, entre otros indultos de ese 29 de diciembre, Menem dejó en libertad a Mario Firmenich, líder de la organización armada Montoneros. Estos indultos eran el colorario "de las acciones iniciadas con el dictado de los decretos n.º 1002 y n.º 1003 del 6 de octubre de 1989" (Gobierno de la Nación Argentina), que habían exonerado a los jefes militares no beneficiados por las leyes de Obediencia Debida y Punto Final sancionadas por Alfonsín, así como a Leopoldo Fortunato Galtieri, Jorge Isaac Anaya y Basilio Lami Dozo, responsables de la Guerra de Malvinas, además de a los líderes guerrilleros y a los carapintadas que se habían levantado contra el gobierno de Alfonsín en 1987 y 1988.

En los considerandos del decreto se esbozaba una justificación, además de una advertencia: "Y el futuro que queremos inaugurar debe proscribir por igual a los mesiánicos de cualquier signo que pretendan sustituir a la voluntad popular" (Gobierno de la Nación Argentina). Sin duda se trataba de una nueva formulación de la teoría de los dos demonios, que consideraba equivalentes los crímenes cometidos por el Estado con los de la guerrilla armada. Sin embargo, también puede leerse en esa admonición el anuncio de un cambio de régimen semiótico, un nuevo patrón de equivalencias a tono con los tiempos del Consenso de Washington: la proscripción de cierto *mesianismo del signo* —la Torre de Babel, las máquinas barrocas, la lengua como campo de batalla—, con el advenimiento de un final de la historia sin Mesías ni conflictos de clases, según lo formuló por aquel entonces con agorero optimismo Francis Fukuyama —un futuro continuo que, como veremos, se acuñó simbólica y materialmente—.

A primera vista, se podría decir que si el régimen militar se había caracterizado por una profusión de operaciones retóricas de codificación y encubrimiento —eufemismos, metáforas, etc.—, la cultura política de Menem fue más visual que verbal, incluso exhibicionista. En cuanto a la palabra, sus discursos quedaron sobre todo en el recuerdo por sus ribetes absurdos: su cita de las "*Obras completas* de Sócrates", o cuando al inaugurar las clases en una escuela de la empobrecida localidad salteña de Tartagal anunció "un sistema de naves espaciales" capaces de llegar "en una hora y media a Japón, Corea o cualquier parte del mundo". Sin embargo, el riojano fue un orador eficaz, en particular por sus capacidades afectivas y rítmicas.

Respecto de esto último, en sus presentaciones públicas pueden distinguirse dos modalidades básicas: una eminentemente yámbica, con alta frecuencia de endecasílabos ("síganme, no los voy a defraudar", "un sistema de naves espaciales", "se van a remontar a la estratósfera"), y otra trocaica, a menudo octosilábica, sobre todo al defenderse de las críticas a su gestión ("¿Quién te ha dicho eso? ¡Ésos son rumores!"). Así, en su oratoria profusamente televisada —en la década de los noventa se privatizaron casi todos los canales públicos y llegó a la Argentina la televisión por cable, además de que gracias a la apertura irrestricta de las importaciones se facilitó el acceso a los aparatos a color—, Menem sintetizó las dos tradiciones métricas de la lengua, la elevada y la popular: la suya fue una alianza de clases por el ritmo.

Por otra parte, a diferencia del Proceso y su cínica defensa de la moral cristiana occidental, el menemismo no se caracterizó por ser un régimen conservador ni particularmente represivo, a pesar de haber beneficiado a sectores tradicionales y oligárquicos al profundizar las reformas neoliberales iniciadas por Martínez de Hoz. De hecho, el propio Menem venía de una familia musulmana, y se había convertido convenientemente al catolicismo para asumir la presidencia. En cuanto a la moral sexual, el presidente se prodigó en aventuras de público conocimiento que llevaron a la modelo, actriz y ocasional escritora Katja Alemann a acuñar una expresión que en aquel momento fue muy comentada: "el erotismo del poder". En relación con esto, en su prólogo a *Pizza con champán*, las aguafuertes de la periodista Sylvina Walger escritas durante el primer gobierno de Menem, su colega Joaquín Morales Solá condenaba el exhibicionismo menemista, sumándose al "cansancio moral de una periodista especializada en el rubro 'sociales' de la tilinguería nacional", como Walger describía su libro en la contratapa, a la vez que señalaba los efectos —desempleo, exclusión— de esa política económica:

> El menemismo fue un fenómeno inexplicable en la Argentina finisecularmente pacata. Gruesos sectores sociales —y no solo los que usaron y abusaron de las prebendas del poder— aceptaron con ostensible complacencia los estilos, los métodos y los códigos de una estirpe gobernante frívola, dicharachera y encandilada [...] El mal gusto —y la pertinacia en convertir a la noche, a todas las noches, en vacías horas de juergas— sería un pecado menor. En los días previos a la publicación de este libro se conoció que en la Argentina hay ahora más desocupados que en cualquier otro período de su historia. Millones de argentinos están condenados a elegir entre el hambre o la delincuencia dentro —o fuera— de un sistema que no previó ayudarlos, por lo menos, a optar por la honestidad. El contraste entre la cima fiestera y el zócalo social expulsado del trabajo y la producción es lo que resalta sobremanera en estas crónicas descarnadas. (Morales Solá 1994, 12-13)

Amén del decadentismo plebeyo que deploraban Morales Solá y Walger —quien sugerentemente le dedica su libro "a la generación del Ochenta, ilustrada y laica"—, el propio Menem hizo de su cuerpo, y en especial de su rostro y su proteico cabello, un laboratorio de experimentación visual. Podría decirse que, por sus constantes y a menudo sorprendentes cambios de imagen y transformaciones físicas, Menem fue a la historia del neoliberalismo latinoamericano lo que David Bowie a la del rock en inglés. Además de permitirse jugar al fútbol con la selección nacional y al tenis con Gabriela Sabatini —todo debidamente televisado—, Menem cultivó la amistad de Charly García, que en 1999 grabó un álbum de difusión limitada en la residencia presidencial de Olivos, titulado *Charly & Charly*. Según la crónica de *Clarín* (1999):

> Delante de una pantalla gigante en la que se veían spots publicitarios de la gestión de Menem, García se puso a tocar. Al improvisado escenario también subió Pipo Cipolatti, ex integrante de Los Twist, para presentar "Cerebrus", un tema del nuevo disco que están preparando juntos. Fue hipersurrealista, le dijo Charly a *Clarín*, mientras veía el video que grabó con su cámara. Y vale más que el de Pamela Anderson, bromeó. Según el cantante, Menem tarareó la letra de "Los dinosaurios".

La escena es, en efecto, por lo menos extraña, si no surrealista, como advierte García. "Los dinosaurios" era un himno contra la dictadura, y de hecho el propio Menem había sido encarcelado por el régimen durante cinco años, entre 1976 y 1981; sin embargo, amén de indultar a la cúpula militar golpista, la política económica de su gobierno, por entonces saliente, había continuado por la senda de Martínez de Hoz, cuya "tablita cambiaria" palidecía en comparación con la radical estrategia que adoptó al respecto el menemismo. De hecho, el ministro de Economía más destacado de la gestión de Menem —y más tarde impulsor del "corralito" previo a la crisis de 2001— había sido presidente del Banco Central en 1982, hacia el final de la dictadura. En relación con esto, al anunciar el tercer track del disco, Charly García bromea: "El próximo número se llama 'El peso', próximamente 'El dólar'". García se refiere, evidente e irónicamente, a la convertibilidad, pilar fundamental de la política económica menemista y, podría decirse, una teoría —y alquimia— de la traducción que inaugura un nuevo régimen de signos.

Menem había asumido la presidencia anticipadamente —el 8 de julio en vez del 10 de diciembre de 1989— tras la renuncia de Alfonsín en medio de una crisis hiperinflacionaria: entre marzo del 89 y marzo del 90, se registró una inflación anual del 11.000 % (Cavallo 2016). El primer año y medio de su administración se sucedieron tres ministros de Economía: primero Miguel Ángel Roig, que murió a cinco días de asumir, y luego Néstor Rapanelli, ambos ejecutivos de la multinacional Bunge y

Born; el tercero fue el contador —y amigo personal de Menem— Antonio Erman González. Ante la persistencia de la crisis, el 1 de febrero de 1991 se hizo cargo del ministerio el por entonces canciller, Domingo Felipe Cavallo, a quien se suele considerar el autor intelectual de la convertibilidad. Sin embargo, el primer impulsor del plan no fue el economista Cavallo, sino su amigo y abogado Horacio Tomás Liendo, hijo del ministro del Interior de la dictadura y padre de quien fuera director en comisión del Banco Central durante la presidencia de Mauricio Macri. Liendo había escrito su tesis doctoral sobre emergencia nacional y derecho administrativo, prestándole particular atención a la convertibilidad durante la presidencia de Carlos Pellegrini en 1890. Entrevistado por Alexandre Roig, señala Liendo:

> Me llamó la atención que no hubiese mucho conocimiento; es decir, hoy está muy difundido el conocimiento de la convertibilidad y muchos han recurrido a los antecedentes históricos, pero en ese momento, pese al nivel de los interlocutores, no había mucho conocimiento de la convertibilidad. Digamos: estamos en un mundo post-crisis de Bretton Woods, o sea, post-flotación, del setenta y pico, del 72, o sea, que era un mundo totalmente flotacionista y que no tenía estos conceptos. Lo tenían como una cosa antigua, arcaica, digamos, no muy sofisticada. (Roig 2016, 29).

Se trata de un plan temerario, incluso modernista en su renovación de un instrumento anacrónico, y paradójicamente ajeno en su origen a la ortodoxia neoliberal, aunque luego sería abrazado por el establishment. La idea era crear una nueva moneda convertible en dólares; es decir, que tuviera un respaldo material en una divisa que, sin embargo, había abandonado el suyo —el patrón oro— en la década de 1970.

Desde la campaña presidencial, el plan había entusiasmado a Menem, que tenía a Cavallo como interlocutor a pesar de que el economista había apoyado a su rival en la interna peronista, Antonio Cafiero. De todos modos, al asumir la presidencia, Menem se había decantado por un plan menos riesgoso: ofrecerle la cartera de Economía a un ejecutivo de la multinacional Bunge y Born, y nombrar a Cavallo como ministro de Relaciones Exteriores. Como recuerda Liendo:

> Y cierto era que desde un punto de vista de equilibrio político para un cambio como el que iba a protagonizar Menem, era bastante más conservador y más seguro confiar en un gran grupo económico como Bunge y Born que en el plan de un asilo de locos, como parecía la convertibilidad. (Roig 2016, 34)

La tercera crisis hiperinflacionaria, que explotó los primeros meses de 1991, precipitó los acontecimientos: había llegado la hora de implementar ese "plan de un asilo de locos". El proyecto del 89

> concebía una moneda inconvertible, el austral, que cumplía transacciones pasadas según un sistema de indexación de los precios, y el peso, convertible en dólar, que se ocupaba de los nuevos contratos, el pago de los impuestos, los servicios públicos y los salarios. En realidad, esta doble moneda puede descomponerse en tres. La del *pasado*, el austral, aunque muerta, permite administrar las deudas anteriores a la nueva; la del *presente*, el dólar, se emplea como unidad de cuenta y, en los casos de algunos bienes, como unidad de pago; la del *futuro*, el peso, cuya calidad se construirá por la ecuación que la une al dólar y por su uso en las nuevas transacciones de la economía. (32-33)

Sin embargo, en ese contexto de hiperinflación, donde el austral se había convertido en —prácticamente— una divisa muerta, "ya no era necesario mantener una moneda que permita administrar el pasado, era más bien cuestión de crear solamente una moneda estable, confiable hacia el futuro" (Cavallo y De Pablo 2001, 162). De esa manera, para discutir y diseñar el nuevo plan, la noche del 17 de marzo de 1991, el ministro se reúne en su casa con Liendo y el economista y sociólogo Juan José Llach —que es, además, el padre de Santiago, poeta de la generación del noventa y editor del importante sello Siesta—.

Uno de los primeros problemas que plantea Liendo es el de la indexación de los precios, y las compensaciones que exigirían quienes se vieran perjudicados por el cambio de modelo. La propuesta de Liendo es radical: eliminar la indexación, con el pretexto de que se trata de un nuevo régimen monetario, de naturaleza jurídica diferente: "La indexación, propia del sistema de la inconvertibilidad y de la inflación, es incompatible con una moneda convertible y estable, porque se acumularía una enorme masa de obligaciones repotenciadas, sobre todo al inicio". Cavallo, que según Liendo "estaba de pie" y, por la sorpresa, "se derrumba en un sillón", le responde: "Pero doblás la apuesta [...], porque, imaginate, estás en medio de una hiperinflación... Hemos tenido dos hiperinflaciones en un año y medio, ¿y vos me decís que prohibamos la indexación? Es algo realmente muy agresivo, muy revolucionario" (Roig 2016, 38).

La diferencia que introduce esta nueva versión del proyecto es revolucionaria y agresiva no solo por la eliminación de las indexaciones, sino porque introduce un quiebre histórico que inaugura una serie temporal que se separa violentamente del orden anterior. Se trata de crear, en palabras de Roig, "una moneda sin pasado" (2007), "una moneda orientada hacia el futuro: *una moneda eterna*" (2016, 35). El investigador francoargentino lo resume así:

> La moneda precedente exhaló su último suspiro. No quedaba, como en el primer plan, la oportunidad de que coexistieran la vieja y la nueva. Se suprimen las relaciones económicas pasadas (deuda e indexación de precios) y se funda una moneda investida plenamente de su relación con el futuro. (38)

El nombre de la nueva moneda ya estaba estipulado desde el 89, en el proyecto que al final no se aplicó. Menem quería que se llamara "federal", pero Liendo se opuso, argumentando que, dado que la moneda del país debería ser una institución permanente, sería un "cambalache" que cada presidente instaurase una distinta. Su propuesta, que Cavallo secundó, fue devolverle el nombre histórico a la moneda nacional —el peso "a secas", para diferenciarlo de otros que habían circulado en la historia argentina: el peso moneda nacional, el peso argentino, el peso ley 18.188, etc. (32)—. En ese sentido, mediante la elección del nombre, la nueva moneda se inscribía en la tradición al tiempo que tomaba distancia de ella: la simplificación era señal de un abrupto volver a comenzar, un grado cero del peso traducido y *aggiornado*.

Esa misma noche del 17 de marzo se determinó el valor de equivalencia de la nueva moneda, luego de una larga discusión. La cotización del dólar rondaba los 9000 australes, y Llach, que imaginaba una industrialización del país impulsada por el sector exportador, era partidario de un tipo de cambio alto que fomentara la competitividad. Cavallo, según Llach, "tenía en la cabeza la idea" —un poco cabalística, por cierto— "de sacarle los cuatro ceros y que quedara el uno a uno" (40). Liendo apoya a Cavallo y esgrime un argumento de orden simbólico. En primer lugar, recuerda que en el 85, con el Plan Austral, en un gesto que buscaba consolidar la restauración democrática, Alfonsín había decidido reemplazar en los billetes a los llamados "próceres" por los presidentes constitucionales.

En relación con esto, Liendo afirma que Alfonsín había engañado a la gente, al prometer el fin de la inflación, y a la vez que imprimiría papel moneda con la efigie de todos los presidentes elegidos democráticamente. Liendo señala que ambas promesas son incompatibles, dado que cualquier serie de billetes se compone de cinco, por lo cual para homenajear a todos los presidentes democráticos era forzoso devaluar la moneda; de hecho, al anunciarse la convertibilidad, ya existía un billete de un millón de australes. Precisamente, el de 10.000 tenía la imagen de Carlos Pellegrini, que en 1890 había lanzado la primera convertibilidad estudiada por Liendo en su tesis doctoral. Como relata Roig, el corolario del argumento del amigo y abogado de Cavallo no es precisamente técnico:

> Por eso saca su billetera, toma un billete de 10.000 australes y se lo muestra a Llach mientras le dice: "Escúcheme, acá está el billete de 10.000. ¿No ve, usted, que Pellegrini es el autor ideológico de este tema, el antecedente en el cual nos hemos inspirado? Y él está en el billete de 10.000… Así que ¿para qué vamos a seguir discutiendo?". "¡Pero no ves que Horacio tiene razón!", se entusiasma Cavallo. De esa manera más simbólica que económica, cuenta Liendo, se zanja la cuestión. "Y el tipo de cambio de la convertibilidad fue 10.000 a 1". (2016, 41-42)

En apariencia, la convertibilidad se plantea como la trasmutación de dos factores equivalentes: de ahí que se la conociera popularmente con el nombre de "uno a uno". Sin embargo, se trata de una ecuación más compleja y engañosa: en un contexto flotacionista, en primer término, se usa como respaldo una divisa que había abandonado el suyo, haciéndola equivaler a una magnitud de una moneda muerta que se elige con criterios más simbólicos que económicos; luego, como un gólem al revés, para insuflarle vida al nuevo peso se le borran cuatro ceros a ese número mágico estampado en la efigie de Carlos Pellegrini que —*traduttore tradittore*— pasa al billete de uno. Así, detrás de la supuesta equivalencia binaria, la verdadera fórmula se revela ternaria: uno es igual a diez mil que es igual a otro uno pero con la imagen del mismo; justicia poética mediante, al abandonarse la convertibilidad diez años después, tras la crisis de 2001, ese billete filosofal será el primero en salir de circulación.

Por lo demás, llevando la ironía hasta la obscenidad, durante la primera presidencia de Carlos Menem, Armando Gostanián, director de la Casa de Moneda, mandó a imprimir billetes con fines propagandísticos, sin valor monetario pero con papel de curso legal, en la misma imprenta —Ciccone Calcográfica— que confeccionaba los auténticos. Los *menemtruchos*, como se los llamó, tenían marca de agua como los verdaderos pesos, pero en vez de la efigie de Carlos Pellegrini reproducían la imagen —inflación capilar mediante— de su tocayo y ahora colega. Además, en lugar de número de serie, registraban la cédula de identidad de Menem, junto a la inicial de su apellido: 06.118.158 M. También sustituían el escudo nacional por el del Partido Justicialista, y junto a la estampa del mandatario se leía en mayúsculas, escandido verticalmente en tres partes, como los versos de un haiku literal y mal medido: UN VALOR / QUE ESTABILIZÓ / EL PAÍS. Finalmente, a diferencia del billete con la cara de Pellegrini, donde confirmando quizá su futura evanescencia tanto la denominación como la roseta a ambos lados de la imagen presidencial recordaban el esquema bicolor de las populares gomas de borrar Pelikan —azules y rojos apagados, divididos por una banda blanca—, el diseño de los *menemtruchos* usaba una paleta decididamente pop, en gamas más brillantes del azul en el anverso, y con dramáticos fucsias que hacían resaltar, como si fueran de neón, el número uno y la Pirámide de Mayo en el reverso.

El ejemplo parece anecdótico, pero sin embargo ayuda a ilustrar el nuevo régimen de representación que instauró el menemismo con la convertibilidad: una mímesis desplazada o desenfocada a la que podría caberle el mote de *neoliteralismo*. Si el llamado "uno a uno" era una operación de traducción, pretendidamente binaria y literal, entre dos sistemas monetarios que, en realidad, se fundaba en un tercer elemento —el cadáver de una moneda muerta—, el *menemtrucho* no era una falsificación sin más, ni siquiera una imitación. Por el contrario, era una versión, un *cover*, de la nueva divisa nacional, que reducía al absurdo esa relación de equivalencia y simetría entre elementos. Después de todo, para el nuevo peso, la tasa de conversión no respondía a un equilibrio económico, sino que había sido fijada de manera simbólica, autorreferencial y azarosa: un peso valía un dólar que valía diez mil australes solo porque Carlos Pellegrini, que había implementado la primera convertibilidad, casualmente era la imagen del billete que sería el patrón de equivalencia en la segunda. Así, el *menemtrucho* —que versionaba simétricamente, "uno a uno" pero en clave pop, todos los elementos del billete de un peso, desde el nombre de pila del presidente debajo de la efigie hasta los colores— parecía decir que lo único legítimo —y literal— en ambas traducciones era el soporte físico: el papel moneda que compartían los billetes, cuya evidente autenticidad, según afirman las versiones que circularon por aquellos años, habría movido a confusión a algunos comerciantes en países limítrofes, que habrían recibido *menemtruchos* —esa moneda hiperrealista— como si fueran pesos de verdad.

A este respecto, el filósofo francés Jean-Joseph Goux desarrolló las relaciones entre el cambio de régimen de propiedad que tuvo lugar a comienzos del siglo xx, que relaciona con la novela realista, y la inauguración de un nuevo régimen semiótico, que estudia en textos genéricamente híbridos de André Gide y Valery Larbaud. A su vez, considera que este cambio de régimen forma parte de la misma episteme que empieza a configurar la nueva teorización del signo lingüístico propuesta por Ferdinand de Saussure más o menos por la misma época, que Goux considera, análogamente, un sistema de valores diferenciales. Así, en el pasaje de la propiedad burguesa, material y localizable, a la abstracción desmaterializada del dinero, producto del advenimiento del capitalismo bancario, Goux observa una nueva relación del lenguaje consigo mismo y, por ende, de la literatura con sus materiales verbales:

> Podemos empezar a ver la lógica de este régimen socio-simbólico. La época del estructuralismo y del descarrilamiento de los significantes supone la dolorosa separación de las tres funciones que gobiernan la práctica de la sustitución. Lo que circula ya no es ni una medida ideal de valor ni un objeto respaldado por lingotes en un tesoro, sino un puro significante, una simple ficha, atrapada en

un juego indefinido de toma y daca. Así como en las operaciones bancarias el dinero ya no es materia con valor inherente (ni siquiera un vale directamente convertible para esa materia), sino más abstractamente un signo de escritura que remite a otros signos similares que median indefinidamente la transferencia de deuda, del mismo modo el lenguaje es un sistema de alusiones de significante a significante, un puro juego de valores. Ningún patrón trascendental (la idea) ni ningún tesoro real fácilmente disponible (la cosa) puede dar un centro y una referencia estable a esta estructura de referencias cruzadas diferenciales. (1988, 23)

Sin embargo, en un nuevo cambio de régimen (en el sentido político, económico y semiótico), y en aparente contradicción con estas ideas, en el arte y la cultura de la Argentina de los noventa predominaron manifestaciones que orbitaban —más lejos o más cerca— alrededor del realismo. Haciéndome eco de las formulaciones de Goux, considero que la engañosa relación de equivalencia entre el peso y el dólar fijada por la convertibilidad dio inicio a una configuración donde la moneda estadounidense funcionaba como un nuevo patrón que volvía a "materializar", aunque de manera solo aparente (o performativa), la inflacionada divisa argentina, pero también la manera de pensar el intercambio de valores, más allá del sistema monetario.

En efecto, en uno de los extremos de ese nuevo realismo se sitúan procedimientos como el que emplea César Aira en su novela *El congreso de literatura* (1997), que comienza ceñida a un código realista que se va devaluando —lentamente al principio y luego con un ritmo acelerado— hasta estallar. Más cerca de la mímesis en el sentido clásico, durante aquellos años apareció también el "nuevo cine argentino", una de cuyas líneas más practicadas —en parte a causa de las limitaciones materiales— se caracterizaba por un áspero realismo de bajo presupuesto.

Esas películas —de las que la exitosa *Pizza, birra, faso* (1998) tal vez sea el ejemplo más conocido— a menudo estaban protagonizadas por actores no profesionales, un gesto que buscaba documentar la emergencia de sectores sociales cada vez más nutridos y castigados por la exclusión y el desempleo que Joaquín Morales Solá, en su prólogo a *Pizza con champán*, había acertado en señalar como las consecuencias de la convertibilidad, que sumada a la apertura irrestricta a las importaciones le había asestado un golpe mortal a la industria argentina. El barrio periférico —sobre todo las zonas del conurbano bonaerense más castigadas por la desindustrialización— también tuvo su crónica y su banda de sonido en las voces rasposas e hipermasculinas del llamado "rock barrial"; de todos modos, tal vez el heavy metal —por el anacronismo de su lírica y su obsesión con el virtuosismo técnico— haya sido el género musical que mejor expresó la nostalgia por la rápida desmaterialización del mundo del trabajo, encarnado en el nombre y en el peso —simbólico y sonoro— de una música que también se veía a sí misma como una cultura, una filosofía de vida y una forma de construir comunidad con la dura materia de una experiencia compartida.

Por lo demás, del otro lado de las fronteras epistemológicas del empleo, la marginalización extrema de las villas de emergencia se vio representada por la cumbia villera, en la que la absoluta falta de futuro que afectaba a los jóvenes de los asentamientos de emergencia se tradujo en un registro vocal inquietante que parecía una sobreactuación de la pubertad. Amén de la violencia explícita de sus letras, con su tropicalismo barroso —el tenso clima festivo, la adaptación descolocada de la cumbia colombiana, los graznidos de pájaros que se convirtieron en una marca de género— la cumbia villera le prestó testimonio a la progresiva latinoamericanización que vivía el país, al menos en términos del crecimiento cada vez más acelerado de la desigualdad social y la violencia.

La celebración del postergado encuentro con América Latina es uno de los temas principales de Washington Cucurto, seudónimo del poeta, narrador y editor cartonero Santiago Vega, que llamó a su poética "realismo atolondrado". Muchos de sus poemas y ficciones transcurren en el barrio porteño del Once, tradicional reducto de la comunidad judía y lugar de reunión de sucesivas oleadas de inmigrantes: peruanos, bolivianos, coreanos, chinos y —más recientemente— dominicanos, a quienes Cucurto les presta especial atención. Precisamente, Cucurto es uno de los representantes más conspicuos de la llamada "generación del noventa", un grupo heterogéneo de poetas que gozó de mucha visibilidad durante aquellos años, así como en la década siguiente, dando lugar a numerosas antologías y estudios críticos, el último de los cuales apareció muy tardíamente, en 2012. A pesar de la diversidad de las voces agrupadas por la crítica en el armado de esa generación, y además de la impronta realista, un rasgo que la mayoría de estas escrituras tiene en común es el desinterés por —o incluso la impugnación de— tradiciones poéticas de más largo alcance, al igual que los recursos rítmicos del metro y de la rima, que ya estaban en retroceso, y que Perlongher había rescatado la década anterior con los fines que hemos estudiado. Como observan Daniel García Helder y Martín Prieto, tal vez los principales impulsores teóricos de la llamada generación del noventa

> son poetas de la sincronía. Ya no pretenden tener, o no se conforman con tener, una conciencia acabada de la poesía universal, como los poetas de las generaciones anteriores. Su coeficiente artístico no deberá medirse, por lo tanto, por su nivel cultural ni por el largo de sus raíces en la tradición, sino más bien por su grado de aprehensión del *Zeitgeist* y su capacidad de transformarlo en arte concreto: versos, estrofas, imágenes, escenas, delirios. (García Helder y Prieto 2006, 106)

Más adelante agregan: "El tiempo de la poesía argentina de los noventa es el presente, ni el pasado, ni, menos aún, el futuro" (108). Amén de realista, es una poesía presentista: esa sensación de inmovilidad, de abrumadora sujeción a la experiencia del presente, se dejó sentir con fuerza durante aquellos años; y frente a la avanzada neoliberal, contra la frivolización de la política y de la vida pública y la destrucción de las instituciones, una vía posible de resistencia era adoptar, irónicamente, esa frivolidad y desfachatez para denunciarlas, dirigiéndolas contra la Poesía entendida como institución espectral.

Alejandro Rubio, uno de los poetas más señeros de la generación, en su arte poética consignada en la antología *Monstruos*, llegó al extremo de extenderle un certificado de defunción a la lírica:

> La lírica está muerta. ¿Quién tiene tiempo, habiendo televisión por cable y FM, de escuchar el laúd de un joven herido de amor? Los que extrañan celebran ritos de conmemoración tan aburridos como un 25 de mayo, donde lo que antaño fue presencia se convierte en un fantasma desleído, que mendiga de los vivos un poco de atención póstuma. Se podría decir que estamos en tiempos de barbarie y que es deber de los poetas mantener encendida la llama para un

> futuro mejor. Habría que responder que la lírica no fue un espíritu, sino una manifestación social, y que valdría más la pena apostar a una nueva posición ante el lenguaje en la que entren en cuestión los rasgos de la contemporaneidad. Esa es, al menos, mi apuesta y la de otros poetas que publican o no, y que esperan una lectura que destaque en ellos lo nuevo, aunque lo "nuevo" sea a veces sólo una mirada perversa hacia la tradición. El cadáver de la lírica, en efecto, puede abonar una tierra baldía. (Rubio 2001, 160)

A casi veinte años del diagnóstico, lo primero que llama la atención es cuánto envejecieron los adelantos técnicos que el autor de *Música mala* esgrime como ejemplos de la obsolescencia de la lírica, que —dicho sea de paso— no define. Si la entendemos en sentido etimológico —poesía compuesta para ser acompañada de instrumentos de cuerda—, a la luz del presente —premio Nobel a Dylan y demás—, la sentencia de Rubio no destaca por su clarividencia. Por otra parte, también es llamativo que en una misma década, además del "fin de la historia" que pregonó Fukuyama, "mueran" también dos modos de representación del valor: una moneda y una lengua poética. En cualquier caso, la sentencia de muerte, sin importar si la creemos póstuma o prematura, sirve para ilustrar tres puntos de tensión que suelen repetirse en la poesía de los noventa: las relaciones con la historia —el pasado y el presente, la memoria y la política—; con la lengua y la técnica; y, en relación con éstas, y a menudo en contraste, la vista y la mirada.

Acerca de la lengua y la mirada, en una formulación ya clásica —aunque a veces criticada por reductora— Edgardo Dobry enfrenta a "neobarrocos" de los ochenta con "objetivistas" de los noventa:

> [D]e modo que es muy difícil no pensar en la poesía argentina de los noventa como una reacción contra esa estética [neobarroca]: se huye del neologismo culto hasta llegar al territorio opuesto, el de la lengua coloquial, al habla de la calle, al argot; y se tiende a formas bastardas, cercanas al slogan publicitario o a la canción popular. Si la poesía contemporánea que desciende de Mallarmé busca la esencia de la forma para salvar a la palabra de su devaluado uso cotidiano, los poetas argentinos de los noventa, en el extremo opuesto, prefieren escribir una poesía en sí misma devaluada. Su material

> será una palabra abiertamente desgastada: no el oro, sino el níquel de cantos carcomidos. (Dobry 2006, 121)

En una década signada por la estabilidad artificial de la moneda —para Roig, el emblema de un orden que quería mostrarse "inquebrantable"—, cuya otra cara era el derroche de la fiesta menemista y su liquidación de un sistema de valores —estéticos, morales—, esta poética de la devaluación parecía una forma de protesta y resistencia —una poesía sin respaldo en oro, sin esencias ni formas que pudieran garantizar *a priori* su valor. Por otra parte, si el régimen semiótico y político de Menem cifraba en gran medida su poder en la imagen, una "poesía de la mirada" —como la definió Ana Porrúa (2011, 83), refinando el concepto de Dobry— parecía particularmente indicada para combatirlo en su propio terreno: la mirada como ejercicio consciente y activo, enfrentado a la mera absorción de imágenes predigeridas.

Con respecto a la lengua, la técnica y la forma, a pesar de acercarse a menudo a la estética del rock —cuyas letras están casi siempre rimadas y ceñidas sin falta al metro del compás—, este grupo de poetas continuó la tendencia a escribir casi exclusivamente en verso libre: tal vez irónicamente a la continuada desregulación de la economía la haya acompañado la del verso; o quizá fuera todo lo contrario, la inflexible exigencia de una deuda contraída no con el pasado, sino con el futuro. En relación con eso, fueron años de fuerte endeudamiento con los organismos financieros multilaterales, en particular con el Fondo Monetario Internacional, que a cambio de los préstamos exigió medidas de austeridad fiscal, cuyas consecuencias debió soportar la población, un sacrificio que contrastaba drásticamente con la exuberancia de la clase gobernante. En sintonía con esto, en la poesía esta demanda de austeridad se tradujo en la retórica. Como afirma Tamara Kamenszain,

> [i]ntentando despegar la escritura poética de su herramienta retórica por excelencia, la metáfora, ellos [los poetas del noventa] pretenden sortear tanto lo simbólico como lo imaginario, con el fin de acercarse lo más posible a lo que justamente la retórica falla siempre en representar: lo real. Si las cámaras de los *reality shows* vienen a apaciguar, con la tecnología de su maquinaria realista, el vacío que abre la imposibilidad de representar lo real, estos poetas parecen

> buscar todo lo contrario usando una maquinaria aparentemente idéntica. El *reality show* que montan en sus páginas está filmado con una cámara en mano por los propios protagonistas. Así, lo que era un espectáculo, se desinfla para dejar ver las cosas mismas o, mejor, lo que vive entre ellas. (2007, 120-121)

A pesar del despliegue argumental, e incluso metafórico, para explicar procedimientos que, en teoría, van en dirección opuesta, Kamenszain señala un importante punto de tensión: en un régimen de signos que pretende hacer pasar por literal lo metafórico, abolir la metáfora puede ser un acto de resistencia, una restitución de la auténtica literalidad. No parece casual que Kamenszain inscriba su argumento en una lógica inflacionaria: la otra cara simbólica de esa moneda falsamente estable es la inflación del espectáculo hiperrealista, que la nueva poesía vendría a "desinflar" mediante su abstención programática de la metáfora. En resumen: si en la fase inicial del neoliberalismo —la dictadura— la metáfora había sido un campo de batalla, en su etapa de consolidación —los noventa— paradójicamente la disputa parece haberse desplazado a una polémica por los sentidos de lo literal. En esa clave debe interpretarse la temprana defensa de García Helder —contra los neobarrocos— de una poesía "sin heroísmos de lenguaje" (1987, 25), donde resuena la voluntad oficial de proscribir a los "mesiánicos de cualquier signo".

La relación de la poesía de los noventa con la historia y la política es a veces distante pero siempre fascinada. García Helder y Prieto observan:

> La idealización del barrio, del pobre, de la mujer, de su cuerpo amado, del padre, de la causa justa, etc., fueron notas más bien comunes en las poéticas del sesenta. En las de ahora no hay, previsiblemente, ningún tipo de idealismo [...] [P]odría alegarse que esta mirada vagamente antiprogresista es a su vez un lugar común de los noventa. (2006, 112)

Aunque hay excepciones, como el justamente celebrado *Poesía civil* (2001) de Sergio Raimondi —que cierra la década con una elegía a la industria pesada y al sueño del país desarrollista, y cuyo potente anacronismo resultó anticipatorio de algunas ambiciones del proyecto de Néstor y Cristina Kirchner—, en general los poetas de los noventa se hicieron cargo de la derrota de las utopías sociales y los intentos revolucionarios. Más que antiprogresismo, se podría decir que hubo variaciones del nihilismo, desde las iracundas ("Me recontra cago en la rechota democracia", empieza un poema de Alejandro Rubio) hasta las más desafectadas.

Punctum, del por entonces jovencísimo Martín Gambarotta, ganador del I Concurso de Poesía Hispanoamericana de *Diario de Poesía* en 1995, posiblemente sea el libro que mejor desarrolló, desde la poesía, las complejidades que enfrentaban el pensamiento, la acción y —sobre todo— la lengua política en tiempos de convertibilidad y Consenso de Washington. Es un libro que —como señala Kamenszain— evita a toda costa la metáfora; y sin embargo es con frecuencia críptico, sin nunca ser barroco. Acerca de esto, el propio Gambarotta se desmarca de la férrea oposición, que se volvió canónica, entre objetivistas y neobarrocos:

> En un principio, los noventa se definen como antibarrocos; vuelve el "realismo" y el barroco es una boludez. Pero después empezás a confrontarte con los textos y aparece "Cadáveres" de Perlongher. Y leés *Austria-Hungría* de él y en esencia está lo que después pasó en la poesía de los noventa. En ese sentido, no hubo una negación del neobarroco en su conjunto. (Libertella 2011)

En cierto modo, *Punctum* es una reescritura de "Cadáveres", en el sentido en que Leónidas Lamborghini, uno de los referentes de Gambarotta, la piensa como distorsión y parodia. En este caso, es una versión distorsionada a la manera del punk:

> Y a nivel tonal —sobre todo en *Punctum*— hay una intención de hacer ruido, de distorsionar (que es un término que usa mucho Leónidas Lamborghini). Es más o menos el equivalente al gesto punk (aunque no exclusivo del punk) de enchufar tu instrumento y de una empezar a tocar. Y voy a agregar algo a lo que decías al final de tu pregunta: esa urgencia surgió precisamente de la necesidad de documentar el presente, el mundo de afuera que entra en la casa. (Ceresa 2010, 198)

Ese nihilismo punk, cuya consigna —*no future*— resonaba con urgencia en un contexto en que el pasado parecía borrarse y el futuro prometía repetir de manera abrumadora el presente, recorre todo el libro, y encarna en la figura recurrente de Sid Vicious, más que el bajista un ícono —y principal producto de *merchandising*— de la banda Sex Pistols, pionera del género en los setenta en Londres, donde Gambarotta —nacido en 1968— se exilió con su familia durante la dictadura militar. Ben Bollig (2014) señaló con astucia que el título del libro puede descomponerse en Punk-tum; en esa dirección, se podría agregar que el segundo elemento reproduce la onomatopeya del redoblante, cuyo ritmo machacón y acelerado caracteriza el género. Inteligentemente, Bollig también señala que los 39 fragmentos en que se divide *Punctum* pueden leerse como los escasos minutos que, de manera aproximada, dura un álbum de punk. Más allá de la ocurrencia, la observación es particularmente lúcida porque señala la complicada herencia modernista —en el sentido anglo— que atraviesa la obra y el pensamiento poético de Gambarotta.

Si el *Ulysses* de James Joyce ficcionalizaba, con un despliegue de virtuosismo y erudición verbal, veinticuatro horas en la vida de su protagonista, Leopold Bloom —un "A Day in the Life", en la versión sinfónica de los Beatles—, *Punctum* sería apenas un exiguo soundtrack punk de 39 minutos que musicaliza, con el ritmo entrecortado del zapping televisivo (Ceresa 2010, 197), la rutina y los flujos de conciencia, a menudo anodinos, opacos y tediosos, de una serie de voces —o de alias— que suele ser difícil distinguir: Cadáver, Hielo, el Guasuncho, Gamboa, Confucio [sic], Kwan-fu-tzu, entre otros. Por supuesto, la referencia de Gambarotta no es Joyce sino Ezra Pound, un modernista punk *avant la lettre*.

Las relaciones entre nihilismo y traducción se hacen un tema explícito hacia el final del libro, en el fragmento 37:

> En un acto lúcido los ingleses
> redujeron el nihil latino a nil
> que quiere decir nada
> y no cero. Pero nada se traduce por nothing
> y nulo por null, así
> hay una palabra en un idioma que queda sin
> su correlato en otro y
> si una palabra denota, en este caso,
> un estado, entonces hay
> estados que existen en y para un idioma

> y no en otro. Se podría decir
> que hasta las dimensiones de la nada son relativas
> al idioma que se habla. (1996, 94)

Como dice Ana Llurba (2009), "la experiencia de la traducción como correspondencia sin adecuación parece prosperar en la poesía de Gambarotta" (4). Habría que agregar que el bilingüismo es clave en Gambarotta, que pasó en Inglaterra algunos años de su infancia. En relación con esto, se podría decir que todo el libro está escrito en un "castellano punk", atravesado por el inglés, como afirma el fragmento 33 (1996, 89). Sin embargo, como se dice una y otra vez, no hay una relación de equivalencia entre las lenguas: "en inglés se puede estar sick o ill, / en castellano únicamente enfermo" (1996, 67). De esta manera, en un régimen de representación signado por la falsa paridad entre el peso y el dólar, analógicamente señalar que el castellano y el inglés son mutuamente inconvertibles es un gesto político, porque desnuda la relación entre esos dos sistemas de valores en apariencia independientes: la moneda y la lengua.

Sergio Raimondi (2007) encuentra precisamente ahí lo político en *Punctum*, y no en las abundantes referencias explícitas a la guerrilla armada de los años setenta, y Montoneros en particular, en el contexto de un consenso neoliberal. Es "una consideración y un trabajo continuo con la lengua como espacio de tensión" (1), que se ligan a "la experiencia de la lengua como patología" (2). Se trata, en cierto sentido, de la afasia como mecanismo de defensa, una objeción de conciencia, que se internaliza en el cuerpo, contra la relación convencional, de engañosa sinonimia, no ya entre las palabras y las cosas, sino de las palabras consigo mismas. Dice Raimondi:

> La posibilidad inequívoca que plantea *Punctum* en 1996 es que, transcurridos entonces quince años de la recuperación del "orden democrático", el orden impuesto por la última dictadura militar no se haya interrumpido definitivamente. Es una de las tesis básicas del proyecto de Gambarotta: la lengua ha sido ordenada y ese orden, en buena medida, persiste. Es decir: el estado contemporáneo de ese "idioma oficial" que sostiene el consenso neoliberal está constreñido y hecho a medida del orden económico, político

y social triunfante con la dictadura. Es exactamente el orden que sigue viendo el afásico que se despierta en las primeras páginas de Punctum "en el destello aguado de un aviso de yogur / que viene de la calle: / PORQUE LO MÁS IMPORTANTE DICE ES UNO MISMO". (3)

Raimondi insiste luego en la "dificultad constante para establecer los tiempos verbales adecuados". De esta manera, la potencia política de *Punctum* consistiría en señalar la continuidad, cuyas marcas pueden leerse en el "idioma oficial", entre órdenes semióticos y económicos en apariencia irreductibles política e históricamente. Así, la verdadera convertibilidad parece ser entre el barroco de Estado y el *neoliteralismo*, entre la dictadura y la fiesta menemista; e incluso con el individualismo narcisista y devaluado del new age que signaría, veinte años más tarde, el macrismo incipiente: "PORQUE LO MÁS IMPORTANTE DICE ES UNO MISMO". En relación con esta continuidad neoliberal, se podría agregar una teoría más sobre el enigma del título: *Punctum* como referencia a la Ley de Punto Final, sancionada por el gobierno de Alfonsín en 1986, que establecía la prescripción de los delitos asociados a la desaparición forzada de personas cometidos por agentes de la dictadura que no hubieran sido llamados a declarar antes de sesenta días corridos de su promulgación.

Es en estos sentidos —la traducción como inequivalencia; la continuidad entre órdenes aparentemente intraducibles— que *Punctum* es un *cover* de "Cadáveres". Como bien advirtió la crítica alemana Rike Bolte (2016, 51), el poema de Gambarotta es "una reescritura en negativo" del de Perlongher. Al estribillo afirmativo "Hay Cadáveres", Gambarotta le opone:

> No hay, no va a haber, no hubo
> no hubo, no, no hay, no va a haber
> ni hubiese habido si; no hubo,
> no hay, no va a haber, no,
> hubo, nunca, ni hay, ni puede
> haber, no hay, ni debe haber
> habido, no hay, no hubo,
> ni va a haber errores de línea
> en el cráneo, la curva perfecta

de los huesos frontales,
no hubo, no hay, mejor serie que Kojak. (1996, 26)

No hay aquí, sin embargo, oposición tajante y excluyente, sino complementaria; puede decirse incluso que hay un quiasmo: lo que era presencia de una ausencia se traduce en ausencia de una presencia. Precisamente donde el neobarroco Perlongher era literal, incluso epigramático, el —supuestamente— objetivista Gambarotta se vuelve gongorino, aunque en este caso sea con fines anticlimáticos, dado que la resolución de ese largo y sinuoso período sintáctico refiere a la serie *Kojak* en un momento que parecía anticipar un *revisiting* de "Cadáveres". Por lo demás, si *Punctum* es un *cover* —antes que una reescritura— de "Cadáveres", ¿cómo se representan esos cuerpos? En Perlongher, circulan por la lengua erotizada, que electrifica incluso el parloteo inane de los que se hacen eco del "mejor no te metás": literalmente, esa lengua se les mete en el cuerpo, los posee.

En Gambarotta, esa electricidad desempeña a menudo un rol inverso, haciendo funcionar los aparatos que anestesian las conciencias, las palabras y los cuerpos: la fría luz de una heladera abierta que ilumina productos importados, en clara referencia a la política económica de Menem (Gambarotta 1996, 41); los rayos catódicos que, a manera de sedante, emanan de las numerosas pantallas, que transmiten *Kojak* y *El gran chaparral* en doblaje artificialmente argentino —un policial y un western, que parecen referencias políticas no del todo veladas—.

En *Punctum*, estos cuerpos aparecen disciplinados por la anestesia neoliberal, como si la Ley de Pacificación Nacional, promulgada por el régimen militar para otorgarse una autoamnistía antes de dejar el poder, no hubiera sido derogada nunca y, en cambio, se hubiera hecho carne por fuerza de la anáfora:

La sangre: pacificada
más suero, en realidad, que sangre.
Suero pacífico por sangre
igual a sangre pacificada;
sangre con suero que anula
la sangre real. Las vías
respiratorias: pacificadas;

> los peces: pacificados; los huesos occipitales,
> también, pacificados. El cemento duro,
> que por definición es duro, de las edificaciones
> del estado: pacificado. Pacificada, además,
> la pupila dilatada a causa
> de una gota para los ojos.
> El parpadeo en el sopor
> ayuda al proceso de pacificación
> general del cuerpo. (49)

Además de los cuerpos, también se pacifican "el cemento duro... de las edificaciones del Estado". A continuación, Gambarotta agrega "los Altos Hornos Zapla", "las perforadoras", "las pulidoras de metal y otras herramientas"; es decir, el trabajo material y la planta productiva. Como observa Raimondi, en este "desarme meticuloso del mundo de la industria en la duración continua e inobjetable que se extiende entre las medidas económicas de Adolfo [sic] Martínez de Hoz y de Domingo Cavallo" (6) se cifra la correspondencia entre violencia, economía y subjetividad del neoliberalismo.

Por lo demás, en los setenta, el rock se había encargado de enseñar a escuchar y a leer entre líneas, un ejercicio de resistencia activa y una manera de movilizar los cuerpos disciplinados por la represión. El poeta y editor Santiago Llach afirma que en los noventa el rol, o al menos uno análogo, lo asume la poesía:

> En esos años se asistía también a la muerte del rock como discurso público, y en algunos de esos textos la energía transformadora de la vieja música satánica parecía condensada dando sus últimos frutos. Es probable que *Tuca* [de Fabián Casas] o *Punctum* hayan sido los mejores discos de rock de la época, los libros, quiero decir, que recababan con mejor pericia los efectos de escucha que en su momento podían haber generado en sus oyentes porteños *Abbey Road*, *Never Mind the Bollocks* o *Artaud*. (Fondebrider 2006, 193-194)

Llach le suma otra muerte —la del discurso público del rock— al velorio de zombis que fueron los noventa. En cualquier caso, es cierto que los poetas de esa década buscaron combatir "ese discurso latoso, lloroso de la marginalidad de la poesía", como dice Gambarotta, que acto seguido agrega: "Si hay algo de lo que no participó la poesía de los noventa es de eso, de la idea de que la poesía no circula, no se lee" (Vilela 2012). Es verdad lo que dice Gambarotta: hubo una radical renovación en la manera de editar los libros y hacerlos circular. Aparecieron ciclos de lectura y socialización, y cambiaron los formatos materiales: Siesta, el proyecto editorial de Marina Mariasch y el propio Llach, es un ejemplo muy notable, como también lo son Eloísa Cartonera y la bahiense Vox, entre otros. De todas formas, esa circulación siguió pasando sobre todo por el libro; la poesía —al menos en los términos a los que se refiere Gambarotta— siguió siendo un fenómeno fundamentalmente autónomo, libresco, aunque ahora los libros vinieran en un formato pop: otra versión, un *cover* con alegre desparpajo de, en esencia, algo bastante parecido.

Sin embargo, en la década, el fenómeno que articuló poesía con política de manera incomparablemente más poderosa, movilizando un aluvión de cuerpos, matizó en otro sentido —y con otros sentidos— la afirmación de Gambarotta. La poesía ya no se leía tanto como se la escuchaba; y, otra vez, esa escucha podía convertirse en un ejercicio de lectura que ofrecía una pedagogía sin manuales para los excluidos y reprimidos de la siguiente fase del neoliberalismo. Ese fenómeno se encarnó en una banda de rock, desbordándola por completo. Tal vez no sea casual que Gambarotta cite en *Punctum* unos versos de "Roxana Porchelana", precisamente una canción del grupo, de nombre estrafalario y enigmático: Patricio Rey y los Redonditos de Ricota, ese otro "fenómeno" —literalmente— "inexplicable en la Argentina finisecularmente pacata", como decía Morales Solá del menemismo.

Hay un libro extrañísimo, y a la vez riguroso a su manera, que ilustra los malentendidos y perplejidades que suelen suscitar los Redonditos. En *La cuadratura de la redondez*, Ariel Magnus se inventa un marco de ficción: un virus infecta su computadora y la lleva a un local en una galería atendido por un ruso que no habla, para que la repare; cuando se la devuelve, el narrador descubre que hay un archivo de más, "un documento con el nombre 'Para el pelado.edit'" (Magnus 2011, 9). Vuelve al local pero no encuentra al ruso, que resulta ser un "aventurero, un gordo tramposo", en palabras de un peluquero que trabaja en la misma galería.

El narrador al fin abre el archivo y se encuentra con el *opus magnum* inconcluso del licenciado Atila Schwarzman, "un profesor de filología clásica al que no se le conocían más pasiones musicales que una visita guiada al Teatro Colón de Buenos Aires" (13), que luego de una aventura amorosa con una alumna suya, fanática de los Redondos, asiste por primera vez a los 44 años a uno de los conciertos de la banda —una de las "misas ricoteras", como se llamó popularmente a los recitales— y queda *convertido*; por supuesto, en el sentido religioso y no en el monetario: "'Lloro por todos los pobres tontos que nunca fueron a un recital de los Redó', gemía con la compunción de un musulmán por quienes nunca visitaron la Meca" (14), le hace decir Magnus a Schwartzman. El grupo se disuelve sin que pueda asistir a otro concierto, y su novia lo deja, de manera que

> [a] fin de mitigar la ausencia de su amorcito, y ya picado por la pasión ricotera, que él juzgaba no muy distinta a la que debe haber sentido Champollion ante la piedra de Rosseta [sic], Schwarzman se propuso hacer una interpretación "completa y definitiva" de todas las canciones de los Redondos. (14)

Schwartzman, "nuestro criptógrafo", le dedica a su "obra" cada vez más horas: "Primero sus tiempos libres, luego sus horas cátedra" en la Universidad Nacional de Córdoba, "y por último hasta sus horas de sueño". Antes de ser recluido en un psiquiátrico, Schwartzman comenta sobre la tarea, mucho más complicada y absorbente de lo que había estimado: "Me sería más fácil reconstruir la obra de Heráclito a partir de los fragmentos que nos quedan de él que llegar al corazón de un solo verso del Indio".

Tras el prólogo, el libro es una exégesis de las letras de los primeros cuatro discos de los Redonditos de Ricota, atribuidas a Schwartzman. Lo primero que llama la atención es el marco anacrónico que tiene como objeto *descifrar* un fenómeno contemporáneo, que se compara con los grandes enigmas del pasado —la piedra Rosetta— y que presenta mayores dificultades de interpretación que la filosofía del más oscuro de los presocráticos. El marco ficcional es en sí mismo anacrónico, modernista en un sentido amplio: del *Early Modern* del Cide Hamete Benengeli cervantino a *Pale Fire* de Vladimir Nabokov. Las herramientas de interpretación de que dispone Schwarzman también parecerían obsoletas, aunque cubiertas de un pátina de anticuado prestigio: es filólogo clásico y enseña en la universidad pública. En segundo lugar, el propio Schwarzman tiene un nombre que es necesario —aunque sencillo— traducir y decodificar, y que refiere a una canción de los Redondos, "Rock para el negro Atila".

El nombre de pila del profesor cordobés refiere sin dobleces al temido caudillo de los hunos, que con sus huestes bárbaras sembró el terror durante veinte años en el siglo v de nuestra era. Más transparente aún es su apellido, que traducido del alemán significa "hombre negro"; Magnus, de hecho, estudió y vivió en Alemania. La clara referencia a la canción encarnada en el nombre del filólogo resulta sugerente —o sintomática—, porque reúne a los dos grupos populares históricamente marginados por el discurso liberal argentino: el "bárbaro" del siglo XIX —el indio, el gaucho, el negro—, y el "cabecita negra" peronista. Esa alianza de clases se extiende más allá del nombre del "criptógrafo": Schwartzman se enamora de una alumna de extracción popular que lo lleva a una misa ricotera donde tiene lugar su conversión.

Además, se nos dice que su única experiencia con la música previa al descubrimiento de su fe había sido una "visita guiada al Teatro Colón". La referencia es otra vez letrada: una inversión del argumento de *Fausto*, el poema de Estanislao del Campo en el que un gaucho —un "bárbaro" iletrado— asiste, sin comprender lo que está viendo y oyendo, a la ópera, la manifestación más prestigiosa de la alta cultura. Schwartzman tampoco lo comprende —y por eso se pasa el resto de su vida interpretando las letras—, y sin embargo *entiende* y se convierte.

El gran misterio de los Redonditos tiene que ver, en parte con sus letras, crípticas y cargadas de referencias nebulosas, cuyas posibles interpretaciones hasta el día de hoy, dos décadas después de la separación de la banda, sus seguidores siguen discutiendo en foros de internet, además de ser objeto de libros como el de Magnus. El humorista Diego Capusotto (2009), un crítico mordaz de los clichés del rock vernáculo, se rio en su programa de la poética de los Redonditos, y ofreció una receta para componer sus letras:

> Para hacer letras como los Redondos hay que hacer imágenes o metáforas. "Levantás manco tu mano sin saludo / el tetra soviet, Lenin de termidores / furia de troskos, suerte de trosko / se armó el cachengue en el puti-kiosco / Opa-uó-uó, opa-uó-uó / chupa trosko, chupa trosko / chupa mielcitas en el putiokiosco".

A continuación, Capusotto interpreta en son de burla:

> Esta letra puede hablar de utopías perdidas en este maremágnum de consumo, o simplemente puede tratarse de un quilombo que se arma porque pintó la hinchada de Laferrere en un maxikiosco, robaron todo y se pelearon con la yuta. Sin embargo, se puede cantar y hacer un pogo de éstos.

Además de parodiar "Masacre en el puticlub", un conocido tema de la banda —el único, por lo demás, que tiene videoclip—, Capusotto identifica con agudeza el principio constructivo de las letras de los Redonditos de Ricota: la acumulación de imágenes y, sobre todo, metáforas que, sin embargo, no acaban de cuajar en una alegoría cuya interpretación sea, si no unívoca, al menos evidentemente direccionada. Otro de los elementos que señala Capusotto son las referencias bolcheviques —Vladimir Lenin, los soviets, los trotskistas de la atomizada izquierda nacional—, que traduce burlándose: el lenguaje político grandilocuente de los Redonditos, "las utopías perdidas en este maremágnum de consumo", en realidad refiere a un enfrentamiento de unos barrabravas de un club de fútbol del ascenso con la policía, que sin embargo se puede cantar y bailar en medio del ritual entre festivo y violento del pogo.

Capusotto se ríe de las banderas políticas de la banda porque percibe una mentira, o al menos un desajuste. ¿Cómo podía ser que "una chica de clase media baja que no sabía qué hacer con su vida, iracunda y aventurera, con un rostro enigmático y un hijo demasiado pequeño al que casi no veía; un obsesivo precoz, hijo de un empleado de correo, con una verba apasionada con palabras prestadas de malas traducciones de novelas clásicas y beatniks; un guitarrista entusiasta que luchaba internamente por no ser arrastrado por los millones de su padre" (Del Mazo y Perantuono 2015, 19) se hubieran convertido en poco menos que líderes políticos de los nuevos expulsados por el orden neoliberal, y con una poética que ese público supuestamente no podía entender? ¿Cómo era posible que en una época signada por la desmovilización de la sociedad y el absoluto descrédito de la política —que unos años después se traduciría en la consigna "que se vayan todos"—, en un momento en que los únicos "militantes" parecían ser extras comprados por monedas para exhibirlos por TV, un grupo de rock con más raíces en las comunas, el situacionismo y los happenings de la contracultura que en el subsuelo de la patria sublevado pudiera reunir multitudes en todo el país, evitando durante mucho tiempo la Ciudad de Buenos Aires —tras la muerte de un seguidor, Walter Bulacio—, para celebrar actos políticos no tan encubiertos, que tomaban la forma de una misa pagana y llenaban rincones olvidados del país federal con cuerpos igualmente relegados?

La respuesta de Capusotto, en 2009, parece hacerse eco del nihilismo de la década anterior. De esa manera, cree detectar un engaño y, de paso, se hace cargo del estereotipo que los gobernantes y las fuerzas de seguridad diseminaron sobre los seguidores del grupo: que eran todos violentos, barrabravas, ladrones, marginales. Hay, efectivamente, una alianza de clases entre los Redondos y su público, pero no es la primera en la historia del país ni mucho menos. Además, los Redondos son ellos mismos una alianza de clases: la mánager, Poli, es de orígenes humildes; su pareja, Eduardo Beilinson, que recibió su apodo "Skay" de la artista pop Marta Minujín, es hijo de un millonario empresario platense de la construcción que fue secuestrado por una fracción del ERP a principios de los setenta; y Carlos Solari, el Indio, que combate con su imagen —y su falta de pelo— los estereotipos de la estética rocker, es un producto de la clase media. A este trío habría que sumarle al artista Rocambole, creador de la gráfica y las tapas de los discos; en el hecho de ser en cierto modo un colectivo también se distinguen de la ortodoxia del género, donde las bandas suelen presentarse como un grupo de músicos, en los que el vocalista —y a lo sumo el guitarrista— asumen un papel protagónico.

Los Redondos también son una pyme, que no reniega del negocio del rock, pero que quiere hacerlo a su manera y según sus propias reglas, siguiendo los preceptos de Rubens "Donvi" Vitale y sus Músicos Independientes Argentinos (M.I.A.), editando y produciendo sus discos y organizando sus recitales ellos mismos y limitando al máximo sus apariciones públicas, y desconfiando especialmente de la televisión, una desconfianza que sus letras no dejan de repetir. En ese sentido, llama la atención que durante el menemismo, que destruyó sistemáticamente a la pequeña y mediana empresa, en tanto tal los Redonditos hayan sido tan exitosos sin el concurso de los grandes empresarios y sellos discográficos. En efecto, el Indio Solari se hizo —abierta, y algunos dirían ostentosamente— rico, algo de lo que Capusotto pareciera burlarse señalando la supuesta mentira de su sensibilidad social.

Una de las respuestas a estos interrogantes ya ha sido formulada con distintas variantes, incluso por Solari: los Redonditos, que fueron en su origen una banda under, se convirtieron en un grupo *tomado* por su público en los noventa, cuando empezaron a seguirlos masivamente sobre todo jóvenes de los sectores populares que habían sido las principales víctimas de la exclusión neoliberal. Se podría decir que, anticipándose a cierta configuración post-2001 —casualmente el año en que se separaron—, los Redonditos son una banda *recuperada* por su público, como lo fueron algunas fábricas y establecimientos productivos, salvo que en este caso no se trataría de la producción de bienes materiales, sino la de sentido.

Otras posibles interpretaciones podrían considerar las potencialidades afectivas de esas letras y músicas, en su capacidad de hacer mover los cuerpos con el ritmo y así *movilizarlos*, tanto en lo emotivo como en lo político. A este respecto, entrevistado por el conductor y empresario Mario Pergolini para un documental titulado *Tsunami: Un océano de gente*, Solari afirma: "La lírica no es para ser entendida, no es un lenguaje filosófico ni reflexivo. Es un lenguaje rítmico. Es un lenguaje donde los silencios que hay entre línea y línea tienen que ser más importantes que las líneas que vos escribís. Es como un haiku". También podría decirse que las misas ricoteras, un poco a la manera de las nuevas iglesias evangélicas, movilizan una necesidad de fe —pagana en este caso— más acuciante aún en tiempos de descrédito político y retirada del Estado. Ese descreimiento y esa necesidad de fe, que llegaron en 2001 a sus niveles más desesperantes, fueron capitalizados por el kirchnerismo, uno de cuyos logros más importantes fue restablecer la creencia, que parecía totalmente desterrada, de que aún era posible cambiar la realidad a través de la política.

La cantante y compositora Isabel de Sebastián, integrante de las Bay Biscuit y Metrópoli en los ochenta, corista de Virus y Luis Alberto Spinetta e invitada ocasional de los Redondos, entre muchas otras bandas, lleva esta hipótesis afectiva más allá de las letras y su lenguaje críptico, analizando en cambio la colocación de la voz, que relaciona con otras manifestaciones que otorgan representación a excluidos del orden neoliberal:

> Lo que te decía del Indio es una extensión de cómo escucho la cumbia villera en Argentina: voces masculinas impotentes, estranguladas en la garganta por la tensión. Esto no llama la atención en un país donde por generaciones copiamos de nuestros padres y de la tele una inmensa tensión en el maxilar —ver pelis de los 30 o 40— y una pobre coordinación respiratoria. El Indio llega por mística y por letras, no por voz. (Comunicación personal)

Se podría matizar esta lectura: tal vez precisamente esa mística sea en parte un fenómeno vocal, y lo que las "bandas" —como Solari llama a su público— reciben desde el escenario sea una traducción de su propia tensión y de su propia voz estrangulada. Antes que un ritual jerárquico conducido por un sacerdote, la misa ricotera sería una inversión de la tradicional, con un desplazamiento del poder desde el púlpito al público.

Finalmente, podemos ensayar una interpretación complementaria acerca del supuesto misterio de las letras. Más allá de las diferencias de clase y de educación formal entre la banda y su público, sería condescendiente —pero sobre todo ingenuo— decir que los ricoteros no entienden el mensaje y por eso se empeñan fútilmente por decodificarlo. Por el contrario, igual que Atila Schwartzman, el peculiar personaje de Magnus, comprenden perfectamente. Se trata más bien de una variante de esa pedagogía del reprimido, esa lectura entre líneas practicada por los músicos de rock bajo la dictadura, sin libros ni instituciones como antes pero adaptada a la continuidad neoliberal que el nuevo público de los Redondos puede ver con nitidez, donde en medio de una crisis sin precedentes del empleo y la educación pública nadie parece estar dispuesto a ofrecerles ni a enseñarles nada; una pedagogía contra esa falsa literalidad de la experiencia menemista, adaptada a ese estar "atrapado en libertad", como decían los Redondos desde 1986 con profética, paradójica claridad, en "Preso en mi ciudad".

IV

Traficando estilo

1

Sobre la luz

La noche del sábado 10 de octubre de 2009, mientras la selección mexicana de fútbol festejaba un triunfo por 4 a 1 contra El Salvador, que la clasificaba para disputar el Mundial de Sudáfrica 2010, la Policía Federal Preventiva ocupó por sorpresa, y con gran despliegue de efectivos, los 489 centros de operación de Luz y Fuerza del Centro, el organismo público descentralizado que suministraba electricidad a la Ciudad de México —por entonces Distrito Federal—, así como a ochenta municipios del estado de México, dos de Morelos, dos de Puebla y cinco de Hidalgo. En palabras de un alto funcionario de la Secretaría de Seguridad Pública, "el operativo policial se hizo con el fin de evitar que los trabajadores *bajaran el switch* y dejaran sin luz a los 6 millones de usuarios" (Taniguchi 2010).

El celo preventivo del gobierno federal —recién al otro día el presidente Felipe Calderón firmaría el decreto de extinción de LYFC—, que al filo de la ley se aseguró de sofocar la posibilidad de una medida de fuerza improvisada, tenía un blanco claro: el Sindicato Mexicano de Electricistas (SME), que en su larga historia había sido uno de los más combativos del país, y que recientemente había sufrido intentos de desestabilización por parte de las autoridades nacionales, primero mediante la financiación de un candidato adicto durante la última elección de autoridades sindicales, y luego a través del secretario del Trabajo, Javier Lozano Alarcón, quien tras la derrota de la fórmula patrocinada por el gobierno desconoció el resultado de las elecciones, negándole la toma de nota al secretario general electo, Martín Esparza Flores (Sánchez 2010).

Fundada en 1914 por trabajadores de Mexican Light & Power, la empresa canadiense que obtuvo la primera concesión del suministro eléctrico en el Valle de México, en su larga historia el SME se había caracterizado por sus altos niveles de democracia interna y autonomía —tanto frente al Estado como a los partidos políticos—, además de por la intensa militancia de sus miembros, que a su vez redundaba en una gran capacidad de convocatoria y movilización. En contraste con otras entidades gremiales con un número similar de afiliados, organizadas según el modelo *corporativo estatista* —que por su estructura jerárquica y sus relaciones con los gobiernos de turno resultan de más fácil cooptación—, la investigadora Graciela Bensusán caracteriza al SME como un *sindicato de movimiento social*, destacando el "enorme peso [de la] identidad colectiva sustentada en la memoria histórica de los trabajadores, con sus raíces provenientes del anarco-sindicalismo, dentro de la cual el contrato colectivo de trabajo y la idea de que nada de lo adquirido puede ser afectado, tienen un lugar central" (Bensusán 2005, 554-555).

Esas raíces y esa identidad quedaron plasmadas para la posteridad en el mural "Retrato de la burguesía", encargado por el SME a David Alfaro Siqueiros, quien para su realización reunió a un colectivo de artistas mexicanos y republicanos españoles emigrados a México durante la Guerra Civil. La labor comenzó en 1939 bajo la dirección de Siqueiros, pero luego de una serie de desavenencias internas, y en mayor medida debido al exilio del célebre muralista mexicano tras liderar un intento fallido de asesinato contra León Trotski en su casa de Coyoacán, debió encargarse de terminar la obra el valenciano Josep Renau.

Por otra parte, a instancias de Siqueiros, el proyecto inicial había sufrido profundas modificaciones para seguir las directrices de la Internacional Comunista tras la firma del pacto de no agresión entre Adolf Hitler y Iósif Stalin en agosto de 1939, bajándole el tono a la crítica al fascismo que expresaba en su forma original, que luego Renau restauraría al terminar la pieza en solitario en 1940 por encargo del SME, expresando a su vez la negativa del sindicato a seguir lineamientos partidarios; y según la historiadora del arte Jennifer Jolly (2008, 151), haciendo de un mural comunista uno anarquista, al menos en los términos en los que el propio León Trotski, André Breton y Diego Rivera, en el contexto del totalitarismo estalinista, abogaban por un "régimen *anarquista* de libertad individual" (184) para el arte, en un manifiesto de 1939 atribuido a los tres pero firmado únicamente por Breton y Rivera.

El impresionante mural de cien metros cuadrados aprovecha el cubo de las escaleras principales del edificio funcionalista en que se ubica —la sede principal del SME, del número 45 de la calle Antonio Caso, en la Colonia Tabacalera de la Ciudad de México—, para involucrar a los espectadores en una representación dinámica del ascenso conjunto de los fascismos europeos y el imperialismo estadounidense bajo el signo de la industria bélica, de la mano invisible del capital transnacional que transforma en el centro de la imagen, mediante una prensa metálica con expresión y tentáculos de pulpo, la sangre de los obreros —representados bajo tierra en el margen inferior— en monedas de oro.

A manera de antítesis, al subir por las escaleras puede observarse en el techo otra imagen que contrasta por su luminosidad con la sombría pieza que ocupa la pared central: chimeneas fabriles y torres de alta tensión que se levantan sobre vagones ferroviarios y apuntan en vertiginoso escorzo a un cielo diáfano; y, en una de las torres, la bandera del SME se recorta contra el sol, que es el punto de fuga donde converge la perspectiva, simbolizando el triunfo revolucionario del trabajo contra la alienación capitalista. Por lo demás, en esta escena triunfal que se despliega en el techo del cuadríptico llama la atención la ausencia de figuras humanas y, en consecuencia, que los trabajadores no aparezcan representados de manera directa, sino a través de la técnica.

Si bien la magnitud de sus victorias había sido un poco más modesta, por más de cuatro décadas el SME había logrado resistir los ataques que habían puesto en jaque su existencia. En primer lugar, al déficit operativo al que había sido forzada la Compañía de Luz y Fuerza del Centro, antecesora de LYFC, que había sido superavitaria hasta 1973, año en que se la obligó a comprarle el 90 % de la energía eléctrica a la Comisión Federal de Electricidad para luego venderla a menor precio (Bensusán 2005, 544). El fuerte endeudamiento acumulado dejó a la paraestatal en "estado de liquidación" hasta 1994, año en que la compañía fue disuelta y homologada en Luz y Fuerza del Centro, luego de la "concertacesión" (Belmont 2012, 337) iniciada por el dirigente Jorge Sánchez (1987-1993), que a cambio de que se levantara la liquidación y se reestructurara la empresa aceptó someter al sindicato a convenios de productividad y aumentos salariales vinculados a metas, según la doxa económica de la época.

En segundo lugar, el programa de acción del SME había llevado a cabo "una crítica frontal al modelo económico neoliberal" (Bensusán 2005, 550), y en particular a los sucesivos intentos de privatización y reforma energética promovidos por el gobierno federal con el apoyo de diversos *think tanks* y grupos de presión (Vargas 2015), a pesar de que la industria eléctrica había sido nacionalizada en 1960, y aunque la Constitución mexicana (1917) afirmase que

> [c]orresponde exclusivamente a la Nación la planeación y el control del sistema eléctrico nacional, así como el servicio público de transmisión y distribución de energía eléctrica; en estas actividades no se otorgarán concesiones, *sin perjuicio de que el Estado pueda celebrar contratos con particulares en los términos que establezcan las leyes*, mismas que determinarán la forma en que los particulares podrán participar en las demás actividades de la industria eléctrica. (artículo 27, énfasis mío)

La atribución estatal de celebrar contratos con privados según los términos fijados por las leyes le sirvió de subterfugio al gobierno de Carlos Salinas de Gortari (1988-1994) para llevar a cabo la primera "apertura simulada" del sector eléctrico. El sindicato liderado por Sánchez, forzado a transigir ante el gobierno luego de las casi dos décadas que la Compañía de Luz y Fuerza del Centro arrastraba en estado de liquidación, no se pudo oponer a la Reforma de la Ley de Servicio Público de Energía Eléctrica de 1992, que tuvo lugar en el marco de las negociaciones previas a la firma del Tratado de Libre Comercio de América del Norte (Belmont 2012, 341-344). En realidad, se trató de una privatización parcial y encubierta, que apeló una vez más a un subterfugio; en este caso, la ampliación de las actividades que no debían considerarse de servicio público:

> No se considera servicio público: I. La generación de energía eléctrica para autoabastecimiento, cogeneración o pequeña producción; II. La generación de energía eléctrica que realicen los productores independientes para su venta a la Comisión Federal de Electricidad; III. La generación de energía eléctrica para su exportación, derivada de cogeneración, producción independiente y pequeña producción; IV. La importación de energía eléctrica por parte de personas físicas o morales, destinada exclusivamente al abastecimiento para usos propios; y V. La generación de energía eléctrica destinada a uso en emergencias derivadas de interrupciones en el servicio público de energía eléctrica. (Ley de Servicio Público de Energía Eléctrica, artículo tercero 1992)

En rigor, la generación para autoabastecimiento ya había sido desvinculada del servicio público en 1975, al igual que la generación y cogeneración de emergencia, permitida en 1983 (Comisión Federal de Electricidad). Entre los nuevos incisos, el segundo y el tercero son particularmente ambiguos respecto de la naturaleza de esa "producción independiente"; en la práctica, y a pesar de las prevenciones constitucionales, la reforma abrió el sector a permisionarios privados de diferente escala, que llegaron a hacerse con una importante cuota del mercado eléctrico.

En años subsiguientes, el SME siguió luchando contra los intentos, cada vez más frecuentes, de profundizar la liberalización del sector. En 1999, cuando el presidente Ernesto Zedillo le presentó al Congreso una propuesta de Reforma a los Artículos 27 y 28 de la Constitución, el sindicato se puso a la cabeza del Frente Nacional de Resistencia contra la Privatización de la Energía Eléctrica. La reforma no prosperó, como tampoco lo hicieron las iniciativas presentadas durante el sexenio de Vicente Fox; y si bien Felipe Calderón consiguió que se aprobara la suya en 2008, el proyecto final se vio acotado a raíz de la fuerte oposición. De todas maneras, la "privatización simulada" de la energía eléctrica continuó su avance. Según Edgar Belmont, especialista en sociología energética y experto en el conflicto entre el Estado mexicano y el SME, en 2009 —año de la liquidación de Luz y Fuerza del Centro—, los productores privados contaban con autorización para generar y comercializar 27.000 Mw, mientras que la capacidad instalada de la Comisión Federal de Energía era de 38.927 Mw. Es decir, el 45 % de la electricidad era producido por operadores privados (Belmont 2012, 335), lo cual si bien era un porcentaje elevadísimo para un país donde la energía era constitucionalmente un servicio público bajo monopolio estatal, todavía dejaba un amplio margen para la entrada de nuevos capitales, como en efecto ocurrió tras la desaparición de Luz y Fuerza del Centro y, en particular, tras la Reforma Energética introducida por Enrique Peña Nieto en 2013. Además de abrir todas las áreas y actividades del sector energético a la iniciativa privada, modificando artículos fundamentales de la Constitución —el 25, el 27 y el 28—, la Reforma de 2013 cambió el régimen jurídico de la Comisión Federal de Electricidad, así como de PEMEX, la petrolera estatal, que dejarían de ser organismos descentralizados para convertirse en "empresas productivas del Estado" y, en consecuencia, verse forzadas a competir con compañías transnacionales (Vargas 2015, 121).

Además de desactivar la oposición del SME —que siguió resistiendo como pudo y, luego del rechazo de su amparo ante la Corte Suprema, acabó reinventándose como cooperativa en 2015—, la extinción de Luz y Fuerza del Centro dejó el astronómico saldo de 44.514 trabajadores despedidos. Precisamente, la estrategia empleada por el gobierno de Calderón —esbozada en los considerandos del decreto (SEGOB) que disolvió el organismo descentralizado, y que una campaña mediática profundizó en días subsiguientes— fue responsabilizar de manera directa a los trabajadores por las fallas y la ineficiencia del servicio, como si los inconvenientes técnicos no fueran consecuencia de la desinversión y de las decisiones políticas que a lo largo de décadas habían arrastrado a la empresa a una situación crítica. Así, por un lado se los culpaba de la insatisfacción de los usuarios en cuanto consumidores; y, por el otro, del supuesto abuso sufrido por los mismos en calidad de contribuyentes, al derrocharse sus impuestos en la nómina salarial de una empresa inoperativa y politizada. En este caso, sin embargo, la atávica retórica de la privatización neoliberal resultó particularmente efectiva porque logró doblegar a los electricistas también en el terreno de lo simbólico: dado que la huelga y la amenaza de bajar el switch eran las principales medidas de fuerza al alcance de los trabajadores del SME —es decir, suspender sus tareas y dejar a la ciudad a oscuras con el fin paradójico de hacerse visibles políticamente—, el gobierno eligió contraatacar disputándoles la visibilidad al exhibirlos con engañosa insistencia por televisión.

A pesar de la promesa del gobierno de reincorporar a la mayor parte de esos trabajadores a la Comisión Federal de Electricidad, que había absorbido las funciones de Luz y Fuerza del Centro, solo un pequeño porcentaje recuperó el trabajo: de manera esperable, solo fueron considerados los empleados más jóvenes (de 25 a 40 años) que contaran con una especialización, y que además no hubieran interpuesto demandas contra la empresa tras su extinción, ni hubiesen ocupado cargos de representación en el sindicato (Vivas 2014). En consecuencia, el gobierno logró no solo purgar el sector eléctrico de sus elementos más militantes, sino también subordinarlo —mediante la absorción de LyFC por parte de la CFE— a la representación del Sindicato Único de Trabajadores Electricistas de la República Mexicana (SUTERM), considerado *charro*, palabra que en el argot mexicano se aplica a las entidades sindicales que, en vez defender los intereses de sus afiliados, representan los de la empresa y el gobierno.

Además del mural, la lucha del SME fue también de manera más reciente asunto del poema "Sobre la luz" de Óscar de Pablo. Amén de poeta y militante, De Pablo es un prolífico historiador, autor de *La rojería*, que recopila semblanzas biográficas de comunistas mexicanas, y de *Las bolcheviques*, que relata la historia poco conocida de las mujeres que participaron en la Revolución de 1917. "Sobre la luz" pertenece a *El baile de las condiciones,* un libro publicado en 2011 pero escrito a lo largo de varios años, en el que toma forma una poética que se distingue nítidamente de la de sus libros anteriores, y que De Pablo seguiría refinando y profundizando en publicaciones subsiguientes. El anacronismo de sus poemas —tanto en las elecciones formales como en el tratamiento de los temas— es, de manera paradójica, la clave de su modernidad, a veces en calculado contraste con la urgente actualidad de los contenidos, y en otras ocasiones reforzando su carácter histórico.

Marcando el ritmo mediante el uso casi exclusivo de endecasílabos y heptasílabos acentuados según los patrones clásicos —la tradicional silva, pero dispuesta gráficamente en largas unidades prosódicas que parecen, pero no son exactamente, versículos—, y haciendo un uso ocasional y espasmódico de la rima, en los poemas de *El baile de las condiciones* caben, entre otras cosas, episodios de la Revolución mexicana ("El Quijote de Tomóchic"); vampirismo marxista ("Canción del que te necesita") y literario en términos más convencionales ("Una bala de plata para Jan Potocki"); recetas de cocina mezcladas con angustias de militancia ("Cordero con orzo al estilo de Chipre"); homenajes a Rosa Luxemburgo ("Canción sin gansos") y a la artificiosidad modernista de Salvador Díaz Mirón ("Diazmironianas"); dos canciones de espíritu circense protagonizadas por cerdos —capitalistas ("Canción del Gran Puerco Celeste") o no ("Otra canción con cerdos")—; una historia del período helenístico en montaje con una excursión en auto a la frontera entre Guerrero y Querétaro ("Nadie que yo conozca es Tolomeo III"); un llamado a la resistencia anticapitalista que oscila entre el barroco y el hip-hop ("Panfleto") y otro que es en partes iguales un canto de amor sindical y una metapoética contra el neoliberalismo ("Sobre la luz").

El baile de las condiciones lleva tres epígrafes de Marx escandidos en verso, de los que no se declara la fuente ni se atribuye la traducción. La primera cita retoma una formulación temprana del tema de la historia como tragedia que se repite en forma de farsa. La segunda, de la que se desprende el título del siguiente poemario que publicó De Pablo, *De la materia en forma de sonido*, hace hincapié en la materialidad de la lengua como una —literal— encarnación sonora del espíritu histórico. La tercera, de la que surge el título del libro, dice de manera sugerente: "Hay que poner a bailar esas condiciones petrificadas / tocándoles su propia música". Al igual que el primero, este último epígrafe está tomado de la *Introducción a la crítica de la filosofía del derecho de Hegel*, preeminencia que llama la atención porque se trata de un texto mucho menos conocido que *La ideología alemana*, del que proviene la segunda cita.

Sin embargo, al leer este ensayo introductorio se insinúa enseguida una posible explicación: en su crítica de las condiciones de la Alemania monárquica de la primera mitad del siglo XIX, Marx denuncia que los alemanes han "compartido las restauraciones de los pueblos modernos sin compartir sus revoluciones" y que, en consecuencia, "el actual régimen" es "un anacronismo". Por lo tanto, no resulta sorprendente la elección de un epígrafe que incita a combatir lo anacrónico con lo anacrónico —haciéndoles bailar su propio ritmo a las rígidas condiciones de la época, sobre todo pensando en el momento neoliberal como una restauración conservadora—, si, como dijimos, tanto la actualidad como la potencia crítica de la poesía de De Pablo se cifran en su deliberado anacronismo.

Por lo demás, la referencia a la música, y en especial al baile —que se extiende al título del libro—, es particularmente relevante, habida cuenta del lugar central que tiene el trabajo rítmico en la poesía de De Pablo. Además de llamar "canciones" a cuatro de los veintiún poemas del libro ("Canción del Gran Puerco Celeste", "Canción sin gansos", "Canción del que te necesita", "Otra canción con cerdos"), en un momento en que la poesía mexicana "joven" se escribe sin excepción en verso libre, De Pablo elige trabajar con una matriz rítmica que parece ubicarse entre Góngora —por la recurrencia de la silva, amén de las frecuentes efusiones barrocas— y la canción popular, con su insistencia en la rima, un recurso presente ya en *El baile de las condiciones* pero que se extrema en *De la materia en forma de sonido*; y, sin embargo, evita a conciencia los temas y los procedimientos de los poetas tradicionalistas de generaciones anteriores que, al igual que él, se valieron del metro y de la rima, pero de forma acrítica, repitiendo sin cuestionar el prestigio del repertorio prosódico heredado. De hecho, como prueba de su anacrónica actualidad, De Pablo ganó un slam recitando un fragmento particularmente gongorino —y anticlerical— de "Panfleto" que celebra de forma un poco críptica la legalización del aborto en la Ciudad de México, que tuvo lugar en 2007, y que vale la pena citar *in extenso*:

>Muchíguese la risa, marimba vuelta en ecos
>de color azafrán anaranjado. En brotes, brotes secos, rebelión repentina y en ristre: serpentina, flechas en el carcaj, la carcajada. Risa en los ritmos de
>la marejada. Muchíguese, levántese, camine, echémonos un faje aquí en el cine. Álcese al lodo todo
>lo aquí concupiscible, con Cupido apuntando frente a todo
>lo bello, lo risible de la vida maltrecha, risa a punto de flecha, punta de flecha, sí: los ecos y sus brotes. Nuestros obispos son, ya, corazón, como los zopilotes, en mi país de azúcar: animales folclóricos y bellos. Muchígate, marimba, corazón, los prelados, sin fe, mas con artículo de fe, son, corazón, salvados
>en su bello ridículo, en su cómica muerte, rendidos, redimidos, mejor entre más gordos, entre más reaccionarios; sácales con tu risa escapularios, dale a su cruz nuestros serruchos varios, nuestros muchos serruchos
>voluntarios. Serrúchalos con risas, con luchas, con ovarios. Muchígate tonante, corazón; muchígate tonante y hazte muchos, muchísimos serruchos, dispara nuestra risa muchigada... y a la chingada. Mi país es de azúcar, calavera. Tu flecha verdadera, marimba y carcajada, vuela hacia el orificio
>del culo del Santo Oficio. Hacia el involuntario
>sacrificio, con el que apenas nacen, el redentor ridículo
>que hacen (al orificio de ellos, corazón). Nuestros obispos son animales folclóricos y bellos. Desde cada mujer con manzana y serpiente, desde su propio vientre, con carcaj y con brisa y marejada, dispara nuestra risa calavera, nuestra risa marimba, verdulera, siringa, siringa y sublevada. (De Pablo 2011, 54-55)

Como decía, el esquema rítmico parte de la silva gongorina: una libre combinación de endecasílabos y heptasílabos que evitan organizarse en estrofas regulares. Sin embargo, mientras que en las *Soledades* de

Góngora las rimas a menudo funcionan como un resorte —alejándose hasta casi volverse imperceptibles, para luego volver en contrapunto, impactando contiguas muchas veces—, a pesar de su evidente entrenamiento barroco ("Muchíguese la risa, marimba vuelta en ecos / de color azafrán anaranjado"), De Pablo prefiere espaciar menos las suyas, insistiendo a menudo en una rima repetida (reaccionarios / escapularios / varios / voluntarios / ovarios), por lo demás una tradición de larga data en castellano, que va del *Mío Cid* al tetrástrofo monorrimo alejandrino del Mester de Clerecía, y desde ahí se extiende hasta el reguetón y el hip-hop.

A diferencia de Góngora, que en una carta muy citada llegó a hacer de la acusación de culterano un motivo de orgullo —"Demás que honra me ha causado hacerme escuro a los ignorantes, que ésa es la distinción de los hombres doctos: hablar de manera que a ellos les parezca griego; pues no se han de dar las piedras preciosas a animales de cerda" (Blanco Aguinaga, Rodríguez Puértolas y Zavala 2000, 376)—, De Pablo se preocupa por marcar el ritmo de manera subrayada, valiéndose de la rima pero también de dramáticas aliteraciones, a fin de que su poesía sea inteligible en una lectura pública, lo cual no necesariamente significa ser claro ni llano. Y a pesar de que entiende la poesía como una intervención pública con fines políticos directos —de hecho forma parte de la Brigada para Leer en Libertad, una asociación civil que se dedica a organizar ferias del libro en beneficio de los sectores populares, en alianza con movimientos sociales, además de a editar y traducir obras de difusión gratuita—, para De Pablo no hay contradicción entre virtuosismo técnico e inteligibilidad, en primer lugar porque no suscribe al sentido común impuesto por los neopopularismos consuetudinarios que supone que el gusto del "pueblo" es "inculto" y se inclina indefectiblemente por los temas más frívolos y las formas más sencillas; pero, sobre todo, porque su poesía es consciente de cuánto se juega, en términos de afecto, en los aspectos formales.

Por eso, el virtuosismo y la abierta admiración de De Pablo por Góngora —el mexicano tiene además inédita una biografía de Marx en octavas reales, la estrofa en que el cordobés escribió su otro poema mayor, la *Fábula de Polifemo y Galatea*— no están reñidos con el alcance popular de su poesía; que con este alambicado pero contagioso fragmento —una especie de barroco abortero— se haya impuesto en un slam a poetas mucho más fogueados en la oralidad del hip-hop y el *spoken word* es una prueba elocuente.

Por otra parte, en este fragmento en particular, la elección de una estrofa variable que por su disposición tipográfica es casi indistinguible del versículo adquiere especial significación por el contraste irónico entre el origen bíblico de esa tradicional forma estrófica y el contenido rabiosamente anticlerical que los versos expresan; nótese, además, que en 2011 el anticlericalismo podía sonar anacrónico en materia política, mientras que apenas ocho años después no podría resultar más actual. De todos modos, más allá de este poema, en su predilección por estos falsos versículos que esconden silvas muchas veces rimadas —De Pablo empleó este tipo de estrofa en la casi totalidad de sus poemas desde *El baile de las condiciones*—, también puede leerse un tiro por elevación a Walt Whitman, que escribió su obra más conocida en una forma versicular precursora del verso libre moderno, y que fue además el poeta por excelencia del liberalismo clásico, a cuya encarnación contemporánea De Pablo se opone de manera radical. Precisamente, esa yuxtaposición en la que chocan historias prosódicas y —por ende— temporalidades parece ser, para De Pablo, una de las formas de poner a bailar a las condiciones de la época al ritmo de su propia música.

Si bien "Sobre la luz" está escrito en esa misma estrofa, el uso de la rima es deliberadamente muy distinto; además, las oscilaciones estilísticas, también calculadas, son notables. El poema comienza poniendo en cuestión ("Mírate nada más: ninguna luz proviene del dolor del agua": v.1) la retórica de lo que el poeta y ensayista Luis Felipe Fabre llama "el poema mexicano promedio", al que tilda de "[s]olemne, formalmente impecable, aséptico, apolítico, pretendidamente atemporal y sublime, tradicional con uno que otro detalle moderno: bellísimas aves surcando el éter" (Fabre 2008, 11). De todos modos, lo que llama la atención es que el poema *se haga cargo*, pero sin ironía ni parodia, de ese estilo "sublime" y "atemporal", pareciera que no para rechazarlo de plano sino más bien para historizarlo:

> Óyete recorrer su trama aérea
> de pájaros cableados, del dolor de la carne al dolor de la vista, de la lágrima al ojo, torre a torre. Mírate nada más, flujo de salamandras, duro rumor de ajenjo, leche vertiginosa y avispera. (v. 2)

El estribillo "mírate nada más" atraviesa el poema, y su repetición anafórica es uno de los recursos que De Pablo despliega dándole cohesión estructural a "Sobre la luz". Sin embargo, el referente de esa segunda persona da la impresión de ser, al menos al inicio, móvil. En esta primera aparición, el estribillo aparenta dirigirse a esa poesía "promedio", esencialista y ahistórica, e incluso tal vez a lo que de "poeta mexicano promedio" pudiera quedar en el propio De Pablo. Si no es así, al menos utiliza ese vocabulario poético como vehículo. Pero cuando el estribillo vuelve a repetirse, esta vez se dirige de manera indudable a los obreros del SME que, literalmente, celebran una huelga, dejando la ciudad a oscuras, precisamente la medida de fuerza que el gobierno federal buscó evitar cuando tomó las dependencias de Luz y Fuerza del Centro la noche anterior a la liquidación de la empresa:

> En la ausencia de luz, las orejas cerradas florecen como huelgas, las huelgas como orquídeas. Debajo de la sombra, flores de la ciudad, se abren las vulvas
> y ciegas agudizan su sentido del tacto. Su oscuridad y su fragancia arriba;
> arriba su calor; *el switch*
> *abajo*
> *en defensa del trabajo.* Basta ya de correr
> del dolor de la carne al dolor de la vista, esta carrera ajena de la lágrima al ojo. Basta ya de fluir
> por este interminable pentagrama
> con zapatos de pobre atados como notas, hacia una luz ajena. Que no y que no y que no. Ninguna luz proviene del dolor del agua. Toda la luz proviene del dolor de esta carne
> que de tanto callarse está callosa. Mírate nada más, manos de pobre. (vv. 7-15)

En estos versos aparece por primera vez la rima consonante. Sin embargo, al igual que en el segundo caso —con que cierra el poema—, este recurso no se presenta como un rasgo estilístico propio de la poética del autor, sino que se lo emplea como una marca de objetividad, tanto documental como técnica; y, sobre todo, para abrir en el poema un espacio de enunciación colectiva. "El switch abajo, en defensa del trabajo" es, en efecto, una consigna oral del SME, que también podía verse escrita en algunas pancartas enarboladas por los trabajadores en manifestaciones contra la campaña de desprestigio que hostigaba al sindicato, así como contra los intentos cada vez más insistentes de privatización de Luz y Fuerza del Centro (Gómez Mena 2008).

Conforme avanza el poema, en la oscuridad gozosa de la huelga, pareciera que el estilo —tanto el "mexicano promedio" del comienzo como el más característicamente autoral que se despliega a continuación— va parpadeando poco a poco hasta apagarse en el último verso, acompañando la medida de fuerza:

> Mírate nada más. Deja que tu silencio, hecho de bocas, grite
> nuestra luz, nuestra fuerza: que nuestra Luz y Fuerza no está en venta; si no quieren oír cómo se abre
> la noche de la huelga como una vasta orquídea; que vayan a vender a su chingada madre. Que aquí no se ve nada; que aquí sólo transcurre un gato gigantesco
> hecho todo de sombra, de asombro entre los cables; que aquí sólo se arrastra
> un callar detenido de vagones del metro
> y nadie llega a tiempo a dar su plusvalor; aquí no se ve nada; aquí sólo se siente la sonrisa, callosa y callejera, de una multitud nueva que escucha con los puños
> y que sabe orientarse y caminar de noche; aquí sólo se escucha un canto eléctrico
> y el mugido del búfalo masivo; aquí, *aquí se ve*
> *la fuerza*
> *del SME.* (vv. 16-25)

El poema termina dejándole lugar a la consigna más emblemática de los electricistas, que al igual que la anterior encaja perfectamente en el esquema rítmico del poema, agregando el recurso técnico de la rima, de cuyo uso De Pablo se había abstenido hasta el momento. La primera consigna, a pesar de que la escansión lo disimula, es un alejandrino —reduplicación del heptasílabo, uno de los componentes de la silva—, en la variante flexibilizada que popularizó Rubén Darío, que aprovecha el carácter inevitable de la sinalefa al oído para escandir: "el switch abajo_en / defensa del trabajo" sin que la rima deje de sonar. La segunda es un endecasílabo —el otro componente de la silva—, del tipo heroico, con rima interna entre la cuarta y la décima sílabas, que aprovecha la pronunciación oral característica de la sigla SME, "Esmé". Así, la forma del poema *realiza* su contenido y lo rebasa: es como si la voz individual, traducida primero en estilo de época y más tarde en inflexión personal, quisiera disolverse en el cuerpo de la multitud para fundirse en una enunciación colectiva y anónima.

Por lo demás, esa tensión entre lo individual y lo colectivo, mediada por los usos de la técnica, permite trazar analogías con la historia del mural, al que De Pablo hace referencia en *La rojería*, en la entrada sobre Siqueiros. Según explica Jennifer Jolly, el muralista vio en el encargo del SME una oportunidad para refinar en la práctica sus ideas sobre el arte colectivo. Para Siqueiros, uno de los problemas principales de esta práctica era la falta de coherencia que solía resultar de la mezcla de los diferentes trazos y estilos personales de los participantes. En consecuencia, a fin de suprimir esos estilos y unificar el colectivo, para el mural del SME propuso extremar el uso de medios técnicos "objetivos" (2008, 140). Como relata Renau, se utilizaron cámaras fotográficas para llevar a cabo estudios y probar efectos de perspectiva, taladros para jugar con distintos grados de porosidad y rugosidad de las superficies, pinturas sintéticas y compresores para mezclarlas, todo lo cual reforzaba la sensación de producción industrial.

Además, se prefirió el aerógrafo al pincel para borrar la huella de la mano de cada pintor, y se empleó un archivo fotográfico reunido a instancias de Siqueiros por el propio Renau, que también estaba a cargo de elaborar con esas imágenes fotomontajes que luego se proyectaron en el cubo de las escaleras del edificio de la colonia Tabacalera, a fin de prescindir de modelos, superar el importante problema de perspectiva que planteaba el emplazamiento elegido —decididamente poco ortodoxo—, y homologar un estilo fotodocumental que, como observa Jolly, se ofrecía como modelo de objetividad mecánica en tanto forma artística tecnológicamente mediada, en consonancia además con cierta retórica comunista que exaltaba la supresión de lo individual en favor de lo colectivo (142).

Por supuesto, como insinúa Renau —y subraya Jolly—, la elección del método de composición y de las herramientas técnicas, así como la división del trabajo por tipo de figura entre los participantes del colectivo, ciertamente no borraron el estilo individual. En primer lugar, porque Siqueiros se reservó un uso discrecional del pincel en zonas donde los resultados del método y la técnica elegidos no lo satisfacían, como en el caso de unas nubes en el *trompe l'oeil* del techo que, según relata Renau, estaban a su cargo y a las que, para su sorpresa y mal disimulado fastidio, el mexicano se puso a agregarles volumen a pinceladas. En segundo lugar, porque los integrantes del colectivo renunciaron uno por uno, y en especial porque el propio Siqueiros tuvo que partir al exilio luego del fracaso del ataque contra Trotski que había liderado en Coyoacán, motivo por el que Renau debió terminar el mural en solitario por encargo del SME, volviendo además al proyecto original.

Precisamente, en este juego de tensiones entre lo colectivo y lo individual —el mural fue encargado a Siqueiros pero ideado, aunque bajo la dirección de éste, por un colectivo; luego elaborado en grupo en varias partes amén de las intervenciones manuales del mexicano; y en última instancia terminado por Renau—, Jolly ve la transformación de una obra "comunista" en una "anarquista", en relación con el manifiesto de Trotski, Breton y Rivera, que reivindicaba la autonomía del arte frente a la vigilancia y la propaganda estalinistas.

Salvando las distancias de medio y de lenguaje, algo análogo ocurre en el poema de De Pablo, quien por lo demás ostenta una larga militancia trotskista en el Grupo Espartaquista, de cuya Juventud llegó a ser dirigente. Al igual que en el mural, en cuyo panel superior —que funciona como conclusión apoteósica— los obreros no estaban representados de manera directa sino por intermediación de emblemas técnicos, conforme el poema avanza hacia su desenlace los electricistas dejan de ser presentados por sus rasgos identitarios visibles ("manos de pobre") para manifestarse a través de consignas que hacen un uso público de dos técnicas prosódicas, la rima y el metro. De manera simbólica, el poema termina mostrando a los obreros en un acto de apropiación de esas herramientas, como si desafiaran la propiedad de los medios de producción semiótica social.

Por otra parte, más específicamente, en "Sobre la luz", esas tensiones entre lo individual y lo colectivo, y lo privado y lo público, se encarnan en tres registros estilísticos que se amalgaman de manera orgánica sin volverse irreconocibles: el estilo epocal —eso que Fabre llama "el poema mexicano promedio"—, el personal y las consignas del SME, que aprovechan la eficacia mnemotécnica de la rima y el metro para el discurso público, y que De Pablo engarza de manera natural en el poema, aunque esa aparente naturalidad sea de hecho producto de una decisión técnica. La utilización de un sistema prosódico que puede socializarse justamente porque, en cuanto técnica, es pasible de ser aprendida y transmitida, en contraste con el verso libre que, al menos en teoría, es la traducción prosódica de una subjetividad individual inalienable.

Así, en la poesía de De Pablo las diversas tradiciones rítmicas de la lengua aparecen como un repertorio que, al igual que la luz, debe ser común, de utilidad pública. Por último, tal como en el mural, donde el tránsito de los espectadores por las escaleras acompaña el ascenso de los fascismos europeos, interrumpido en lo más alto por la victoria apoteósica de la técnica sobre el trabajo alienado, en "Sobre la luz" es central el recorrido estilístico —que va, como decíamos, de lo epocal a lo individual a lo popular—, y que también acaba con un canto triunfal de los trabajadores, que el poema acompaña en su dimensión técnica, socializando la prosodia hasta fundir la voz autoral con una enunciación colectiva.

Esta amalgama crítica de estilos, registros y prosodias identificables, donde chocan de manera anacrónica distintas tradiciones sin por ello dejar de confluir, y donde lo individual se funde con diversas inflexiones de lo público, permite que "Sobre la luz" exceda largamente su tema e impide que se convierta en una pieza de denuncia o en un panfleto, una preocupación consciente de De Pablo, a juzgar por el poema homónimo anteriormente citado. Además, el poema evita incurrir en un realismo socialista retro porque a la vez funciona como una metapoética, que hace de lo metafórico algo literal: así, "bajar el switch" se vuelve una intervención crítica sobre la poesía mexicana de la época, y la "defensa del trabajo" adquiere una connotación suplementaria, que la relaciona con la socialización de técnicas prosódicas. De Pablo y su compañera, la poeta y traductora Paula Abramo, llevaron a cabo una minuciosa lectura de concordancias sobre el texto de la antología *El manantial latente*, que reunía una nutrida muestra de poetas de la generación del 90, y descubrieron que "luz" era la palabra más recurrente, seguida de cerca por "aire", "agua" y "palabra", dando cuenta no solo de las aspiraciones de pureza atemporal de los autores, sino también del ensimismamiento especular de una poesía que se complacía en la contemplación de sí misma (Abramo y De Pablo, comunicación personal).

Por eso, frente a la fascinación inane por la luz natural, en su inmaterialidad sublime, de la generación anterior —la poesía mexicana "promedio", según la mordaz definición de Fabre—, que formalmente se inspiraba en las zonas más visuales de la poesía de Paz —como su mallarmeano *Blanco*—, De Pablo elige cantar con los trabajadores del Sindicato Mexicano de Electricistas, con una poética que privilegia de manera muy explícita el trabajo con el sonido por sobre la dimensión visual, y que tácitamente denuncia la artificialidad de una poética esencialista, pretendidamente atemporal y naturalizada. Además, el poema hace hincapié en el hecho de que, según el esquema marxista clásico, los obreros del SME no son dueños de los medios de producción, que en "Sobre la luz" estarían representados por la dimensión visual que tanto había preocupado a los poetas del noventa.

Así, para De Pablo, esa luz imperturbable que había irradiado la poesía mexicana desde Paz parece ser no la condición de posibilidad de la vista, sino todo lo contrario, un mecanismo de invisibilización. La oda sindicalista de De Pablo admite una segunda lectura gremial en el contexto de la poesía mexicana: donde "se ve la fuerza del SME" no es tanto en el afán de hacer más visible al sindicato como en el acto de suspender mediante un apagón las condiciones de hipervisibilidad que parecen naturalizar el orden social, algo que se marca desde el estilo con el parpadeo antes mencionado y desde la prosodia con el privilegio que tiene el oído sobre la vista. El poema pide *bajarle el switch* a esa luminosidad incorpórea y hierática, a ese exceso de luz que confunde la visión, para que en la oscuridad de la huelga vuelva a aparecer la materialidad social de la lengua, con todas sus resonancias en conflicto.

2

Estilo

Entre 2005 y 2011, la poeta, activista y periodista Dolores Dorantes estuvo a cargo de la sede de Ciudad Juárez de Documentación y Estudios de Mujeres A. C. (DEMAC), una asociación civil sin fines de lucro de alcance nacional dedicada a recoger y difundir testimonios de mujeres en estado de vulnerabilidad y marginación por medio de talleres de escritura autobiográfica y premios a manera de incentivo.

En *Para perderle el miedo a la escritura*, uno de los manuales de difusión gratuita de la asociación civil, puede leerse un mensaje cuyo excesivo optimismo parece motivado por la situación a veces extrema del público al que se dirige:

> Cuando comiences a escribir tu vida, pasarás por varios momentos que van desde la catarsis, la reflexión, la claridad emocional y mental, la aceptación y la sanación interior, hasta la acción recreativa y el empoderamiento. No te detengas, todo esto es normal. Las mujeres que han participado en los concursos y en los talleres de DEMAC nos dan muestra de ello. *¡Y todas salen vivas!* (Medina Méndez 2013, 10; énfasis mío)

En el caso de Dorantes, el pronóstico tranquilizador estuvo a punto de no cumplirse: el 11 de marzo de 2011 sufrió un atentado que la obligó a cruzar la frontera de Ciudad Juárez a El Paso, donde permaneció tres meses escondida en un garaje para eludir a sus perseguidores antes de escapar a Los Ángeles. El trabajo de Dorantes en la sede de Juárez de DEMAC era por demás urgente, habida cuenta de la situación crítica de la ciudad, que desde hacía tiempo se caracterizaba por sus altos niveles de violencia —en especial de género: fueron tristemente célebres los feminicidios—, que se habían incrementado de manera aún más dramática desde la ocupación militar ordenada por el presidente Felipe Calderón en el marco de la llamada "guerra contra el narco", que en nítido contraste con la versión oficial —según la cual el Estado reaccionaría al verse desbordado por los brazos armados de las distintas organizaciones delictivas—, Dorantes considera una guerra contra la población:

> No creo en esa versión de lo que sucede y está sucediendo en México, que toda esta guerra fue un pleito entre familias de narcos donde nosotros como población quedamos en medio [...] Es una guerra contra la población. [...] Mi versión es la entrega del país a las transnacionales, por supuesto. Una entrega que comenzó a negociarse con el Tratado de Libre Comercio y que tuvo un cierre contundente cuando entró Calderón al poder. Calderón tiene un compromiso, que es entregar territorio, limpiar territorio, y hay que mover población, hay que desplazar población de ciertos territorios para que las transnacionales puedan tener el camino libre, ¿no? [...] Para extraer recursos naturales, sí, y para sencillamente tomar la tierra. Es una invasión. El país, desde mi punto de vista, está vendido desde que se firmó el Tratado de Libre Comercio. Ésa fue la negociación. Pero no solo el país, es una parte de Centroamérica. Creo que la intención es un poco más extensa. (Comunicación personal)

El diagnóstico de Dorantes coincide en gran medida con el de la académica y periodista de investigación mexicana-canadiense Dawn Marie Paley (2018), que en *Drug War Capitalism* —la traducción castellana de hecho lleva el subtítulo *Una guerra contra el pueblo*— analiza los casos de Colombia, México, Guatemala y Honduras para desplegar la hipótesis de que la llamada guerra contra las drogas es en realidad un esfuerzo concertado para controlar territorios y amedrentar, diezmar y desplazar poblaciones mediante la militarización y paramilitarización —un proceso que Paley considera mutuamente solidario—, con el objeto de garantizar el avance extractivista del capital transnacional; en el caso de México, la agenda de la reforma energética impulsada primero por Felipe Calderón y luego por Enrique Peña Nieto sería el principal motor detrás de la escalada de violencia. El también periodista y profesor Oswaldo Zavala recoge las hipótesis de Paley y se basa en un ensayo de 1989 de la politóloga boliviana Waltraud Morales para enmarcar geopolíticamente la guerra contra las drogas como una continuación de la doctrina de Seguridad Nacional de la Guerra Fría; es decir: una contrainsurgencia neoliberal a nivel hemisférico. En su libro más reciente, polémicamente titulado *Los cárteles no existen*, Zavala sigue la línea inaugurada por el sociólogo Luis Astorga, un pionero en los estudios sobre la droga en México, que en 1995 ya hablaba de la construcción deliberada por parte del Estado de una matriz discursiva que configuraba una mitología en torno a los narcotraficantes. Según Zavala, "esa matriz no explica a la ciudadanía las actividades reales de los traficantes, sino que codifica simbólicamente los límites epistemológicos en los que, involuntariamente, habríamos de *representar* a los traficantes y el tráfico de drogas" (2018, 9).

Según surge de la lectura de la copiosa y a menudo contradictoria bibliografía al respecto, lo único que parece claro acerca del conflicto es la voluntad de tornar *irrepresentable* el tráfico de drogas mediante una calculada saturación de representaciones —folclóricas y novelescas pero sin duda funcionales— que se producen una y otra vez sobre los traficantes en el discurso público y en la cultura; vale la pena señalar, como recuerda Astorga, que el término con que se denominaba corrientemente a los narcotraficantes antes de que la guerra contra las drogas se convirtiera en una doctrina de seguridad hemisférica —es decir, con anterioridad al momento neoliberal— era "empresarios", término que de manera llamativa ha caído en desuso a pesar de la adopción de estructuras y estrategias corporativas por parte de los llamados "carteles". Afirma Zavala sobre la paradoja de la representación del narco:

> [D]el fenómeno del tráfico de drogas sabemos poco o nada, pues a su espacio social y a la esfera pública los separa una densa estructura de significado que ha sido concebida con fines políticos de ocultamiento y no de entendimiento. Pero si, por el contrario, nuestra impresión es que conocemos demasiado bien la vida y muerte de los "narcos", sus relaciones de familia, su ambición descontrolada y su violencia sicópata [sic], es porque durante décadas hemos sido habituados a ese sistema de representación oficial que contradictoriamente dice conocer los organigramas íntimos de los "carteles" pero se declara incompetente para detenerlos. (9)

En la sede de Juárez de DEMAC —que ella misma había abierto, y que dejó de funcionar después del atentado—, Dorantes trabajaba con mujeres afectadas de diversas maneras por la llamada "guerra contra el narco", recogiendo sus testimonios para desentrañar esa "densa estructura de significado" que se volvía particularmente abigarrada en la frontera, verdadero *laboratorio del futuro* del capitalismo por venir, como llamó a Ciudad Juárez el periodista de investigación Charles Bowden. Dorantes iba a los barrios para entrevistarse con madres de sicarios, madres de mujeres asesinadas y madres de las mujeres que estaban en prisión con identidades que no eran las propias. Además de capacitar a otras mujeres e impartir ella misma los talleres de escritura autobiográfica —cuya función documental era por demás acuciante en un contexto en que el Estado intentaba imponer la versión de que el conflicto era el producto de una guerra entre carteles—, Dorantes escribía una columna para un semanario de alcance nacional, en la que criticaba con vehemencia el gobierno de Felipe Calderón.

Durante esos tres meses de exilio, en los que solo el teléfono e internet la conectaban con el exterior, Dorantes escribió su libro *Estilo*, originalmente atribuido a un personaje de una novela que permanece inédita, una escritora joven que se acerca a otro de mayor edad, muy conocido y machista. A pesar de ser en su origen parte de un proyecto ficcional, y de que la autora rechaza la atribución de género, el libro fue publicado tanto en México (2011) como en los Estados Unidos (2016) en colecciones de poesía. Como veremos, esa hibridez genérica se vuelve por demás significativa, porque *Estilo* pone en tensión la violencia de género con otra propiamente retórica, estilística, que sin embargo se esconde disfrazándose de tersura atemporal y sublime.

Si bien *Estilo* se presenta como una serie de fragmentos en prosa, un somero análisis de la prosodia revela un pulso métrico, flexible pero obstinado —en el que predominan los pentasílabos, heptasílabos, eneasílabos y endecasílabos—, que la disposición tipográfica disimula pero no pretende ocultar sino evidenciar por contraste. Los efectos rítmicos de ese pulso imparisílabo —muy frecuente en la tradición hispánica del siglo XX, aunque en progresiva retirada a partir del advenimiento del versolibrismo como ortodoxia prosódica— se ven amplificados por la recurrencia del paralelismo sintáctico y la repetición anafórica, que además estructuran el libro apoyándose en la reiteración y variación de estribillos e imágenes. Más allá de que *Estilo* sea o no un libro "de poesía" —no solo no es posible trazar límites nítidos, sino que la indecibilidad de esa frontera tiene una significación central en el libro—, es indudable que a nivel tanto prosódico como sintáctico se ponen a funcionar procedimientos que suelen asociarse al lenguaje poético.

Por lo demás, este dispositivo —prosas que ocultan una versificación que tiende a formas más tradicionales— contrasta también con la producción anterior de Dorantes: *Querida fábrica*, publicado en 2012 pero escrito antes que *Estilo*, es más laxo tanto en su prosodia como en su disposición tipográfica, que incorpora cierta visualidad asociada a las vanguardias. Acerca de esto, Dorantes afirma: "[Después del atentado] quería cortar con mi repetición y mi presencia. Separarme de mí misma para poder decir algo. Decido disolverme en la voz colectiva para disolver mi propia identidad y mi propio estilo" (comunicación personal).

Estilo se divide en 32 fragmentos numerados en orden creciente pero discontinuo: del 6 al 29, luego del 1 al 4 y otra vez del 1 al 3; el 5 falta. A su vez, los fragmentos se agrupan en tres secciones (6-29, 1-4, 1-4/1-3) encabezadas por epígrafes que alternan definiciones —por lo general de corte lexicográfico— de la palabra que da título al libro, que van de la botánica a la retórica. Así, el primer epígrafe proporciona una clave de lectura:

> - En Botánica, el estilo de una flor de angiosperma es la prolongación del ovario al final de la cual aparece el estigma. El estilo no contiene óvulos, quedando éstos restringidos a la región del gineceo llamado ovario.
> - Modo de expresión básico y distintivo. (7)

Esta yuxtaposición pone en contraste la construcción genérica —en términos retóricos— de la "naturaleza", con la naturalización retórica de una posición de género: la asociación consuetudinaria, que el libro desarrolla luego, de lo femenino con lo floral. Leído fuera del registro botánico, el epígrafe señala el estigma —en el sentido social— de la mujer como prolongación de sus propios ovarios; es decir: de su función reproductiva. Sin embargo, "el estilo no contiene óvulos" y, además, es una palabra que, en otra acepción, remite al filo del estilete: la palabra "estilo" viene de *stylus*, que era un antiguo instrumento punzante de escritura, por lo cual escribir suponía ejercer una violencia física sobre el material que hacía las veces de soporte.

Esa voz colectiva —un "nosotras" plural pero indeterminado, cuyo sujeto es casi siempre tácito— se hace cargo de ese filo floral a través del estilo literario, que en parte es una apropiación transgresiva del "poema mexicano promedio" en los términos en que lo definió el poeta y ensayista Luis Felipe Fabre. A pesar de resaltar del conjunto algunas escrituras que no responden a esta descripción, Fabre considera la antología *El manantial latente* un muestrario por excelencia de ese estilo "promedio", cuya normatividad también se expresa en términos de género, dado que reúne a cuarenta poetas, de los cuales solo ocho (el 20 %) son mujeres. Como ya mencioné, y sumándose a la crítica de Fabre, los poetas Paula Abramo y Oscar de Pablo (comunicación personal) hicieron un estudio de concordancias de *El manantial latente* y descubrieron que "agua", "aire", "luz", "pájaro" y "cielo" eran algunas de las que más se repetían. Este repertorio léxico sublime por su elevación retórica aparece reiteradamente en *Estilo*; y de hecho, haciendo resonar la parodia de Fabre —"bellísimas aves surcando el éter"—, el estribillo "una racha de pájaros" se repite seis veces en el libro de Dorantes. Se trata de un estilo que, más allá de ser utilizado tanto por poetas mujeres como varones, puede rastrearse a ciertas zonas de la poesía de Octavio Paz —en particular a *Blanco*, uno de los libros más citados en la encuesta que acompaña la antología *El manantial latente*—, y cuyo esteticismo sofocante Dorantes multiplica al encerrarlo en la caja de la prosa:

> 7.— Ciérranos. Destrúyenos la boca. Entra.
> Tortúranos en otras realidades. Tómanos con
> la mente y la palabra. Híncanos. Que tu racha
> de pájaros pase sobre nosotras. Conviértenos
> en cielo que atraviesan las ramas. Captúranos
> del cuello como a los animales. Como a los
> animales, fervor. (10)

Además de aumentar gráficamente la sensación de asfixia que se corresponde con el tema del libro —la violencia de género y sus relaciones con la violencia política; o más bien: el carácter indefectiblemente político de la violencia de género—, la supresión del blanco de la página parece denunciar de forma tácita la pigmentocracia mexicana, factor coadyuvante de la neoliberalización del país según Irmgard Emmelhainz (2016, 40): "Uno de los motivos por los que se instauró con gran facilidad el neoliberalismo en México tiene que ver con el hecho de que es una sociedad profundamente desigual, en la que todavía operan las estructuras socioeconómicas coloniales y relaciones piramidales de poder a partir de una jerarquía racial (o pigmentocracia)".

Sin embargo, esa voz femenina colectiva, a pesar de la fuerte implicación de Dorantes en el conflicto en la frontera, no tiene nada de testimonial. En términos gramaticales, *Estilo* evita utilizar el "nosotras" en función de sujeto expreso de la oración, que salvo dos excepciones, queda siempre tácito, marcado por la desinencia de los verbos, aunque sí aparece de manera repetida como complemento o, sobre todo, circunstancial de lugar: "sobre nosotras" (10), "encima de nosotras" (12; dos veces en 21), "entre nosotras" (26), "dentro de nosotras" (41). Es como si el libro se abstuviera de contextualizar para mostrar la ubicuidad de la violencia *sobre*, *encima*, *entre*, y *dentro de* los cuerpos de las mujeres, en vez de exhibir macabramente un reguero de cuerpos mutilados y vejados, como se estila en la literatura que tematiza el conflicto en la frontera. Resulta irónico que uno de los dos pasajes en que se usa de manera explícita la primera persona del plural como sujeto diga "Nosotras queremos lo inmediato", en el postergado fragmento 1 (44), porque el libro carece de alusiones a una inmediatez en particular: "Ábrenos en este territorio imposible [...] somos el exterminio, el lugar sin país" (19).

En efecto, no hay marcas que anclen la enunciación a un momento o a un lugar determinados, exceptuando quizá las referencias a la violencia contra las mujeres, que han llevado a pensar a la mayoría de la crítica que *Estilo* trata *sobre* los feminicidios (por ejemplo, Le Jolif). Pero aunque ciertamente sean parte del contexto de escritura y recepción del libro, no hay mujeres muertas en *Estilo*. Como dice Dorantes, "¿En qué momento están muertas? No es *Pedro Páramo*, donde todo el tiempo está claro que hablan los muertos" (comunicación personal). Por el contrario, en *Estilo*, esa voz femenina plural e indeterminada no solo está llena de vitalidad, sino que se muestra violentamente deseante. Así, el verbo que más se repite es "queremos": "Todas queremos que nos cortes", "Queremos que nos tapes la boca" (9), "Todas queremos que nos mantengas vivas", "Queremos que nos tengas hirviendo. Que ordenes échense y muéstrenme la lengua. Todas queremos que nos enrojezcas. Que nos atravieses. Queremos recibir el golpe de tu lengua y perdernos" (13), etcétera.

En consecuencia, *Estilo* no es un libro *sobre* las muertas de Ciudad Juárez, si bien su contexto de producción y las circunstancias personales de su autora —su trabajo en DEMAC y su exilio forzado— habilitan esa asociación; aunque sin duda los convoca, el libro no pretende *representar* ni *documentar* los feminicidios, ni ninguna otra cosa. Por el contrario, *Estilo* escenifica —en un sentido formal, performativo, sobre el que volveré más adelante— el carácter *estilístico* de la violencia contra las mujeres, que Rita Segato define en términos de "violencia expresiva":

> Expresar que se tiene en las manos la voluntad del otro es el telos o finalidad de la violencia expresiva. Dominio, soberanía y control son su universo de significación. Cabe recordar que estas últimas, sin embargo, son capacidades que solo pueden ser ejercidas frente a una comunidad de vivos y, por lo tanto, tienen más afinidad con la idea de colonización que con la idea de exterminio. En un régimen de soberanía, algunos están destinados a la muerte para que en su cuerpo el poder soberano grabe su marca; en este sentido, la muerte de estos elegidos para representar el drama de la dominación es una muerte expresiva, no una muerte utilitaria [...] Cualquier detective sabe que, si reconocemos lo que se repite en una serie de crímenes, podremos identificar la firma —el perfil, la presencia de un sujeto reconocible por detrás del acto—. El *modus operandi* de un agresor es nada más y nada menos que la marca de un estilo en diversas alocuciones. Identificar el estilo de un acto violento como se identifica el estilo de un texto nos llevará al perpetrador, en su papel de autor. En este sentido, la firma no es una consecuencia de la deliberación, de la voluntad, sino una consecuencia del propio automatismo de la enunciación: la huella reconocible de un sujeto, de su posición y de sus intereses, en lo que dice, en lo que expresa en palabra o acto. (2013, 21-22)

Para Segato, lo que llamamos "feminicidio" —en rigor, el secuestro, tortura, violación y muerte de una mujer, no siempre en ese orden— es el ejercicio de una violencia eminentemente pública, en tanto que requiere de una audiencia "receptora de la exhibición del poder de muerte discrecional del dominador" (46): un instrumento de lo que Achille Mbembe llama *necropolítica* y Sayak Valencia *capitalismo gore*. En ese sentido, es antes un mensaje a la comunidad de los vivos y las vivas que una manifestación de odio particularizado hacia las víctimas, amén de la evidente y brutal misoginia. Para Segato, ese mensaje se emite en dos ejes. De arriba hacia abajo, se trata de un mensaje punitivo y moralizador dirigido a las mujeres, "porque en ese imaginario compartido, el destino de la mujer es ser contenida, censurada, disciplinada, reducida, por el gesto violento de quien reencarna, por medio de este acto, la función soberana" (23). Por otra parte, en el eje horizontal, el mensaje se dirige a la *fratría* de hombres, como Segato llama a la comunidad masculina resultante del pacto patriarcal:

> Aquí, el agresor se dirige a sus pares, y lo hace de varias formas: les solicita ingreso en su sociedad y, desde esta perspectiva, la mujer violada se comporta como una víctima sacrificial inmolada en un ritual iniciático; compite con ellos, mostrando que merece, por su agresividad y poder de muerte, ocupar un lugar en la hermandad viril y hasta adquirir una posición destacada en una fratría que solo reconoce un lenguaje jerárquico y una organización piramidal. (23)

El libro de Dorantes se hace cargo de ese estilo "mexicano promedio", como lo llama Fabre, pero de forma irónica, distante, entre otras cosas para señalar lo que tiene de fratría la literatura mexicana; no en vano *Estilo* era en su origen obra de una escritora joven que se acerca a un escritor machista y abusivo, una escena similar a las que han denunciado numerosas mujeres en 2019 desde la cuenta de Twitter @MeTooEscritoresMexicanos. Este gesto del libro apunta a criticar la violencia que surge de la naturalización y despolitización —la cual, por deliberada y subrepticia, adquiere sin dudas un carácter político— de una enunciación que se presenta como individual pero que sin embargo es social y sobre todo masculina; es, a fin de cuentas, un estilo *genérico* en todos los sentidos del término. Uno de los gestos más eficaces del dispositivo que construye *Estilo* es descolocar un "automatismo de la enunciación", para tomar prestada la definición de Segato, al injertarlo en una voz colectiva femenina. De esa manera, deja de ser una marca de pertenencia a —y exclusión de— una corporación masculina. Además, al apropiarse de ese estilo genérico para modular una voz deseante, se opone al mandato patriarcal de censurar, reprimir y disciplinar a las mujeres, que es uno de los móviles principales —según Segato— de la violencia que se ejerce contra ellas.

La antropóloga mexicana Rossana Reguillo (2011) refinó la categoría de violencia expresiva propuesta por Segato, enmarcando el fenómeno del narco como un dispositivo semiótico que llama *narcomáquina* ("Narco-Machine"). Según Reguillo, una de las características de la narcomáquina es su capacidad de deslocalización. A diferencia del nazismo, que ejerció su poder soberano en coordenadas bien definidas, siguiendo un modelo fabril de producción de muerte, la violencia de la narcomáquina —al igual que la del terrorismo, el otro gran chivo expiatorio del neoliberalismo global— carece de localización física, fuera de los cadáveres que, como signos, va dejando a su paso:

> Su presencia es fantasmagórica. La narcomáquina es un fantasma. Su dominio proviene de que ocupa un espacio deslocalizado e imposible de simbolizar (en el sentido freudiano), apelando y despertando las fisuras más profundas entre lo que consideramos real y nuestros miedos desplazados. La imposibilidad de simbolizar realiza su trabajo en lo imaginario, cerrando cualquier posibilidad de significación. La narcomáquina es ubicua, inasible, fantasmagórica y persiste, a pesar de la aparición ocasional y el momentáneo sometimiento de sus sirvientes. (2011)

En un quiasmo perverso, en vez de ocupar un lugar en el espacio y hacer *desaparecer* a sus víctimas según el *modus operandi* de los nazis imitado por las dictaduras del Cono Sur —del campo de concentración al centro de detención clandestina—, el narco se deslocaliza y se esfuma, dejando tras de sí un rastro de *aparecidos*. Reguillo denomina a esta violencia "difusa", "[una] violencia 'gaseosa', cuyos orígenes no pueden sino atribuirse a entidades fantasmagóricas (el narco, el terrorismo) y que es casi imposible de evitar porque no sigue un patrón inteligible". Reguillo distingue cuatro tipos de violencia —estructural, histórica, disciplinaria y difusa— que suelen presentarse en distintas combinaciones, pero afirma que la narcomáquina recurre sobre todo a la difusa y a la disciplinaria, como en el caso de las muertas de Juárez o de la abundante taxonomía en que se ordenan —según la forma en que fueron asesinados y/o la presentación posmórtem de sus cuerpos— los cadáveres que "aparecen" para expresar un mensaje, cuyo objetivo es siempre disciplinar y amedrentar.

Para Reguillo, la violencia expresiva de la narcomáquina no solo encarna en los cuerpos, sino también en las palabras. De esta manera, cita a Primo Levi para afirmar que la lengua siempre configura y organiza la experiencia de la violencia, y propone el término *narcoñol* para dar cuenta de su profunda penetración en el habla coloquial:

> Cuando la violencia avanza como *lingua franca* (Segato 2004), tiene que encontrar palabras, términos, modos y metáforas para hablar de sí misma (con la colaboración de los medios de comunicación). El narcoñol es, entonces, un ejercicio que pretende producir cierta inteligibilidad sobre las logísticas, los modos, las estrategias, los valores, las cifras y, sobre todo, los impactos de la narcomáquina. (2011)

El *narcoñol* ofrece una profusa taxonomía, que es a la vez un léxico, para clasificar los cadáveres según la expresión material de su aparición y, por ende, según el mensaje que en cada caso comunican: "decapitados" (o "degollados"), "desmembrados", "embolsados", "encajuelados", "encintados", "encobijados", "enmaletados", "entambados", "pozoleados", "rafagueados", para ofrecer una breve muestra en orden alfabético. Sin embargo, con pocas excepciones este léxico proliferante y sumamente específico tiende a designar cadáveres masculinos o sin género reconocible; la expresión más extendida para nombrar los cuerpos de las mujeres es, en contraste, genérica: "las muertas".

Además de apropiarse —para sabotearlo— de un estilo que es producto de un pacto tácito de caballeros, otro gesto clave del libro de Dorantes es rehusarse tanto al *narcoñol* como al sensacionalismo de la nota roja, en contraste, por ejemplo, con "Los muertos", el poema leído en el Zócalo de la Ciudad de México ante una multitud por María Rivera el

6 de abril de 2011, durante la Marcha Nacional por la Paz convocada por el también poeta Javier Sicilia. Se trata de un poema de denuncia, cuyos primeros versos reiteran el catálogo:

> Allá vienen
> los descabezados,
> los mancos,
> los descuartizados,
> a las que les partieron el coxis,
> a los que les aplastaron la cabeza,
> los pequeñitos llorando
> entre paredes oscuras
> de minerales y arena.
> Allá vienen
> los que duermen en edificios
> de tumbas clandestinas:
> vienen con los ojos vendados,
> atadas las manos,
> baleados entre las sienes. ("Los muertos")

Estos primeros versos de la larga intervención pública de Rivera apelan a los niños muertos como tropo lacrimógeno, haciéndolos un emblema de lo literalmente trunco ("descabezados / mancos / descuartizados", etc.) del futuro de México. Por el contrario, *Estilo* hace de las "niñas" o "nenas" —siempre en femenino— el sujeto de una enunciación colectiva: "Una hilera de nenas esperando" (14); "Por debajo y por dentro somos un mar de nenas de ceniza" (16); "Unimos nuestros labios de niñas mojadas con algún combustible" (17); "Somos cientos de nenas" (18); "Somos un mar de nenas desnudas" (20), etc. Esa voz femenina colectiva se presenta infantilizada, pero a manera de máscara: "Nos cubrimos nuestras caras de niña" (15); "Cara de niña y lengua de animal" (21); "Somos la lengua de animal y máscara de niña" (34); "Las niñas llevamos tu máscara de presidencia perfecta" (39). Esta voz se dirige con frecuencia a una segunda persona, casi siempre innominada, con la excepción de un par de vocativos: "fervor", que se repite, y "País", que ocurre una única vez, y que parecería una referencia explícita si no hubiese aparecido contradicha antes: "Somos el exterminio. El lugar sin país" (19). Las reiteradas referencias a las máscaras —la palabra aparece nueve veces— refuerzan el vínculo sadomasoquista que se establece entre esa voz colectiva femenina —que no calla sino que expresa una y otra vez su deseo— y la brumosa segunda persona: "Venimos a visitar tu cama. Un racimo de nenas. Todo era muy ambiguo. Todo estaba sin sangre. Venimos. A abordarte. A buscarte las manos para la tortura" (11). Y también:

> Todas queremos que nos mantengas vivas. Queremos que nos tengas hirviendo. Que digas sí y más. Que ordenes échense y muéstrenme la lengua. Todas queremos que nos enrojezcas. Que nos atravieses. Queremos recibir el golpe de tu lengua y perdernos. Intenta sujetarnos y pasear con nosotras. Intenta descubrir lo que somos. Somos tus códigos, una hilera de cifras para que nos sometas. Números rojos y brillantes. Hirviendo. (13)

Además de la clara referencia al estupro, la elección de ese vínculo es por supuesto irónica: las relaciones sadomasoquistas suelen ser de naturaleza contractual, basadas en el consentimiento, que en este caso no podría existir si interpretamos el libro como una recodificación estilística de la violencia expresiva ejercida contra una población, y especialmente contra las mujeres. Por otra parte, el vínculo sadomasoquista a menudo supone una inversión: el sujeto pasivo es quien detenta el control, precisamente porque lo delega para entregarse de lleno a su propio goce, dado que es el sujeto dominante quien está, a fin de cuentas, dedicado —*sometido*— a la satisfacción del deseo del otro. Hay algo, sin embargo, de esa inversión en *Estilo*: la intervención estilística que lleva a cabo el libro es también un sabotaje —una recodificación, incluso un hackeo—, que se oculta detrás de un lugar de aparente pasividad genérica, en ambos sentidos del calificativo. La repetición del significante "mina" —con sus tres sentidos: mujer; sitio de extracción o explotación de recursos naturales; y explosivo— es una de las claves de esta estrategia: "Te esperamos latiendo como minas" (16); "Somos minas latiendo" (18); "Minas latiendo bajo el agua que el sol atraviesa" (28); "Como minas latiendo" (35). Además, ese significante vuelve a resonar, *latente*, en otros: "Que ter-*minen* los picos. Que ter-*minen* y duelan ter-*minando*" (12); "Este libro no existe. Es un organismo que ca-*mina*" (34), etc. El libro de Dorantes es un dispositivo orgánico que busca *minar* desde adentro un estilo entendido como automatismo de la enunciación: "El lugar no es humano y ger-*mina* dentro de nosotras. Vamos a florecer sin tu consentimiento" (41).

Por otra parte, a diferencia de "Los muertos", *Estilo* no busca representar, sino a lo sumo sugerir: se podría decir que es una máquina no figurativa. A pesar de su negativa a la mímesis, el libro de Dorantes interviene en el proceso de *codificación* de esa violencia difusa, fantasmal. "Somos tus códigos, una hilera de cifras para que nos sometas" (13); "¿Puedes oír los códigos que somos?" (14); "Tus códigos ardiendo" (15); "Estamos aquí como el rastro de un código" (19); "Orfebrería de códigos destrozando la noche" (27); "Es solo un monitor plagado por los códigos para que nos entiendas" (34); "De lo que nunca existe igual que este libro desde donde te modulamos cada código. Tras esta superficie no hay más que códigos calientes y veloces estrictamente coordinados" (38); "Esa vida se sostiene en los códigos" (40).

En *Estilo*, la codificación de la violencia —tanto a nivel propiamente estilístico como de la representación— está regida por la categoría de lo sublime, en sus dos acepciones clásicas. Por un lado, lo sublime aparece en el sentido del Pseudo-Longino: como una retórica —o una serie de técnicas retóricas— cuyo objeto es producir un efecto de elevación y sobrecogimiento. Si bien reconoce la existencia de "disposiciones para lo sublime [...] generalmente innatas" (2007, 33), el Pseudo-Longino contradice a quienes "piensan que es equivocarse completamente querer conducir cosas de este tipo a preceptos técnicos", y ofrece una serie de herramientas para alcanzar "cierta cima y excelencia en el discurso", dado que "no es a la persuasión de los auditores, sino al éxtasis que lleva lo prodigioso; lo asombroso, junto a lo que arrebata, siempre prevalece por doquier sobre lo persuasivo y gracioso" (21-22). Para el Pseudo-Longino, sin embargo, lo sublime se realiza de forma más plena cuando encubre que es artificial, producto de una técnica:

> Por eso se manifiesta óptimamente la figura cuando permanece oculto que es figura. Lo sublime y la pasión ofrecen, pues, un antídoto y un auxilio asombroso contra la sospecha debida al empleo de las figuras, y el artificio, rodeado de alguna manera por el esplendor de la belleza y la grandeza, queda oculto y se sustrae a toda

> sospecha. [...] Tal vez algo no muy distante de esto ocurre en la pintura: pues sobre el mismo plano están la sombra y la luz en los colores, y sin embargo es la luz la que se adelanta a los ojos, y no solo resalta, sino que parece estar mucho más cerca. Así también en los discursos las pasiones y lo sublime están más cerca de nuestras almas, y por cierta afinidad natural y por su resplandor siempre se manifiestan más que las figuras, ensombrecen su artificio y las mantienen, por así decir, cubiertas bajo un velo. (60-62)

El libro de Dorantes se apropia del estilo sublime —en el sentido del Pseudo-Longino— del "poema mexicano promedio" y lo descoloca para descorrer el velo que oculta que no es natural y *poético* sino más bien producto de una construcción retórica. En consecuencia, el gesto busca devolverle su especificidad —y su urgencia— histórica a un estilo "que caracterizó a gran parte de la poesía mexicana y en particular a la de las décadas finales del siglo XX: poemas que se querían iluminaciones; instantes suspendidos en el tiempo, fuera de la historia" (Fabre 2008, 9). Como desarrollaré más adelante, Dorantes trabaja el choque entre dos formas de lo sublime no solo para historizar ese dispositivo retórico hierático sino también para señalar la calculada apatía que lo sustenta, que también es un afecto político modulado con artificios. Como si se empeñara en hablar una lengua lo más lejana posible al habla coloquial de México, tan juguetona y procaz, Fabre observa que a esa poesía "le falta calle", y encuentra que detrás del clasicismo hay en verdad un clasismo que se oculta a plena luz de su esplendor verbal:

> Porque aunque haya todavía quienes se empeñen en negarlo (o tal vez sea un tanto invisible para sus practicantes), durante la mayor parte del siglo XX hubo un modelo poético imperante en México que se identificaba a sí mismo con las dimensiones "más sublimes" de la lengua: un lenguaje de "altos vuelos" sustentado en una confianza desmedida (y un tanto anacrónica) en los poderes de la lírica. Podría leerse, incluso, un cierto "clasismo" más que un "clasicismo" (en un país tan clasista como éste) en las exquisitas maneras de aquel modelo poético. Un intento por demostrar, poema a poema, una pretendida superioridad sobre otras posibilidades verbales. ¿A la poesía mexicana le faltaba / falta calle? Sorprende que siendo el

lenguaje coloquial tan lúdico en México, la poesía fuera tan tiesa, tan acartonada, bien formalita. Un asunto de buenos modales. De gente bien educada. Culta. (7-8)

Siguiendo a Pierre Dardot y Christian Laval, Rafael Lemus estudió, para el caso mexicano, la "batalla intelectual que precede y acompaña a las políticas de liberalización económica, consistente, sobre todo, en una crítica sistemática al estado de bienestar practicada por políticos e intelectuales", concentrándose en la labor de la revista *Vuelta*, encabezada por el propio Octavio Paz, tal vez el principal modelo de ese estilo "mexicano promedio", tan impermeable a los vaivenes del lenguaje de la calle como a las urgencias del contexto histórico. Lemus rastrea el giro a la derecha de este *think tank* liderado por Paz, que comenzó criticando al Estado burocrático priísta para luego señalar los peligros del populismo encarnado por la izquierda al tiempo que justificaba las reformas neoliberales instauradas, precisamente, por el PRI. Durante su argumentación, Lemus exhuma parte del discurso pronunciado por Paz en 1988, durante el sexenio de Carlos Salinas de Gortari, en ocasión del acto inaugural de una institución subsidiaria del recién creado Consejo Nacional para la Cultura y las Artes de México (Conaculta), el Fondo Nacional para la Cultura y las Artes (FONCA), a través del cual se establecía un sistema de becas a escritores, artistas y realizadores. En ese discurso, Paz exalta la modernización neoliberal llevada a cabo por Carlos Salinas de Gortari, a quien llega a comparar con Lázaro Cárdenas por el alcance revolucionario de las transformaciones introducidas.

Más allá de la hipérbole de Paz, importa sobre todo señalar que el advenimiento del neoliberalismo en México coincide en el tiempo con la creación de un sistema institucional dedicado a financiar la cultura, en el que la figura —física o simbólica— del laureado poeta y ensayista desempeñó un papel fundamental. Así, en 1988, una década después de la fundación del FONCA, y gracias a la donación de once empresarios mexicanos, entre los cuales se contaba Carlos Slim, el gobierno de Ernesto Zedillo creó la Fundación Octavio Paz que, con la desaparición física del Nobel, pasó a llamarse Fundación para las Letras Mexicanas en 2003, otorgando también apoyos a escritores. En *La tiranía del sentido común. La reconversión neoliberal de México*, Irmgard Emmelhainz subraya la importancia de este sistema institucional de subsidios a la cultura, y del

FONCA en particular, en la "batalla intelectual" que acompañó la implantación del neoliberalismo como sentido común y sensibilidad:

> La forma de gobernar a través del poder mediático y de la creación de públicos es inseparable de la construcción de una clase de productores culturales —que existe por y para sí misma y para demostrar la salud democrática del país— a través de un sistema de becas instaurado por el gobierno de Carlos Salinas de Gortari, el FONCA. (2016, 53)

Sin ánimo de participar de una polémica inagotable en México, que cada tanto resurge, como con los intentos de reforma del FONCA ensayados por el gobierno de Andrés Manuel López Obrador —si los evidentes beneficios de subsidiar la creación artística contrarrestan las desventajas—, el propósito de este argumento es mostrar cómo la transformación de un estilo autoral en un automatismo de la enunciación puede estar mediada por las instituciones. Lejos de afirmar que los poetas subsidiados por el FONCA hayan sido cooptados uno por uno por el Estado neoliberal —o que constituyan una "clase" o casta homogénea, como parece sugerir Emmelhainz—, la normalización estilística que deploraba Fabre, y que el libro de Dorantes se propone sabotear, sí parecería relacionarse con la institucionalización de los apoyos ideada por el tándem Salinas-Paz, máxime cuando se percibe que la emulación de un estilo celebrado podría redundar en beneficios pecuniarios. En consecuencia, que un estilo material y simbólicamente remunerado se pretenda al margen de la historia en un momento de grandes convulsiones políticas no puede parecer casualidad, de la misma manera en que no se puede decir que mantener a los artistas alejados de la "calle" sea contrario a los intereses del poder político en un contexto semejante.

Además de apropiarse de un estilo sublime, corporativo e institucionalizado, a fin de sabotearlo, quizá la intervención más poderosa que lleva a cabo el libro de Dorantes tiene que ver también con lo sublime, pero en términos no retóricos sino estéticos, según las formulaciones de Edmund Burke retomadas por Immanuel Kant en la *Crítica del juicio*, así como con desarrollos más contemporáneos. Burke establece una diferencia entre el placer positivo y el alivio que produce librarse del dolor o el peligro: el placer es materia de lo bello; y esa segunda sensación, que Burke llama "*delight*", y que causa un alivio del dolor, el peligro o el terror, es fuente de lo sublime:

> Todo lo que capaz de excitar las ideas de dolor y peligro, es decir, todo lo que es terrible, o que se relaciona con objetos terribles, o que actúa de manera análoga al terror, es una fuente de lo sublime; es decir, produce la emoción más fuerte que la mente es capaz de sentir. Digo la emoción más fuerte porque estoy convencido de que las ideas de dolor son mucho más poderosas que las que surgen por el lado del placer. (1999, 36)

Para Burke, lo sublime —que produce emociones más poderosas que lo bello— se relaciona con la autopreservación, y es en cierta medida una experiencia mediada, neutralizada, del terror. Este último, junto con la piedad, eran los afectos que debía suscitar la catarsis trágica para Aristóteles, en quien parece inspirarse Burke. En relación con esto, el libro de Dorantes se apropia de un estilo sublime en su retórica para hablar del terror, con el fin de señalar de forma irónica la flagrante desconexión que existe entre ese automatismo enunciativo y su terrible contexto de producción. Por eso la experiencia del dolor aparece en *Estilo* enmascarada de placer o de goce consensuado —el vínculo sadomasoquista—, y disfrazada con palabras bellas.

Mientras que para Burke sería una afección suscitada en la mente por objetos del mundo sensible, Kant piensa lo sublime en relación con aquello que desborda la capacidad de la imaginación de producir representaciones. De esa manera, Kant distingue dos modalidades: lo *sublime matemático*, que es producto de un juicio subjetivo sobre una magnitud inconmensurable; y lo *sublime dinámico*, que Kant pone en función de la potencia de aquellas "cosas que reducen a una insignificante pequeñez nuestro poder de resistencia, comparado con el de tales potencias" (91), y que suscita temor. Así, tanto Kant como Burke relacionan lo sublime con una experiencia mediada —y por lo tanto neutralizada— de lo terrible que reafirma la autopreservación; por otra parte, ambos lo conciben sobre todo en relación con la naturaleza, de la que toman la mayoría de los ejemplos que emplean en sus respectivas argumentaciones. Sin embargo, para Kant lo sublime no tiene como verdadero objeto lo sensible, sino en último término —y luego de una serie de complejas mediaciones— reafirmar de manera paradójica, a partir del reconocimiento de los límites de la imaginación, una superioridad e independencia humanas respecto de la naturaleza (1999, 91-92).

Por motivos que huelga precisar, los desarrollos más contemporáneos de lo sublime no suelen compartir el optimismo de Kant respecto de la primacía de la razón; por el contrario, tienden a remarcar sus excesos. Tampoco acostumbran enfocarse en las fuerzas desatadas de la naturaleza, dado que en nuestra época la relación que los humanos establecemos con ella, así como la forma de representárnosla, han cambiado de manera significativa. Como observa Bruno Latour:

> Deténgamonos a reflexionar sobre el concepto del "antropoceno", esa asombrosa invención léxica propuesta por los geólogos para ponerle algún nombre a nuestra época actual. Nos damos cuenta de que lo sublime ha desaparecido en cuanto ya no somos considerados como esos insignificantes humanos dominados por la "naturaleza", sino, por el contrario, como un gigante colectivo que, en términos de teravatios, ha crecido tanto que se ha convertido en la principal fuerza geológica que modela la Tierra. (2015, 22)

En estas figuraciones más recientes de lo sublime, lo que con más frecuencia supera la imaginación humana y la mueve al terror es el funcionamiento inescrutable y maquinal de las fuerzas políticas, de la máquina capitalista como fuerza extractiva y planetaria a la vez. La novela *El proceso* de Franz Kafka tal vez sea el ejemplo más emblemático de esta concepción de lo sublime, en tanto narra el fracaso de su protagonista, Josef K., en su intento de oponerle la razón a un brumoso poder que, si bien encarna en el aparato burocrático del Estado y en particular en el Poder Judicial y en la Ley, resulta pavoroso sobre todo por la imposibilidad de representárselo, tanto en términos de su tamaño —porque parece ocuparlo todo— como de su potencia y alcance, que dan la impresión de ser ilimitados.

En *Postmodernism, or, the Cultural Logic of Late Capitalism*, Fredric Jameson (1991) retoma la relación con la experiencia del terror establecida por Burke, a la que luego Kant le había agregado el problema de los límites de la figuración, y propone una reformulación de lo sublime para el capitalismo tardío no centrada en la naturaleza, sino en la tecnología, y en particular en la informática, que llama lo *sublime histérico*:

> Sin embargo, como ya he dicho, no quisiera insinuar que la tecnología es de algún modo la "última instancia determinante" de nuestra vida social en la actualidad o de nuestra producción cultural: esa tesis, por supuesto, coincide en última instancia con el concepto posmarxista de la sociedad posindustrial. Más bien, quiero sugerir que nuestras representaciones erróneas de una inmensa red de comunicaciones y computadoras no son en sí mismas más que una representación distorsionada de algo aún más profundo, a saber, todo el sistema mundial de un capitalismo multinacional contemporáneo. La tecnología de la sociedad actual es, por lo tanto, hipnótica y fascinante, no tanto por sí misma sino porque parece ofrecer una forma abreviada de representación privilegiada para captar una red de poder y control aún más difícil de percibir para nuestras mentes e imaginaciones: la nueva red global descentralizada de la tercera etapa del capitalismo. (37-38)

Lo *sublime histórico* no refiere de manera necesaria a las figuraciones tecnológicas que desbordan la imaginación sino más bien a la idea de un sistema reticular descentralizado y sumergido, que precisamente la imposibilidad de representarse el alcance y la potencia de esas figuraciones permitiría intuir. A diferencia de lo sublime kafkiano, donde el aparato burocrático estatal aparecía como una máquina deshumanizada en el marco de una sociedad que Foucault llamaría *disciplinaria*, esta nueva formulación sería característica del capitalismo en su fase transnacional. Propio de las sociedades que Deleuze —siguiendo a William Burroughs— llamó *de control*, las fuentes más frecuentes de lo sublime histórico suelen ser de otro orden de ininteligibilidad, a menudo inmaterial: la complejidad inimaginable del sistema financiero; los misteriosos algoritmos que presiden sobre la vida social y política contemporánea; el oscuro funcionamiento de las fuerzas de inteligencia, vigilancia y seguridad que, como la base de un iceberg, conforman una porción creciente del Estado neoliberal.

Así, antes que una verdadera retirada estatal, la fase más reciente del neoliberalismo, donde sus potencialidades fascistas se hacen cada vez más visibles, parece haber traído una transformación que compensó perversamente el adelgazamiento del estado de bienestar con una hipertrofia securitaria cada vez más privatizada, paraestatalizada o paramilitarizada, que parece derramarse de las periferias a los centros y cuya impenetrable opacidad desborda la imaginación y mueve al terror.

Desde su advenimiento, el neoliberalismo ha empleado los márgenes y espacios fronterizos como bancos de pruebas: por ejemplo, el Cono Sur y el Bronx, como propuso David Harvey. Es en este sentido que Ciudad Juárez y la frontera entre los Estados Unidos y México pueden considerarse *un laboratorio del futuro*, donde se ensayan nuevas formas de gestión y dominación que a menudo parecen distopías del pasado. En el México neoliberal, se trata de la experiencia de "un autoritarismo disfrazado de una versión neocolonial de democracia que funciona solo para criollos y mestizos de clase media y alta, y violencia de Estado y precariedad para los demás", como señala Irmgard Emmelhainz (2016, 42) inspirándose en el concepto de soberanía calculada de Aihwa Ong.

En *Estilo*, el contraste entre un estilo vaporoso y la sangrienta realidad aludida, que sin embargo no se llega a representar, evidencia aún más el carácter difuso de la violencia expresiva del dispositivo semiótico que Rossana Reguillo llamó *la narcomáquina*. Ese dispositivo —gaseoso, deslocalizado e ininteligible— resulta ciertamente "sublime" en el sentido *histórico* de Jameson; la propia estructura de *Estilo*, que juega con la idea de una serie numerada que sin embargo no se puede ordenar, pone en abismo la imposibilidad de *representarse* esa violencia, que no obstante no se puede dejar de *percibir*.

De esta manera, rechazando de plano el narcorrealismo para denunciar el conflicto en la frontera, Dorantes exhibe mediante un dispositivo formal la continuidad y la dependencia estructural entre zonas —culturales, sociales y territoriales— en apariencia desconectadas por el ejercicio de la soberanía calculada, no solo en México sino en todos los "lugar[es] sin país" (2011, 19) que el neoliberalismo va creando a su paso en todos los países. En relación con México, *Estilo* hace chocar lo sublime en sus sentidos retórico y estético para mostrar que coinciden en su codificación y solapamiento de una experiencia del terror.

3

Traficando rimas

Dos jóvenes delgados con camisetas negras varias tallas más grandes que sus cuerpos y gorritas de béisbol se bajan de una "troca" Ford F-350 del mismo color —que además tiene los cristales polarizados— y suben los cinco escalones que conducen a la entrada vidriada de un flamante edificio, que a primera vista parecería la mansión de un narcotraficante. Después de un corte casi imperceptible, vuelven a bajar las escaleras en compañía de dos hombres, también bastante jóvenes pero mayores que ellos, que parecen ser sus jefes; uno, de hecho, le palmea la espalda al subalterno en actitud condescendiente.

Los rostros de los jóvenes, ocultos por las gorras y el montaje, no se alcanzan a ver, reforzando la idea de escalafón jerárquico. Acto seguido, vuelven a subirse a la troca, pero cambian de lugar: los jóvenes de caras invisibles se ubican en el asiento de atrás; uno de los jefes se coloca al volante y el otro, el de la palmadita, que parece ostentar el mayor rango, ocupa el asiento del acompañante. Amén de señalar su jerarquía, no ejercer el trabajo de chofer le permite tener las manos libres para gesticular de manera ampulosa al compás de las *lyrics* que se pone a *escupir*, sobre una base insistente y ominosa, no bien la camioneta empieza a andar:

>   Dale subiéndole hasta California
>   desde Babilonia,
>   mami no me he ganado el Grammy
>   pero mi Coronado está en las *mansions* de Miami,
>   pelón como el Gortari, maestro pa' la transa,
>   mi dicho está llegando en Colorado y en Atlanta,
>   Argentina ya conecta las visitas del MySpace 4 millones 490,
>   neta somos los de a neta traficando rimas por todo el puto planeta,
>   nos han echado reta y resultan ser paleta,
>   nosotros nos ponemos en troconas y en banquetas,

congos y cantinas,
toda América Latina está consumiendo la rima,
como Cuauhtémoc Blanco para que me leas,
no le dieron pichichi pero le dio a Galilea,
te la dejo de tarea para que te eduques,
tengo cien tontas [toneladas] de rimas descargándose del buque.
(Cartel de Santa 2010)

A pesar de las alusiones delictivas, no es un videoclip de un grupo marginal: el rapero "pelón como el Gortari" —referencia, sin duda, al presidente en cuyo sexenio se firmó el Tratado de Libre Comercio de América del Norte (TLCAN), y al que suele atribuírsele la implantación del orden neoliberal en México— es Eduardo Dávalos Luna, más conocido como Babo, el vocalista principal de Cartel de Santa, "el grupo más grande comercialmente que ha dado el rap mexicano... Es el Maná del rap... Son gigantes", según el poeta y periodista Feli Dávalos, uno de los mayores expertos en hip-hop de México (comunicación personal). Y el hombre joven al volante de la F-350, que lleva el pelo rapado al ras y bandana, es Alan Alejandro Maldonado Tamez, apodado Dharius, antiguo compañero de Babo en La Real Academia de la Rima, un *crew* que no llegó a alcanzar la popularidad del Cartel de Santa. Dharius integró la banda de 1999 a 2013 como *apoyador*; es decir, un segundo vocalista encargado de ofrecerle contrapunto al frontman, y a la vez de brindarle oportunidades de descansar la voz durante las presentaciones en vivo. Si bien algunos foros de internet atribuyen la partida de Dharius a un supuesto *affaire* con la compañera sentimental de Babo, en general la rumorología coincide en que fue apartado del grupo por tratar de iniciar una carrera solista en paralelo, una confirmación del verticalismo que, como los verdaderos carteles, parecería profesar la agrupación de Santa Catarina.

La escena es el primer minuto del video de uno de los cortes de difusión —que lleva el sugerente título de "Traficando rimas"— de *Síncopa*, un álbum de 2010. El relato que esbozan las imágenes es bastante genérico: dos soldados, dos subalternos de una organización criminal van en una troca —el vehículo que, como el caballo al cowboy, suele asociarse al narcotraficante— a buscar a sus jefes a una ostentosa mansión. Sin embargo, al observar la escena con mayor detenimiento, es claro que se trata de un hotel, porque junto al breve tramo de escaleras hay una rampa para huéspedes con movilidad reducida, o quizá para facilitarles a los botones el transporte del equipaje. Se podría decir, de esta manera, que hay un desplazamiento de una industria a otra: del narcotráfico al turismo.

Por un lado, se establece una analogía entre la libre circulación de la música por medio de las plataformas de internet ("mi dicho está llegando en Colorado y en Atlanta / Argentina ya conecta las visitas del MySpace 4 millones 490") con el tráfico de drogas a través de las fronteras ("toda América Latina está consumiendo la rima") y el flujo transnacional de capitales que pone en movimiento. Por el otro, el contraste entre la actividad delictiva a la que alude el video y el estatus absolutamente *mainstream* de la banda ("Son el Maná del rap", como sentenció Feli Dávalos), que ha grabado canciones con artistas de la popularidad de Julieta Venegas y Tego Calderón, produce un efecto cuanto menos teatral.

Ese efecto se acerca al paroxismo pasado el primer minuto del video, cuando tras un corte la música se detiene para dar paso a un breve interludio dramático que en la versión del álbum no aparece. En la escena, se ve a Babo caminando rumbo a un muelle, donde lo espera un hombre de baja estatura y la cara oculta por unos anteojos de sol, frente a una embarcación precaria y oxidada —el "buque" del que habla la primera estrofa—, de donde otros dos hombres descargan unas cajas. Acto seguido, tiene lugar un diálogo que dramatiza una transacción ilícita, con la salvedad de que lo que se trafica no son estupefacientes:

> Hombre: Tírelo.
> Babo: ¿Qué once, carnalito? ¿Qué dice, cómo está?
> Hombre: ¿Qué onda, amigo? Aquí les traje sus rimas. Están chidas, pura calidad, pura calidad.
> Babo: Mueva unas cajitas... Pa' mi compa Bicho.
> Hombre (*a uno de los estibadores*): Órale, compadre, apúrele.
> Babo: Tíremelas en la calle.
> Hombre: Ya está, Compa, las que quiera.
> Babo (*haciéndole un gesto a alguien fuera de cámara*): La troca. Bueno, ahí la vimos.
> Hombre: Ya está, papi. Estamos en contacto. Cuídese. Que Dios lo bendiga.

Babo: Estamos cotorreando, carnal.

Enseguida se reanuda la música y, desde el muelle, Babo entona el estribillo de la canción:

Traficando rimas, traficando estilo,
traficando kilos de vocales y sonidos,
traficando rimas, traficando estilo,
traficando kilos de puro sonido chido.

Mientras tanto, los dos estibadores siguen descargando las cajas del barco, que luego depositan en la parte de atrás de la pick-up (la troca). Por si no hubiera quedado lo suficientemente claro, un breve primer plano da a conocer de manera inequívoca el contenido del contrabando: en esténcil rojo o verde con el logo de la banda, puede leerse, en mayúsculas, "RIMAS".

La analogía que establece la escena —entre la droga y la rima como mercancía cuya ilegalidad o transgresividad constituyen un importante valor agregado— es tan literal que parece obvia, pero justamente ese exceso de literalidad complejiza la relación entre ambos términos. Por un lado, es evidente que, al igual que la droga, la música circula —se "trafica"— ignorando las fronteras por medio de internet ("Argentina ya conecta las visitas del MySpace 4 millones 490") y que, como a los narcóticos, al hip-hop a menudo se le atribuye un carácter contracultural que lo vuelve aún más monetizable: según la doxa neoliberal, se trata de vender no tanto un producto material sino sobre todo un *lifestyle* asociado a su consumo; es en ese sentido que la canción se jacta de traficar "estilo". De paso, equiparar narcóticos y rimas permite reforzar la inscripción del Cartel de Santa al *rap malandro*, un subgénero del que fueron pioneros, pero que el éxito comercial alcanzado por la banda podría, paradójicamente, amenazar.

Sin embargo, la analogía deja de ser evidente si se consideran sus implicancias a la luz de las imágenes; y, en particular, de las escenas dialogadas en que la música se interrumpe, exclusivas del videoclip. A primera vista, pareciera que hay un desplazamiento metonímico entre las "rimas" y la música del Cartel de Santa, que sin duda son la mercancía con que comercia el grupo más allá de las fronteras, gracias a las facilidades para hacer circular contenidos en formato digital a través de internet ("traficamos rimas por todo el puto planeta"). Pero la letra insiste en la literalidad, y la dramatización desmiente o relativiza aún más ese desplazamiento: que se muestre el desembarco de las rimas en cajones sugiere que han recorrido un largo e ilícito camino desde su lugar de producción a la plaza en que serán distribuidas; aunque sin ser rebajadas o adulteradas para maximizar su rendimiento —como es costumbre con la cocaína—, dado que la banda se jacta de traficar "kilos de vocales y sonidos [...] kilos de *puro* sonido chido".

En concreto, de la pureza de las rimas que declara la letra y, sobre todo, del hecho de que en el videoclip se las vea llegar en un buque empacadas en cajas con el logo del Cartel de Santa, se puede inferir, siguiendo la lógica que establece la analogía, que el rol de la banda no es en un sentido estricto la producción de esas rimas, sino más bien el tráfico, la distribución y el *branding* ("traficando rimas, traficando estilo"). A su vez, esta inferencia conduce a una serie de preguntas: si las rimas equivalen a drogas que llevan el logo (el "estilo") del Cartel de Santa, ¿con qué entidad se corresponde la mano de obra que, fuera de cuadro, habría que deducir que *produce* esas rimas? ¿En qué consiste el proceso de producción? Y más concretamente, ¿con qué droga se establece la analogía? Las *lyrics* se prodigan en alusiones deliberadamente ambiguas a la marihuana y a la cocaína, mientras que no parece haber referencias a la heroína, ni a drogas de síntesis artificial como la metanfetamina, el MDMA o el LSD. Por ende, si la identificación es con la marihuana, la rima sería equiparable a una materia prima que es necesario recolectar o extraer: "que truenen los cajones y zumben las bocinas / con la materia prima de Santa Catarina". En cambio, si la analogía es con la cocaína ("ésta es buena merca pa' zumbar en los cantones"; "traficando chida sin corte ni malía"), entonces se trata de la síntesis, aunque a partir de una materia prima, de una sustancia producida en un laboratorio clandestino, tarea de la cual, en cualquier caso, la banda no se ocuparía de manera directa. Respecto del rol específico del grupo en el proceso, Dharius rapea: "Allá por La Aurora en Santa tengo mi cuartel / donde laboro la mierda que te da pa' arriba". Aquí "laborar" no debe entenderse como "elaborar", sino en el sentido más genérico de "trabajar", que en este contexto implica el fraccionamiento y la venta al menudeo de esa materia prima o sustancia cuya recolección o síntesis tiene lugar, de manera significativa, en otra parte y a cargo de otras personas.

Si ese proceso productivo se lleva a cabo en otra parte, dado que las "rimas" que son "drogas" llegan en barco, ¿en qué consistiría específicamente el trabajo del Cartel (de Santa)? ¿En la coordinación logística y la gestión de la mano de obra fuera de cuadro que recoge o sintetiza esas sustancias, y de la red de transporte que la lleva hasta donde será consumida, como en parte se ve en el videoclip? En ese caso, la tarea de la banda tendría menos que ver con una actividad productiva que con un rol de supervisión, intermediación y distribución. Por lo demás, si bien las imágenes insisten en mostrar que el grupo comparte con los carteles la organización jerárquica, el videoclip da lugar a nuevas preguntas sobre su rol concreto: si —según la analogía— Babo es el líder del Cartel de Santa, ¿por qué transporta él mismo el contrabando, en su troca y a plena luz del día? ¿A qué hay que atribuirle esta clara infracción al verosímil? Sin duda no a la ingenuidad, como prueba *Los jefes* (Rodríguez 2015), el largometraje realizado por el director de videoclips Jesús "Chiva" Rodríguez a partir de un guión del propio Babo.

La trama, que en no pocos momentos parece una versión en clave neoliberal y fronteriza de *El juguete rabioso*, de Roberto Arlt, narra la catábasis de Poncho, un estudiante de clase acomodada de una universidad privada de Monterrey, en cuyo estacionamiento trabaja —de cuidacoches— un conocido suyo, un joven de clase menos privilegiada al que llaman el Greñas. Los dos muchachos parten en busca de marihuana en la troca de Poncho, regalo de su padre, un poderoso empresario con importantes conexiones políticas.

El Greñas lleva a Poncho a Santa Catarina, a casa del Bomba, un traficante de poca monta, que luego de una serie de episodios —y envalentonado por el consumo inesperado de metanfetamina— decide secuestrar a los jóvenes para exigirle al padre de Poncho una recompensa que le permita saldar una cuantiosa deuda con otro narco de mayor jerarquía, el Perro, interpretado por el mismo Babo.

Pero un giro de la trama revela que es solo un testaferro y sicario del verdadero jefe, que no es otro que el padre de Poncho. Luego de matar a uno de los secuaces del Bomba, el padre de Poncho obliga a su hijo a ejecutar a su secuestrador, orden que el joven demora en acatar, tembloroso y bañado en lágrimas. Acto seguido, el empresario ajusticia al Greñas por haber llevado a su hijo a comprar drogas —aunque más tarde se sugiere que el menor queda gravemente herido pero con vida—, y le ordena al Perro enviar un mensaje mafioso, típico de los carteles, con los cadáveres del Bomba y sus secuaces:

> Perro: ¿Qué procede, patrón?
> Alfonso Sr.: Me los cortas en pedazos y me les pones un pinche anuncio, para que no anden diciendo que nosotros andamos secuestrando gente.
> Perro: Está bien, ahorita le digo a la raza que le metan machete.
> Alfonso Sr.: Así le hacemos, entonces.
> Perro: Ya está, ahí nos estamos viendo.
> Alfonso Sr.: Hecho.

Pero no bien el empresario parte en su camioneta blanca, llega la policía y detiene al Perro y a sus hombres. Tras un corte, Poncho mira por televisión un noticiero donde se anuncia la captura, aunque señalando no solo al hijo sino también al padre como víctimas de un secuestro. Se vuelve manifiesto que todo ha sido una operación para encubrir al empresario: se escucha a la presentadora destacar la detención de "Gerardo Ávalos Pérez, el Perro, quien es señalado presuntamente como líder de la banda". La pantalla funde a negro, y mientras ruedan los títulos suena "Yo no creo en la democracia", de Millonario —que además interpreta al Bomba en la película—, un rapero producido por Casa Babilonia, el sello discográfico del Cartel de Santa, lo cual es doblemente llamativo: porque la banda compuso íntegramente el soundtrack de la película, con la intención de superar la apuesta conceptual de *Síncopa*, su álbum más logrado, en el que cada canción se entreteje con la siguiente; y por el mensaje que transmite la letra respecto de la violencia y el narcotráfico en México:

> Yo no creo en la democracia,
> son los que generan la violencia,
> con su ignorancia y prepotencia
> lastiman al pueblo, mujeres y hombres,
> ayudan al rico mientras joden a los pobres.
> Aquí no hay trabajo, aquí no hay dinero,
> por eso la banda trabaja de callejero,
> para su familia, para llevar el pan a su casa,

saca su pistola y no comen si fracasa,
los políticos no conocen la calle, no conocen la pobreza.

La película no suscribe al relato oficial, que sostiene que la violencia de la guerra contra el narco sería producto de un enfrentamiento, del que la población civil sería un mero rehén, entre diversos carteles, poderosos adversarios que el ejército y la policía intentarían combatir sin éxito, puesto que el Estado se vería desbordado. Por el contrario, *Los jefes* vuelve a presentar a los narcotraficantes literalmente como *empresarios*, gángsteres de troca blanca en connivencia con las autoridades y protegidos por los medios de comunicación. Así, los carteles aparecen como un tipo de empresa que lleva al extremo la lógica neoliberal, porque no solo desafían el marco legal y regulatorio del Estado en aras de la absoluta libertad de comercio, sino que le disputan el monopolio del uso de la violencia; o más bien se lo reparten, de manera oligopólica, con las autoridades.

Antes que con los verdaderos jefes, *empresarios* en ambos sentidos del término, que actúan en connivencia con los políticos, la identificación del Cartel de Santa parece ser más bien con los "callejeros" —usualmente llamados "cholos" de manera despectiva— de los que habla Millonario en la canción con que termina la película ("Aquí no hay trabajo, aquí no hay dinero / por eso la banda trabaja de callejero"), que también parecen ser su público, amén de sus seguidores más *mainstream*, que consumen la fantasía transgresora y a veces delincuencial que les ofrece la banda. Como explicó Babo en una entrevista con el periodista Juan Ramón Peña ("Narco rap, la nueva música de los narcotraficantes mexicanos" 2010):

> El nuevo narcotráfico... "están 'chavalones' (jóvenes), ya no son esos 'viejones' que les gustaban los corridos", dijo en entrevista con *Efe* el multitatuado Babo [...] Hasta ahora, la música considerada como del gusto de capos y sicarios era la llamada "grupera", anclada con fuerza en la tradición popular del norte de México, en la que se incluyen los exitosos narcocorridos [...] En sus meses en prisión, que lo hicieron "una persona más sencilla" y sin "interés por las banalidades", conoció a las nuevas generaciones de los carteles. "La mayoría", dice, "tiene entre quince y veinte años, y el más viejo ha cumplido apenas

treinta. Son chicos del barrio, no hay tanto ex policía o maleante experimentado como antes", apunta. "A la raza no le dan jale (trabajo) porque está tatuada, pelona (rapada) o lleva aretes (pendientes); los únicos que les dan jale son estos grupos del crimen organizado", y al final del día "tienes que darle de comer a la familia", concluyó.

Trazando una analogía con uno de los monstruos —cruza de hombre, hidra y dragón— con los que debe enfrentarse Amadís de Gaula, héroe de uno de los más célebres libros de caballería medievales, Sayak Valencia llama *sujeto endriago* al personaje conceptual paradigmático del *capitalismo gore*, que según la mexicana se caracteriza por el ejercicio de una violencia extrema e hipermasculina por parte de los subalternos como forma de acceso al capital y al consumo; es decir, como carta de ciudadanía en la periferia del orden neoliberal:

> Este confinamiento al subconsumo hace que los sujetos endriagos decidan hacer uso de la violencia como herramienta de empoderamiento y adquisición de capital. Debido a múltiples factores, de los cuales enunciaremos algunos ejemplos, trataremos de evidenciar que el uso de la violencia frontal se populariza cada vez más entre las poblaciones desvalidas y es tomada en muchos casos, como una respuesta al *miedo a la desvirilización* que pende sobre muchos varones dada la creciente precarización laboral y su consiguiente incapacidad para erigirse, de modo legítimo, en su papel de macho proveedor. (Valencia 2010b)

Según Valencia, en un contexto de precariedad en que el trabajo formal como vehículo de movilidad ascendente es poco menos que una quimera, estos sujetos encontrarían en la actividad delictiva una vía de acceso al consumo, que se percibiría como marca de inclusión en la sociedad neoliberal. Así, el mandato de competencia que —según Dardot y Laval— atraviesa las subjetividades bajo el neoliberalismo se volvería, literalmente, asunto de vida o muerte.

Este modelo subjetivo violento y masculinista coincide en gran medida con el del "gangsta rap", género con el que el rap malandro suele ser homologado. En *The Mark of Criminality: Rhetorics, Race and Rap in the War-on-Crime Era*, Bryan J. McCann (2017) encuentra esos mismos rasgos subjetivos en la construcción retórica del joven negro en el marco de la "Guerra contra el crimen", declarada por Reagan a finales de la década de 1980, que tendría como consecuencia el establecimiento del *prison industrial complex*, un vigente entramado de políticas y leyes de mano dura, retórica securitaria que apela al miedo, y activa participación de intereses privados en la industria penitenciaria, fomentada por el Estado neoliberal. Según McCann, en el discurso público estadounidense se construyó a partir de esos rasgos subjetivos una "marca de criminalidad" que se utiliza para justificar que los jóvenes afroamericanos sean la principal y más abundante *commodity* de la lucrativa industria del encarcelamiento: "[e]n resumen, la marca del delito es un género retórico de negritud performativa que privilegia la hipermasculinidad, la hiperviolencia y la hipersexualidad como si fueran los rasgos centrales de la subjetividad negra" (19).

En su caracterización del gangsta rap, McCann agrega otro rasgo que Sayak Valencia consideraba una forma de inserción —a pesar de fundarse en prácticas *a priori* antisociales— en la sociedad neoliberal por parte de los excluidos: la exaltación consumista, a la que se podría añadir la introyección del culto del dinero. Citando a Imani Perry, McCann sugiere que el gangsta rap no debe interpretarse meramente en clave sociológica, como una puesta en escena de la turbulenta vida de las comunidades marginalizadas. En cambio, sostiene que a menudo los practicantes del género capitalizan el miedo de la población blanca, al punto de encarnar estratégicamente el "monstruo" construido por el discurso público:

> En lugar de desafiar los discursos predominantes sobre el crimen y el castigo, como hicieron otros artistas de hip-hop, los raperos *gangsta* como Niggaz With Attitude (NWA), el exintegrante de NWA Dr. Dre, Snoop Doggy Dogg y Tupac Shakur, por no mencionar a muchos magnates de la música astutos y oportunistas, se esforzaron por reinventar la marca de la criminalidad como una fuente de bravuconería masculina y ganancias. Esta característica central del gangsta rap lo ha convertido en objeto de fuertes críticas, incluso de desprecio, tanto en círculos intelectuales como populares. (19-20)

Esta capitalización de la precariedad —en rigor, una suerte de *branding* identitario—, podría entenderse en términos de la filósofa argentina Verónica Gago como una forma de neoliberalismo desde abajo: sujetos que suelen ser caracterizados como meras víctimas del orden neoliberal se adaptan y ejercen resistencia por medio de una apropiación plebeya de esa lógica de gestión empresarial de la vida, "una tensión donde la pulsión libertaria se camufla, se apropia y se confunde con los elementos neoliberales que se imponen" (2015).

Si bien los conflictos raciales a ambos lados de la frontera entre los Estados Unidos y México son difícilmente equiparables, además de la representación de una comunidad marginalizada —que sin duda forma parte también del público tanto del gangsta rap como del rap malandro— se trata de la monetización de un dispositivo de subjetivación que apela al miedo y a la vez a cierta fascinación del *mainstream* por esa alteridad abyecta, racializada o directamente criminalizada —hay que tener en cuenta que la principal audiencia del gangsta rap no son los afroamericanos de las *inner cities* sino jóvenes blancos suburbanos (McCann 2017); y que Cartel de Santa es, como afirmó Feli Dávalos, "el Maná del rap".

A pesar de sus diferentes genealogías, la pigmentocracia mexicana no es menos palpable que el racismo estadounidense; y esa comunidad excluida de la movilidad social ascendente por medio del trabajo formal a la que representa el Cartel de Santa, que despectivamente recibiría el mote de "cholos", se da a sí misma el nombre colectivo de "raza", como es costumbre en el norte de México. De esta forma, en palabras ya citadas del propio Babo: "A la raza no le dan jale [trabajo] porque está tatuada, pelona o lleva aretes; los únicos que les dan jale son estos grupos del crimen organizado". En cualquier caso, aunque compartan numerosos rasgos, no se debe considerar el rap malandro una simple adaptación del gangsta rap, por más que el subgénero estadounidense haya aparecido con anterioridad. Principalmente porque la genealogía que lleva del rap malandro al narco rap —aunque es discutible que Cartel de Santa pueda asimilarse a este último género— es bastante más compleja: viene, de hecho del narcocorrido, cuyas raíces se remontan mucho más atrás. Además, presenta diferentes mecanismos de circulación y se relaciona de manera diferente con el Estado.

"El Tigre", una canción no incluida en ningún álbum oficial de la banda, y que solo circula en YouTube, parece una celebración de este paradigma subjetivo común, pero da cuenta de otros rasgos que distinguen al rap malandro —y sobre todo al narco rap— del gangsta rap del sur de California, que es significativamente uno de los principales puntos de llegada del contrabando de narcóticos que pasa por México:

> Como amigo es decidido también agradecido
> y por eso me pidió saludos pa' sus bandidos
> como en los corridos pero a lo malandro
> gracias pa'l 50 que siempre lo anda cuidando
> tambien pa'l 7/7 y para el 16
> de parte del 12 por estar al 100 con él
> para el mero güeno su jefazo Halcón Sierra
> tambien pa' Halcón 21 siempre listo pa' la guerra
> que no falte el Patrón el mero chingonón
> del que no se dice el nombre pero es el que da control
> pa' todos los mañosos de la compañía
> de parte del Tigre que sigue andando bien pilas.

Según Enrique Flores, profesor de la UNAM y autor de uno de los pocos estudios sobre el rap malandro y el narco rap, "El Tigre" fue compuesta por encargo del Cartel del Golfo para celebrar a un presunto cabecilla de sicarios de Antonio Ezequiel Cárdenas Guillén, alias "Tony Tormenta", un jefe del Cartel del Golfo que luego caería abatido en Matamoros, Tamaulipas, a manos de efectivos de la Marina y de Defensa Nacional, en noviembre de 2010 (Castillo, Aranda y Urrutia 2010). Si bien no puede decirse que el Cartel de Santa sea un grupo de narco rap, en cierto modo "El Tigre" participa de este género por haber sido compuesta por encargo de verdaderos narcos y por no encontrarse en ningún álbum de la banda ni en ninguna plataforma de streaming con excepción de YouTube.

De esta manera, "El Tigre" ocupa una posición marginal en la discografía de la banda, pero no de la manera acostumbrada en la historia reciente de la música popular. No se trata de una rareza excluida de algún álbum ni de un *bootleg*, es decir, una grabación no autorizada o pirata; de hecho, llama la atención —para un grupo "malandro" que hace apología de numerosas actividades ilícitas— la dura posición de la banda contra la piratería. Como dice Sinful, artista invitado en "Conexión vieja escuela", del álbum de Cartel de Santa *Volumen Prohibido*:

> Vamos, esto es hip-hop de lo más fino,
> Sinful el pecador con el Cartel de Santa,
> esto corre en nuestras venas, cabrones,
> para todos ésos que mueven la piratería,
> si los torcemos vendiendo nuestro producto
> los vamos a torturar, hijos de su pinche madre,
> respeten el trabajo, culeros.

Sin embargo, no hay contradicción: apropiación plebeya o no, la banda suscribe de manera manifiesta a esa lógica de gestión empresarial de la vida que caracteriza al neoliberalismo. Así, a diferencia de otros géneros musicales, y en franco contraste con la mayor parte de la poesía en formato escrito, la lírica de la banda no se presenta como la emanación de una subjetividad diferencial (inspirada, marginal, etc., como en la historia de la poesía escrita moderna), y ni siquiera como un objeto suntuario cuya artesanía está por encima del simple trabajo, sino abiertamente como un *producto* al que el grupo le aporta un valor agregado por medio de un *branding* del que, precisamente, la identificación con un estilo de vida supuestamente marginal juega un papel muy importante; así, la disputa por el monopolio de ese *tráfico de rimas* justifica las efusiones de violencia ("si los torcemos vendiendo nuestro producto / los vamos a torturar, hijos de su pinche madre, respeten el trabajo, culeros"). En relación con esto, "Asesino de acesinos" [sic], del celebrado primer álbum homónimo de la banda, despliega una versión extrema del mandato de competencia que según Christian Laval y Pierre Dardot (2015) rige la sociedad neoliberal:

> [E]n el mundo del hip-hop y sus cuatro elementos
> el más importante es la competencia:
> todos quieren ser el depredador más grande,
> y siempre el más grande acaba con el más pequeño,
> y mientras nadie acabe conmigo seguiré siendo el más grande.

En estos versos, el darwinismo social le cede su lugar abrupta y brutalmente a la cadena alimentaria: para el Cartel de Santa, en el hip-hop, así como en la sociedad, modelada según una lógica extrema de la libre empresa, rige la ley del más fuerte.

"El Tigre" ocupa un lugar marginal en la discografía del Cartel de Santa por varios motivos. En primer lugar, por tratarse de un encargo, como reconoció abiertamente Babo: "He hecho canciones que me han pedido los narcos, hay una ahí que se llama 'El Tigre', en internet" (Juan Ramón Peña 2010). En apariencia un anacronismo, la composición por encargo y por dinero tiene un antecedente inmediato que "El Tigre" declara con absoluta autoconciencia: "como los corridos pero a lo malandro", sobre el que volveré. Señala el periodista especializado Nathaniel Janowitz (2017):

> La característica principal de este subgénero de hip-hop en español es que los miembros de un cartel de la droga le [sic] pagan a los raperos para que hagan canciones sobre sus vidas, llamadas "Dedicaciones", lo que en realidad termina provocándoles dificultades. Big Los, uno de los pioneros del narco rap, admite que recibe amenazas de muerte todo el tiempo a través de redes sociales por parte de personas que dicen ser *contrarios* (miembros de carteles enemigos).

Así, artistas como Big Los o Lirik Dog trabajan por encargo, pero debido a los enfrentamientos entre grupos del crimen organizado, siempre bajo un régimen de exclusividad. Según Janowitz, los raperos reciben pedidos a través de las redes sociales o por mensaje de texto, y luego de verificar que el contenido solicitado cuenta con la aprobación de las autoridades del cartel, componen la canción a cambio de una tarifa. Big Los cobra el cachet más elevado: tres mil dólares por dedicación a integrantes del Cartel del Golfo, más otros tres mil por video; Lirik Dog se jacta de ser el más barato: apenas doscientos dólares. Si bien todos los narco raperos mantienen una fuerte presencia en internet, las canciones de Lirik Dog circulan en YouTube en modalidad solo audio, con una simple imagen estática de portada; y en Spotify, a manera de sencillos.

El más exitoso y cotizado, Big Los, por su parte, al igual que el ascendente 5050 Flow Malandro, no solo tienen videos en YouTube con producción profesional y decenas o cientos de miles de visitas, sino que están incursionando en formas de circulación más *mainstream*, como la plataforma Spotify, donde además de sencillos tienen álbumes completos: 5050 comenzó lanzando una recopilación de inéditos en 2017,

Inéditas Vol. 1, y Big Los, todo un pionero, ya cuenta con ocho LPs, con títulos tan sugerentes como *Dedicaciones malandras*, *Mr. Tranza* y *Off Probation*, con canciones que mezclan el castellano con el espanglish y el inglés. En cierto sentido, el caso de Big Los se acerca al del Cartel de Santa: su trabajo más reciente obedece cada vez más a los estándares de la industria "oficial": álbumes con cierto hilo conceptual y algunos *skits* entre canciones, colaboraciones o *features*, etc., sin por ello dejar de contar con la protección de los llamados carteles.

"El Tigre" también se aparta de la lírica acostumbrada del Cartel de Santa, que suele celebrar, en un contexto urbano o suburbano, la fratría o jauría homosocial (los "perros"), así como el consumo: de sustancias, objetos y mujeres, casi siempre cosificadas ("Todas mueren por mí") a pesar de algunas canciones que condenan la violencia de género ("NTN"). De hecho, el propio Babo compartió en —y luego borró de— su cuenta de Instagram un video donde se parodiaba la performance del colectivo feminista chileno LasTesis, "Un violador en tu camino". Si bien la solidaridad masculina es un tema central en "El Tigre", se pueden observar diferencias salientes.

En primer lugar, a pesar de las jerarquías que se ponen en escena en "Traficando rimas", en la lírica del grupo los lazos dentro de y entre comunidades masculinas suelen presentarse desde una perspectiva más bien horizontal, celebrando los vínculos que unen a la jauría de "perros" o declarándoles su hostilidad a bandas rivales. Mientras que en la película *Los jefes*, donde el supuesto capo que resulta ser un mero sicario, interpretado por el mismo Babo, se llama de manera sugerente el Perro, aquí los verdaderos jefes pertenecen, literalmente, a otra especie: si bien en el ámbito doméstico los perros en general persiguen a los gatos, en estado salvaje los felinos son depredadores de mayor tamaño que los cánidos, de manera que resulta —por así decirlo— "natural" que un Tigre tenga preeminencia sobre un simple Perro; en cualquier caso, queda claro que aquí no se trata de mascotas.

Por lo demás, mientras que la mayoría de las canciones del Cartel de Santa están ambientadas en escenarios urbanos, donde la "calle" y el "barrio" se presentan de hecho como marcadores identitarios, "El Tigre" transcurre en un lugar indeterminado —lo que Deleuze y Guattari llamarían un *espacio liso*—, que recuerda la deslocalización que Rosanna Reguillo considera uno de los rasgos característicos de la violencia difusa, sublime —porque excede su propia representación— de la narcomáquina. De la misma manera, el escalafón jerárquico es a la vez manifiesto y brumoso: se habla de un jefe máximo cuya identidad no conviene pronunciar en voz alta, "[...] el patrón, el mero chingonón / del que no se dice el nombre pero es el que da control".

Ese espacio difuso se constituye en un teatro de operaciones donde la narcomáquina deviene una *máquina de guerra*, según las formulaciones de los autores de *Mil mesetas* desarrolladas por Reguillo. Si bien no menciona nombres, además de rendirle tributo a ese patrón innominado, "El Tigre" se prodiga en referencias cifradas a operativos y aliados del cartel: "el 50", "el 16", el "el 12", el "el 7/7" y "Halcón 21" —este último "siempre listo para la guerra"—, como es costumbre en los grupos paramilitares insurgentes, son alias que identifican a efectivos de la asociación delictiva; mientras que "Halcón Sierra" parece referir a Fabián Ortega Piñón, el popular narcocorridista chihuahuense conocido como "el Halcón de la Sierra", autor del "Corrido del Chapo Guzmán", entre otros éxitos, que sería asesinado poco después, y cuya vinculación con el Cartel del Golfo, sin embargo, no queda del todo clara.

En su libro de 2015, *Le capital déteste tout le monde: Fascisme ou révolution*, Maurizio Lazzarato (2019) cuestiona la noción foucaultiana de *gouvernementalité* como "conducción de conductas" —un ejercicio *blando* del poder, que tiene como objeto más los comportamientos que las personas—, y sostiene:

> El resultado es un concepto del poder como pacificador: acción sobre una acción, gobierno de la conducta (Foucault 2007) y no acción sobre las personas (de las cuales la guerra y la guerra civil son las expresiones más exitosas). El poder se incorporaría a dispositivos impersonales que ejercen una violencia suave de forma automática. Por el contrario, la lógica de la guerra civil que está en la base del neoliberalismo no ha sido absorbida, borrada, reemplazada por el funcionamiento de la economía, el derecho y la democracia. Los tiempos apocalípticos nos hacen ver que los nuevos fascismos están reactivando —aunque ningún comunismo amenace al capitalismo y la propiedad— la relación entre violencia e institución, la relación entre guerra y "gubernamentalidad". Vivimos en una era de indistinción, de hibridación entre Estado de derecho y estado

de excepción. La hegemonía del neofascismo no solo se mide por la fuerza de sus organizaciones, sino también por la capacidad que tiene de afectar al Estado y al sistema político y mediático. (10-11)

Para Lazzarato, estos neofascismos resultan de una doble mutación: del fascismo histórico, por un lado, y de la organización y la violencia contrarrevolucionaria, a veces mal llamada "populismo". Estos nuevos fascismos, pese a presentarse como una ruptura con el *establishment* neoliberal, son antes nacional-liberales que nacional-socialistas (35); y, a diferencia de la variante clásica, la "guerra total" librada por el neofascismo tiene como blanco la población: "El fascismo histórico era una de las modalidades de actualización de la fuerza destructiva de las guerras totales; lo que está creciendo ante nuestros ojos es, por el contrario, una de las modalidades de la guerra contra la población" (36).

Si bien Lazzarato se refiere sobre todo a los gobiernos de Jair Bolsonaro en Brasil y de Donald Trump en los Estados Unidos, al régimen de Recep Tayyip Erdoğan en Turquía y a los neofascismos europeos, sus formulaciones pueden extenderse a la llamada "guerra contra las drogas". Desarrollando las ya mencionadas hipótesis de Dawn-Marie Paley, *Los cárteles no existen*, del también periodista y profesor Oswaldo Zavala, cita un ensayo de 1989 de la politóloga boliviana Waltraud Morales a fin de enmarcar geopolíticamente la guerra contra las drogas como una continuación de la doctrina de Seguridad Nacional de la Guerra Fría; es decir, para presentarla como una operación de contrainsurgencia neoliberal a nivel hemisférico.

Aunque ciertamente la necropolítica —según la entiende Sayak Valencia siguiendo a Achille Mbembe— de la llamada "guerra contra el narco" no carece en lo absoluto de efusiones sexistas, racistas y clasistas (de hecho, la propia Valencia hace hincapié en la violencia machista que la caracteriza), sus fundamentos retóricos parecen menos identitarios —en cuanto a la construcción de enemigos como los migrantes, la población LGBTQI+, etc.— que brutalmente económicos, llevando la gestión empresarial de la vida más allá de los límites mismos de la muerte; en ese sentido, al presentarse como *indiscriminada*, se inscribe de manera manifiesta en la lógica neoliberal.

En términos de Lazzarato, esta nueva fase de sinceramiento de las raíces totalitarias del orden neoliberal se caracteriza por una indistinción e hibridación del Estado de derecho y el estado de excepción. Esto último concuerda con la noción de soberanía calculada de la antropóloga malaya Aihwa Ong, recuperada por Irmgard Emmelhainz para poner en cuestión la idea hegemónica de que México es un "Estado fallido" y afirmar, en cambio, que se trata de una modulación de la presencia estatal propia del neoliberalismo, donde el Estado de derecho y el estado de excepción se administran de manera diferencial:

> En suma, la percepción de México como "Estado fallido" se materializa en áreas del país en las que el gobierno ha suspendido su soberanía, ilustrando lo que Aiwha Ong llama "soberanía calculada". De acuerdo con Ong, los gobiernos neoliberales manejan diferencialmente a sus poblaciones, creando una diversidad de zonas, entre ellas algunas regidas bajo regímenes de excepción. Es decir, en algunas áreas el Estado es sólido y protege, mientras que en otras está casi ausente. Este mecanismo tiene el doble propósito de permitir que algunas áreas sean flexibles con respecto a los mercados —si no correrían el riesgo de perder su relevancia estructural en la economía neoliberal— y de impedir que no sean un obstáculo para el flujo (legal e ilegal) de mercancías, dinero y personas. Por ejemplo, los seis Estados adyacentes a los Estados Unidos están sumergidos en la anarquía total, sufriendo una guerra entre los carteles que buscan el control de las rutas de pasaje de bienes traficados ilegalmente. (Emmelhainz 2016, 62-63)

La soberanía calculada no solo modula la presencia y fortaleza del Estado y del imperio de la ley. Asimismo, da a lugar a la superposición e hibridación de diferentes temporalidades y a la aparición de "nuevos arcaísmos" (Lazzarato 2019, 104) que ponen en cuestión el principio liberal clásico del progreso y su concepción teleológica de la historia.

En *Indian Given: Racial Geographies across Mexico and the United States*, María Josefina Saldaña Portillo (2016) sugiere que la industria de la droga en México es un banco de pruebas para un "feudalismo del futuro", con un modo de producción de tipo feudal según el cual los carteles obligan a campesinos en todo el país a producir cultivos ilícitos en sus ejidos y tierras privadas bajo amenaza de tortura y de muerte, un problema que se agudiza aún más por el hecho de que en la mayoría de los casos los cultivos legales que de lo contrario habrían producido no hubieran podido competir en el mercado doméstico con los productos agrícolas de importación, según las condiciones impuestas por el Tratado de Libre Comercio de América del Norte (252).

Pero más que ausencia o debilidad del Estado, como afirmaba Emmelhainz, el ejercicio de la soberanía calculada parece entrañar para Saldaña Portillo una nueva configuración estatal que presenta rasgos aparentemente anacrónicos (un "feudalismo del futuro"), al menos desde el discurso liberal; y que además de anticipar los planteos de Yanis Varoufakis sobre el "tecnofeudalismo", concuerda en gran medida con las ideas de Lazzarato acerca de la hibridez del Estado de derecho y el estado de excepción en la fase más reciente del neoliberalismo:

> *Se trata de un sistema feudal de poder soberano absoluto*, en el que el señor local (el alcalde) se arrodilla ante el rey (el capo del cártel) para pedirle su favor, y en el que es el rey (el capo) quien, en última instancia, administra justicia y decide el destino de sus súbditos rebeldes. El líder del cártel es juez, jurado y verdugo, el poder absoluto, mientras que la policía y los sicarios no son más que bandidos y segundones que cumplen las órdenes de sus superiores, persiguiendo los cuerpos de sus víctimas más allá del punto de muerte con la marca del soberano —el ojo arrancado, la piel desollada— para que ellos mismos no caigan en desgracia y corran la misma suerte. [...] *[E]l poder político y el poder económico siguen siendo uno en México, solo que ahora la fuente principal de este poder es la economía de las drogas con sus formas ritualizadas de violencia que son también una forma de Estado*. (251, énfasis mío)

Cathérine Héau Lambert (2010) coincide en el diagnóstico de un "nuevo feudalismo" para caracterizar los vínculos de vasallaje entre los jerarcas del narco y los jóvenes excluidos del consumo como carta de ciudadanía en la sociedad neoliberal que pasan a integrar los escalafones más bajos de esas organizaciones delictivas. Se trata de esa "raza" a la que "no le dan jale porque está tatuada, pelona o lleva aretes; los únicos que les dan jale son estos grupos del crimen organizado", según las palabras de Babo, aunque habría que matizar el diagnóstico del vocalista del Cartel de Santa, puesto que no parece ser solo la falta de trabajo formal o informal lo que lleva a estos hombres jóvenes a ingresar en las filas del narco, sino sobre todo la enorme desigualdad y disparidad de ingresos, que hace imposible a los sectores populares legalmente empleados el acceso a la escala de consumo que se percibe como la vía por excelencia de inclusión en la sociedad.

En un estudio que analiza los discursos del odio desplegados en internet, en los comentarios de videos de narcocorridos en YouTube, afirma Catherine Héau Lambert sobre este grupo:

> Estos jóvenes solo encuentran la salida del laberinto de sus vidas mediante el comercio y consumo de drogas que reivindican y vinculan muy estrechamente con un "territorio" y una "familia" del narco. No se trata aquí de un estancamiento identitario en la fase de un regionalismo pre-nacional y pre-moderno, sino de una nueva identidad fincada en un regionalismo post-nacional [...] que tiene todas las apariencias de un nuevo feudalismo al servicio de los señores de la guerra: los grandes carteles. (108)

Héau Lambert se cuida de evitar equiparar este anacronismo con el regreso a una configuración premoderna, ni con un "estancamiento identitario". Por el contrario, se refiere a un "regionalismo posnacional" afincado en áreas donde calculadamente prima la excepcionalidad sobre la soberanía estatal. Por lo demás, su diagnóstico sobre estas nuevas identidades recuerda a los "sujetos endriagos" de Sayak Valencia, cuyo ejercicio de la violencia hipermasculinista sería un medio para acceder al consumo entendido como forma de empoderamiento y ciudadanía posnacional. Asimismo, al referirse a un ser híbrido, cruza de humano, hidra y dragón, que aparece por primera vez en el *Amadís de Gaula*, Valencia parece sugerir no solo una instancia de retorno de lo medieval reprimido, sino también la necesaria hibridez de ese anacronismo, según la definición de Giorgio Agamben de lo contemporáneo como una colisión de lo arcaico y lo moderno.

De manera significativa, aún más que el narco rap —que es un fenómeno más reciente y aún menos extendido—, la banda de sonido de este "nuevo feudalismo" es un género cuya genealogía se remonta a la lírica medieval. "Como los corridos, pero a lo malandro", rapeaba Babo en "El Tigre", refiriéndose a los narcocorridos, y declarando explícitamente la filiación directa del nuevo género en el que el Cartel de Santa incursionaba en esa canción. En el primer estudio de largo aliento sobre los narcocorridos, Elijah Wald señalaba ese anacronismo:

> El narcocorrido es un anacronismo asombroso, un tipo de balada medieval cuyos Robin Hoods ahora portan armas automáticas y llevan cargamentos de cocaína en aviones 747. Desde el ascenso de Los Tigres a principios de los años 70, el narcocorrido ha sido adoptado por miles de bandas y cantantes, primero en México y Estados Unidos, y luego en lugares tan lejanos como Colombia, y en cualquier lugar de América Latina donde el tráfico de drogas sea un negocio floreciente. Muchos corridistas (cantantes y compositores de corridos) siguen siendo artistas rurales cuya popularidad apenas se extiende más allá de los pueblos en donde viven. Otros se han convertido en estrellas internacionales (Los Tucanes de Tijuana, Los Originales de San Juan, Grupo Exterminador, Luis y Julián y docenas más) y han grabado para grandes sellos como Sony y EMI, así como para el gigante mexicano Fonovisa. Continúan una tradición popular arcaica en un mundo de beepers, teléfonos móviles y todoterrenos de alta potencia, a la vez tan anticuados como los cantantes de baladas de los Apalaches y tan contemporáneos como los *gangsta rappers*. (2001, 11-12)

El especialista Aurelio González considera el corrido "la expresión hispánica de la balada" medieval, que entiende como "un género épico-lírico que acepta multitud de variantes y grados de combinación, así como presencia de elementos épicos y líricos descriptivos" (2015, 13), y que desciende del romancero castellano. Los romances viejos eran más largos, tenían una génesis primordialmente oral, y solían incluir fórmulas de introducción de un narrador ejecutante o juglar. Con la aparición de la imprenta, los romances se *popularizaron* en un sentido moderno; es decir, se convirtieron en un fenómeno comercial.

Esos romances, tradicionalmente compuestos en octosílabos con rima asonante en los versos pares y los impares sueltos, circulaban en folletos que solían exhibirse colgados de cuerdas, y a menudo eran vendidos por ciegos ambulantes, que además los recitaban a manera de pregón: de ahí que se los conociera como "romances de pliego suelto", "romances de cordel" o "romances de ciego". En general, se los difundía desde centros urbanos donde se encontraban los establecimientos que los imprimían, y sus temas eran "noticias escandalosas como historias de delincuentes, crímenes, catástrofes, aventuras amorosas desdichadas, desgracias, hechos milagrosos, etc." (16). Por su parte, la Nueva España no permaneció ajena al éxito de los romances, primero importados desde la Península, y luego impresos en México a partir del siglo XIX (19).

Según *El corrido mexicano*, un estudio clásico sobre el género que reúne además un amplio corpus, el corrido comienza a surgir en su forma actual durante el último cuarto del siglo XIX, Vicente T. Mendoza (1954) afirma "cuando se cantan las hazañas de algunos rebeldes al gobierno porfirista" (XV), y en general los especialistas están de acuerdo —según la periodización establecida por Merle E. Simmons— en que el género se consolida durante la Revolución de 1910, cuando se convirtió asimismo en vehículo tanto de noticias como de propaganda política. Para matizar el hecho de que los héroes de los corridos revolucionarios fueran con mucha frecuencia presentados como "bandoleros sociales" alzados en armas contra el Porfiriato, Aurelio González insiste —contra la opinión de Mendoza— en negar que los corridos constituyan un género en esencia épico (2015, 143), fundamentalmente porque observa una ruptura entre el momento "heroico" y los corridos modernos, entre ellos los narcocorridos, cuyo tema considera "novelesco" (159). Sin embargo, aquello que González matizaba es para investigadores como Max Parra (2011) una marca de continuidad. De hecho, lo "novelesco" es para Parra una representación distorsionada de la figura del bandido impulsada por la dictadura "ilustrada" de Porfirio Díaz, que contrasta nítidamente con la imagen que transmite la poesía popular:

> En contraste con la tradición cultural escrita, en la literatura de procedencia oral se configuró una imagen muy distinta de la figura del bandolero, especialmente durante el Porfiriato. En la tradición del corrido, específicamente, se le concibió como un personaje emblemático de la inconformidad social y la creciente insubordinación rural causada por la política agraria estatal de expropiación y privatización de tierras. Sin duda, la misma trayectoria histórica del bandolerismo, su estrecho vínculo con las guerras civiles, los levantamientos políticos y las luchas campesinas, contribuyó a que

cuajara en el gusto colectivo esta fisonomía rebelde y heroica. La popularidad del bandido en la iconografía mexicana, por otra parte, así como la tradición romántica del bandido europeo facilitaron a que su imagen fuera moldeada en la cultura popular de acuerdo con un difuso anhelo de reivindicación social. (377)

Parra demuestra con profusión de ejemplos cómo los corridos de bandidos "son en gran medida el molde, en fondo y forma, a partir del cual se elaboran los corridos villistas" (380). Según Parra, el propio Pancho Villa, una de las figuras más emblemáticas de la Revolución, "tiene una identidad dual: es a la vez bandido y revolucionario, es decir, en él se reúnen las dos imágenes complementarias del rebelde heredadas del siglo XIX, potenciando así en la memoria colectiva su condición de héroe" (385). Parra afirma que Villa se presenta como el símbolo del poder del pueblo, una fuerza socialmente igualadora, además de la encarnación popular de una autoridad patriarcal, cuyas atribuciones justicieras no se contradicen con su rebeldía (383-384).

Lejos de producirse una ruptura entre un momento "épico" y uno "novelesco", esos mismos rasgos son centrales en los narcocorridos, donde la figura del traficante a menudo encarna un rol asistencialista descuidado por el Estado, y ese "difuso anhelo de reivindicación social". Sin ir más lejos, "El Tigre", que enuncia de manera explícita la genealogía que va del corrido al narcocorrido y de allí al narco rap, agrega otro elemento fundamental en el corrido revolucionario: la gesta militar (o, en este caso, paramilitar) insurgente. En *Cantar a los narcos: Voces y versos del narcocorrido*, Juan Carlos Ramírez Pimienta liga específicamente el género con los corridos de contrabandistas, una variante de los corridos de bandidos cuya popularidad habría disminuido de manera muy considerable durante el llamado "milagro mexicano" y luego resurgido de la mano del "desmantelamiento del tejido social, político y económico mexicano que inicia principalmente a finales de los años sesenta y que continúa en las siguientes décadas". De esta manera, en opinión de Ramírez Pimienta, "[a]sí como las crisis económicas de los últimos treinta años del siglo pasado convirtieron en héroes a muchos narcotraficantes, propongo que la relativa estabilidad social y económica del medio siglo XX mexicano tuvo un efecto contrario" (2011, 17).

En *Rimas malandras: del narcocorrido al narco rap*, Enrique Flores sostiene una hipótesis complementaria, y traza un paralelo entre la insurgencia revolucionaria y la llamada Guerra contra el Narco:

> ¿La guerra del narco es el "*retorno* de la Revolución" —una cada cien años—? ¿Es una guerra civil? Si observamos con detenimiento, las experiencias no son tan distintas. [...] Recientemente, un general del ejército mexicano, a cargo de la vigilancia policiaca en la ciudad de Torreón, presumía de ajusticiar sumariamente a los jóvenes sicarios con los que se encontraba —había matado a más de cien, según dijo—, valiéndose de una frase de su pariente Doroteo Arango, el revolucionario Pancho Villa: "Mátalo y después *viriguamos*". (2013, 15)

Es indudable que, desde una óptica liberal republicana, el paralelismo resulta aberrante, aunque en relación con esto, Juan Pablo Dabove recuerda el hecho sugerente de que, en el texto de su renuncia, Porfirio Díaz llamó "bandas milenarias armadas" a los ejércitos revolucionarios (2017, xii). La idea, sin embargo, no suena en absoluto peregrina si se la considera desde la perspectiva de las violentas y sucesivas transformaciones del Estado liberal, en el sentido en que Maurizio Lazzarato entiende la hibridación del Estado de derecho y el estado de excepción en la fase más reciente del neoliberalismo, de la cual la lógica de la guerra civil —y cierto milenarismo bandolero— sería constitutiva; o desde el punto de vista de María José Saldaña Portillo, que veía en el retorno anacrónico de lo feudal reprimido que propiciaba la Guerra contra el Narco una nueva configuración estatal ("*a new statecraft*") en lugar de una anomalía.

Ahora bien, para entender lo que supone esta suerte de actualización del mester de juglaría en clave capitalista gore, no solo para la política sino también para la poética, volvamos al videoclip de "Traficando rimas", que lleva al extremo —de la literalidad— la relación entre la lírica y la economía neoliberal de la droga. En primer lugar, recordemos que si bien la banda parecía presentarse a sí misma como un "cartel", del que a primera vista Babo aparentaba ser el jefe máximo, el equívoco de la supuesta mansión que en realidad era un hotel —amén de la trama de *Los jefes*, guionada por el propio vocalista de Cartel de Santa— sugería que se trataba de una maniobra turística, y que la identificación era más bien con sicarios o traficantes callejeros.

Por un lado, esa identificación permitía fidelizar a esa "raza" "tatuada" y "pelona" de seguidores de la banda, seduciéndola además con diversas imágenes de consumo —automóviles caros, mujeres, sustancias, etc.— que, más que la observancia de la ley, era entendido como la verdadera vía de ingreso a la sociedad neoliberal; por el otro, apuntaba a venderle a su nutrido público *mainstream* un estilo de vida, relacionado con una fantasía identitaria ligada a la marginalidad y al delito.

Por otra parte, son aún más llamativas las consecuencias lógicas que se desprenden de la identificación que tanto la letra como el videoclip —este último, de manera particularmente exagerada— llevan hasta el límite de lo literal. Como decíamos, ese exceso de literalidad no era sinónimo de transparencia, sino que ponía en tensión la idea comúnmente aceptada de la lírica, en particular en relación con las nociones de subjetividad y trabajo. Además, la identificación, en primer lugar, de la lírica con la rima; y, en segundo, de la rima con la droga, devolvía a la primera al ámbito de lo material, y la volvía a ligar con el cuerpo no solo desde la instancia de la memorización y el recitado sino directamente asociando la rítmica (recordemos que la propia palabra "rima" deriva de "ritmo") con el hábito llevado al extremo de la adicción ("hay cada vez más gente adicta a mi producto").

Asimismo, como también vimos, la imagen de las cajas con rimas con el logo de Cartel de Santa impreso en esténcil, que eran descargadas desde un buque a una troca, insinuaba que el rol de la banda tenía menos que ver con la producción que con la distribución y el *branding*. Esa escena, además, permite extraer la consecuencia más radical de la analogía, porque desafía la idea establecida del artista como creador o productor, y la noción comúnmente aceptada de la lírica como la huella digital de una subjetividad diferencial o la expresión formalizada de una interioridad.

Por el contrario, el hecho de que las rimas que eran a la vez poesía oral y mercancía le llegaran a la banda ya empaquetadas y listas para su distribución minorista, desde un lugar de producción indeterminado, y cosechadas o sintetizadas por mano de obra ajena al grupo, empieza a esbozar una concepción muy diferente de la lírica: si la rima es una "materia prima", entonces la lengua es un recurso natural, común, del que sin embargo hay que apropiarse mediante la violencia —una suerte de poética del extractivismo—, y luego ser capaces de vender adoptando las estrategias de marketing neoliberal más efectivas. Así, irónicamente, el Cartel de Santa no persigue la pureza de la lírica paciana; solo se jacta de ofrecerla en su sentido químico.

Bonus track

En *Narcocorrido: A Journey into the Music of Drugs, Guns and Guerrillas*, el guitarrista e historiador de la música Elijah Wald recuerda una sugerente anécdota que le contó José Alfredo Sauceda Rojo, promotor musical y gerente de Joalsaro Records Incorporated, una disquera de Los Mochis, Sinaloa:

> Es algo muy extraño, este afán de que te inmortalicen en una canción, y me viene a la cabeza una anécdota que me contó José Alfredo: un empresario respetuoso de la ley de Los Mochis, dueño de una imprenta, mandó a un asistente a encargar un narcocorrido diciendo que era un traficante poderoso y que había librado una gran batalla en la que habían muerto todos sus empleados (suministró una lista de nombres) y que él era el único sobreviviente. Ahora la canción es un éxito local, el nombre del impresor se ha vuelto notorio y José Alfredo dice: "Si les dijera que el güey tiene una imprenta y nada más, nadie me creería". (2001, 186)

La canción —ese "éxito local"— se perdió y, a pesar de la ayuda del propio Wald, fue imposible contactar a Sauceda Rojo para pedirle más precisiones sobre la letra. En cualquier caso, la escena ilustra de manera elocuente las tensiones y transformaciones que, en el actual momento posautónomo, tienen lugar tanto en la lengua como en la institución poética, a partir, por ejemplo, de los cambios en la relación con la tecnología, la técnica y, en consecuencia, los soportes de circulación. A la vez, permite desmontar una serie de oposiciones binarias naturalizadas que se relacionan entre sí de manera jerárquica, entre las que destacan dos: cultura oral vs. cultura escrita y modernidad vs. anacronismo

En cuanto a la primera de esas dos oposiciones, conviene recordar que la historia de la asociación entre poesía y escritura no es lineal ni teleológica. En la métrica castellana, la problemática convención —que recibe el nombre técnico de isosilabismo— de que la regularidad de un conjunto de versos y, por ende, la identidad individual de cada uno, están en función del número de sílabas, no tiene nada de "natural", sino que es resultado de condiciones de producción y circulación que en el actual momento posautónomo han dejado de ser dominantes. De hecho, es una convención de origen tardomedieval, ligada a la consolidación de la producción poética en lenguas romances, porque la métrica del latín admitía una gran variedad de sustituciones en las unidades métricas, en función de esquemas más cercanos a las posibilidades de subdivisión de los tiempos en la música.

Me refiero al llamado Mester de Clerecía, que al menos en los manuales escolares suele oponerse al de Juglaría, reproduciendo otra problemática oposición binaria amén de las ya mencionadas: poesía popular vs. poesía culta. En términos muy resumidos, en contraste con la poesía de los juglares, de producción y ejecución oral, a menudo anónima o colectiva, con el establecimiento de los monasterios como centros de producción, reproducción (manual) e irradiación de materiales poéticos, la rítmica se vio subsumida a una convención atada a la escritura, y por ende más ligada a la lectura silenciosa que a la ejecución. Amén de las innovaciones al interior de ese sistema —por ejemplo, la versificación por cláusulas, más cercana al sistema del griego y del latín, que ensayaron algunos poetas del modernismo latinoamericano—, los versolibristas iniciaron una importante y necesaria crítica de ese sistema de convenciones.

No obstante, si bien rompe con las convenciones silabotónicas, el sentido común que llamamos "verso libre", a pesar de sus fundamentos identitarios que suponen que la prosodia es individual porque traduce una respiración única e inalienable, sigue siendo en gran medida un fenómeno escrito, culto y elitista; y, por supuesto, sujeto a convenciones. Además, dado que su soporte principal es la escritura, que es un sistema más codificado que la ejecución oral, esa supuesta huella del aliento propio de cada poeta tiende a diluirse en una serie discreta de procedimientos sintácticos y tipográficos; por otra parte, a pesar de las críticas justificadas y necesarias a la rigidez de los sistemas métricos otrora imperantes —y sin volver a repetir que el verso libre en su ortodoxia se volvió precisamente eso que había venido a criticar—, lo cierto es que son más efectivos, por su carácter convencional y por ende abiertamente compartido (e incluso mnemotécnico), para recuperar o producir el efecto de una oralidad espectral.

Eso no significa, por otra parte, que ese espectro no se materialice en la poesía en verso libre, sino que los medios para conjurarlo son igualmente retóricos: por ejemplo, la anáfora, que es una de las figuras más antiguas para crear efectos rítmicos, tiene una vigencia abrumadora en la poesía en verso libre. Para decirlo de otro modo: el verso libre no constituye el *fin de la historia* de la prosodia, ni un *más allá*: y por más que pretenda constituirse por la negativa, su uso común y estandarizado lo convierte en una herramienta más del repertorio técnico de la poesía, igual que las formas en oposición a las cuales surgió.

Sí se puede decir que el verso libre es la última forma prosódica, en un sentido cronológico, del repertorio de la poesía autónoma, como parece sugerir *A History of European Versifiction*, el monumental estudio de prosodia comparada de Mikhail Leonóvich Gasparov (1996), que pasa revista a siete mil años de poesía en treinta lenguas distintas. Si bien Gasparov no lo formula en términos tan explícitos —su lectura tiene una perspectiva más lingüística y filológica que culturalista o institucional—, sí pone con nitidez en perspectiva la relativa brevedad del momento versolibrista, y observa la oscilación entre períodos de predominio acentual, silabotónico y/o de otros tipos.

En consecuencia, por más que el verso libre se constituya como la etapa terminal del momento autónomo —quizá por eso el mito de la muerte de la poesía junto con el que suele presentarse—, la supervivencia que suele considerarse anacrónica de tradiciones de más largo alcance —no solo en la poesía oral sino también en la escrita, y no solo con motivaciones reaccionarias sino a menudo como crítica de la crononormatividad neoliberal— da cuenta de lo poroso de esa autonomía. Por consiguiente, parte sustancial de este libro se ocupa de desmontar la segunda oposición binaria a la que hacía referencia al principio de esta coda, que supone que la poesía medida y/o rimada debe ser por fuerza anacrónica y conservadora, a la vez que la práctica del verso libre garantiza, *a priori*, una afiliación —por decirlo de alguna manera— *progresista*.

Por lo demás, la anécdota pone en el centro de la escena la canción, un género poético de muy antigua data, asociado por siglos a lo *popular*, una asociación que sin embargo nada tiene de natural: no era el caso, por ejemplo, de la lírica de los trovadores provenzales. Ese género parecía haber perdido plena legitimidad mientras la poesía —me refiero a la institución, no a las prácticas—, o al menos sus formas más "elevadas", fueron asunto escrito y *culto*. Quizá sobre aclarar que ese último requisito no refleja ni reflejó jamás de manera necesaria la destreza técnica ni la imaginación verbal de determinada producción poética, sino más bien la posición social del productor y a menudo la capacidad de establecer vínculos clientelares —en el sentido clásico del término— con sus colegas, en general en círculos pequeños, así como con ciertas instituciones legitimadoras.

Esa asociación todavía se mantiene en gran medida: la canción sigue siendo un género mayoritario aunque no solo popular. Al respecto, tal vez habría que pensar hasta qué punto la masificación de la radio, que por primera vez permitió parcelar la atención de manera mecánica, de tal modo que fuera posible trabajar con las manos a la vez que se escuchaba poesía musicalizada, incidió en la consolidación de ese sentido común en su forma moderna. Lo que parece indudable, en cualquier caso, es que toda investigación futura que relacione ese difuso haz de tecnologías e intensidades verbales que llamamos "poesía" con los tiempos y los ritmos de la vida, tanto privada como pública, deberá tener en cuenta las transformaciones en las modalidades de la atención, algo que también en gran medida es una pregunta por la técnica: un porcentaje elevado de la población mundial vive en interfaz con dispositivos que fragmentan el *attention span* a la vez que permiten el consumo en diversas inflexiones multimediales —y a menudo ilusoria o legítimamente interactivo— de *contenidos*, como suele llamar la jerga mercadotécnica a una imprecisa variedad de productos estéticos y/o culturales.

Si bien Gilles Deleuze imaginó en 1990 una sociedad —que llamó de "control"— donde esa interfaz estaba tan naturalizada como hoy, solo insinuó de forma muy somera la incidencia de este nuevo modelo en los ritmos de la vida. Además, de manera paradójica, los dispositivos en los que pensó eran más propios de las sociedades disciplinarias que de las de control: la tarjeta magnética que al fin y al cabo es una llave; la tobillera con geolocalización, que se fabrica para rastrear a prisioneros.

Los *dividuos* —citando el término impreciso pero sugerente que acuña Deleuze, que parece apelar a una experiencia hiperfragmentada—, es decir los seres humanos considerados "libres" de las actuales sociedades de control ciertamente cuentan con esas funciones en sus teléfonos, amén de otras: socializar por escrito, por audio y por video, por supuesto, pero también informarse (o desinformarse) en diversas plataformas y consumir contenidos culturales, en soportes diversos y a menudo híbridos.

En relación con eso, un lugar común sostiene que vivimos en una época en que "la gente no lee". En realidad, se lee todo el tiempo, pero lo que ha experimentado una transformación de la que no existe vuelta atrás son los modos y los ritmos de la atención, que incluyen la lectura pero que la exceden largamente.

El supuesto anacronismo de las formas orales y de la vieja prosodia es en parte un epifenómeno de esas transformaciones, y se puede ensayar una explicación de su vigencia de otra manera. Si nos valemos del concepto de *affordance* que Caroline Levine toma prestado de la teoría del diseño en defensa de su formalismo radical, se podría decir que esas formas no *vuelven*, sino que recuperan sus prestaciones a partir de los cambios en las modulaciones y los soportes de la atención.

Por otra parte, huelga aclarar que las formas no son en sí políticas, sino que su uso las politiza; sin embargo, los usos inusitados —en relación con las prestaciones para las que fueron diseñados— de ciertas formas, que con frecuencia son los que suelen considerarse *anacrónicos*, no garantizan en absoluto sus potencialidades críticas, emancipadoras o radicales. En el caso del hip-hop, sin duda esas potencias se liberaron mediante la adaptación de instrumentos de reproducción para la creación de nuevos sonidos, la lógica del desguace automotor aplicada a la producción musical, y las experimentaciones con la lengua —de las cuales la reapropiación de la rima no es el único ejemplo— que hicieron del género un verdadero modernismo desde abajo, como insinuó escuetamente Marshall Berman.

Pero no es el caso en absoluto de la reproducción acrítica —aunque no pocas veces, de hecho, con virtuosismo técnico— de esa nueva forma como vehículo de la subjetividad neoliberal que piensa la sociedad en términos de competencia empresarial; y como exaltación de la acumulación de dinero y de capital social, que posibilita prácticas de consumo —de bienes, pero también de otras personas, en especial mujeres— que constituyen señales de pertenencia o cartas de ciudadanía: a la fratría machista y/o a la sociedad neoliberal.

La anécdota de la autoficción lírica por encargo del narcoimprentero parece una broma absurda, no por falta de sentido sino más bien por exceso. Y si bien no es un chiste, se puede interpretar en clave freudiana: en su relación con, por así decirlo, el inconsciente colectivo. Sin duda llama la atención que el dueño de una imprenta —que, de manera irónica, es propietario de un medio de producción material, pero no simbólico, de la cultura— contrate a un trovador para inventarle un avatar delincuencial por medio de un género poético de raíces medievales, de transmisión oral y circulación —*a priori*— popular.

Pero más allá de lo que la anécdota dice de la sociedad neoliberal en las periferias que son el *laboratorio de nuestro futuro*, creo que es posible extraer de esta escena las prestaciones críticas que la poesía, entendida como una forma y una tecnología verbal, puede aportar a la cultura en el sentido más amplio: una revisión tanto de la autoría como de la técnica que no esté en función de una metafísica de la propiedad privada, sino de lo común y colectivo.

Sobre el autor

Ezequiel Zaidenwerg-Dib nació en Buenos Aires en 1981. Además de escritor, traductor, educador y fotógrafo, es magíster en escritura creativa y doctor en español y portugués por New York University. Publicó los libros de poemas *Doxa* (Vox, 2007); *La lírica está muerta* (Vox, 2011; Cástor y Pólux, 2017; *Lyric Poetry Is Dead*, en traducción de Robin Myers y con dibujos de Carmen Amengual: Cardboard House, 2018); *Sinsentidos comunes*, ilustrado por Raquel Cané (Bajo la Luna, 2015); *Bichos: Sonetos y comentarios*, en colaboración con Mirta Rosenberg e ilustrado por Valentina Rebasa y Miguel Balaguer (Bajo la Luna, 2017); *50 estados: 13 poetas contemporáneos de Estados Unidos* (Bajo la Luna, 2018; Antílope, 2020; Kriller 71 y Fulgencio Pimentel, 2022); y *El camino: Versiones modernas del Tao Te Ching* (Como un Lugar, 2024).

Tradujo a Mark Strand, Ben Lerner, Anne Carson, Weldon Kees, Robin Myers, Joseph Brodsky, Mary Ruefle, João Cabral de Melo Neto, Jericho Brown, Logan February, Heather Christle, Denise Levertov, Carlos Drummond de Andrade, Brenda Hillman, Kay Ryan y Emily Dickinson, entre otros. Compiló y prologó la muestra de poesía argentina *Penúltimos* (UNAM, 2014). Envía diariamente por email poemas traducidos a través de su newsletter, El poema de hoy.

Es parte del colectivo Como un Lugar y vive en Brooklyn.

Referencias

Adams, Kyle. 2009. "On the Metrical Techniques of Flow in Rap Music." *Music Theory Online* 15, n° 4, octubre. http://www.mtosmt.org/issues/mto.09.15.5/mto.09.15.5.adams.html.
Adorno, Theodor W. 1962. "El artista como lugarteniente". En *Notas de literatura*. Barcelona: Ariel.
Adorno, Theodor W. 1971. *Teoría estética*. Madrid: Taurus, 1971.
Agamben, Giorgio. 2008. *Che cos'è il contemporaneo*. Milán: Nottetempo.
Aiello, Mariano, dir. 2017. *Martínez de Hoz*. Buenos Aires: Macanudo Films.
Arendt, Hannah. 2006. "What Is Freedom". En *Between Past and Future*, 142-170. Londres: Penguin, 2006.
Astorga Almanza, Luis Alejandro. 1995. *Mitología del narcotraficante en México*. Barcelona: Plaza y Valdés.
Astorga Almanza, Luis Alejandro. 2005. *El siglo de las drogas: el narcotráfico del Porfiriato al nuevo milenio*. Ciudad de México: Plaza y Janés.
Austin, Joe. 2001. *Taking the Train: How Graffiti Art Became an Urban Crisis in New York City*. Nueva York: Columbia University Press.
Balmori, Diana. 1983. *Hispanic Immigrants in the Construction Industry, New York City 1960-1982*. Nueva York: New York University, Faculty of Arts and Science, Center for Latin American and Caribbean Studies.
Baudelaire, Charles. 1869. *Œuvres complètes. IV. Petits Poèmes en prose*. París: Michel Lévy Frères.
Beckman, Ericka. 2012. *Capital Fictions: The Literature of Latin America's Export Age*. Mineápolis: University of Minnesota Press.
Bego, Mark. 1992. *Madonna: Blonde Ambition*. Nueva York: Harmony Books.
Bellas, José y Fernando García. 2014. *100 veces Los Redondos*. Buenos Aires: Ediciones B.

Belmont, Edgar. 2012. "Luz y Fuerza del Centro: ejes del conflicto entre el Sindicato Mexicano de Electricistas y el Gobierno Federal". *Estudios Sociológicos* 30, n° 89, mayo-agosto: 331-365.
Benjamin, Walter. 1972. *Poesía y capitalismo: Iluminaciones II*. Madrid: Taurus.
Bensusán, Graciela. 2005. "El Sindicato Mexicano de Electricistas y la reestructuración laboral de Luz y Fuerza del Centro". *Revista Mexicana de Sociología* 67, n° 3, julio-septiembre: 543-591.
Berardi, Franco. 2012. *The Uprising: On Poetry and Finance*. Nueva York y Los Ángeles: Semiotext(e).
Berman, Marshall. 1988. *All That Is Solid Melts Into Air: The Experience of Modernity*. Nueva York: Penguin.
Berman, Marshall. 2017. *Modernism in the Streets: A Life and Times in Essays*. Londres y Nueva York: Verso.
Bigart, Homer. 1970. "Huge City Hall Rally Backs Nixon's Indochina Policies". *New York Times*, 21 de mayo. Acceso el 12 de diciembre de 2017. http://www.nytimes.com/1970/05/21/archives/huge-city-hall-rally-backs-nixons-indochina-policies-thousands-at.html?_r=0.
Blanco Aguinaga, Carlos, Julio Rodríguez Puértolas e Iris M. Zavala. 2000. *Historia social de la literatura española (en lengua castellana)*, vol. 1. Madrid: Akal.
Bollig, Ben. 2014. "Punctum-Punk-Punctum: On the Poetry of Martín Gambarotta". *Hispanic Review* 82, n° 2, primavera: 133-155.
Bolte, Rike. 2016. "Punctum, de Martín Gambarotta: ¿poema narrativo o relato poético? Paradigma de una escritura elíptica para la postmemoria argentina". *MERIDIONAL Revista Chilena de Estudios Latinoamericanos* 6, abril: 37-66.
Bowden, Charles. 1998. *Juárez: The Laboratory of Our Future*. Prólogo de Noam Chomsky y epílogo de Eduardo Galeano. Nueva York: Aperture.
Bradley, Adam. 2009. *Book of Rhymes: The Poetics of Hip-Hop*. Nueva York: Civitas Books.
Bravo Varela, Hernán y Ernesto Lumbreras, eds. 2002. *El manantial latente. Muestra de poesía mexicana desde el ahora: 1986-2002*. Ciudad de México: Fondo Editorial Tierra Adentro/Filodecaballos.

Breton, André y Diego Rivera. 1979. "¡Por un arte revolucionario independiente!". En *Arte y política*, editado por Raquel Tibol, 181-186. Ciudad de México: Grijalbo.

Burke, Edmund. 1999. *A Philosophical Enquiry into the Origin of our Ideas of the Sublime and Beautiful*. Oxford: Oxford University Press.

Butler, Bethonia. 2016. "Grandmaster Flash on 'The Get Down' and how he used science to pioneer DJ techniques". *The Washington Post*, 23 de agosto. Acceso el 5 de diciembre de 2017. www.washingtonpost.com.

Caplan, David. 2014. *Rhyme's Challenge: Hip-Hop, Poetry and Contemporary Rhyming Culture*. Nueva York: Oxford University Press.

Capusotto, Diego. 2009. "La poética de los Redondos". En *Peter Capusotto y sus videos*. Temporada 5, episodio 2. https://www.youtube.com/watch?v=hz6mljarPbM.

Caro, Robert A. 1975. *The Power Broker: Robert Moses and the Fall of New York*. Nueva York: Vintage Books.

Cartel de Santa. 2004. "Asesino de Acesinos". En *Cartel de Santa*. Ciudad de México: Sony Music Entertainment México.

Cartel de Santa. 2006. "Conexión vieja escuela". En *Volumen prohibido*. Ciudad de México: Sony BMG Music Entertaiment.

Cartel de Santa. 2011. "Traficando rimas". En *Síncopa*. Ciudad de México: Sony Music Entertainment México. https://www.youtube.com/watch?v=FvMFDAa6KOE.

Castillo, Gustavo, Jesús Aranda y Alonso Urrutia. 2010. "Muere Tony Tormenta tras ocho horas de tiroteos con efectivos federales en Matamoros". *La Jornada*, 6 de noviembre. https://www.jornada.com.mx/2010/11/06/politica/007n1pol.

Castillo García, Gustavo. 2009. "Presunto autor de la masacre de 18 jóvenes adictos en Juárez, detenido". *La Jornada*, 6 de septiembre. https://www.jornada.com.mx/2009/09/06/politica/003n1pol.

Cavallo, Domingo. 2001. *Pasión por crear*. En diálogo con Juan Carlos de Pablo. Buenos Aires: Planeta.

Cavallo, Domingo. 2016. "La convertibilidad argentina: origen, apogeo y crisis, parte 1". Ciclo de conferencias "Los ministros de economía de la democracia" presentada en la Universidad Torcuato di Tella, Buenos Aires, mayo. https://www.youtube.com/watch?v=RXjGHmGKBg8.

Caws, Mary Ann, ed. 2001. *Manifesto: A Century of Isms*. Lincoln: University of Nebraska Press.

Ceresa, Constanza. 2010. "Conversations with Martín Gambarotta". *Journal of Latin American Cultural Studies* 20, n° 3, mayo-septiembre: 197-216.

Chang, Jeff. 2005. *Can't Stop Won't Stop: A History of the Hip-Hop Generation*. Nueva York: Picador.

Chavez, Felicia, José Olivarez y Willie Perdomo (eds.). 2020. *The Breakbeat Poets Vol.4: LatiNext*. Nueva York: Haymarket.

Chitarroni, Luis. 1983. "Un uso bélico del barroco áureo". *La papirola*, 3: 23-24. http://www.oocities.org/poetika_1/nestorporluischitarroni.htm

Clarín. 1999. "Charly García tocó para Menem y Zulemita en la quinta de Olivos". 1 de julio. https://www.clarin.com/sociedad/charly-garcia-toco-menem-zulemita-quinta-olivos_0_rJ0E6l0tl.html.

Coval, Kevin, Quraysh Ali Lansana y Nate Marshall. 2015. *The BreakBeat Poets. New American Poetry in the Age of Hip-Hop*. Chicago: Haymarket Books.

Dabove, Juan Pablo. 2017. *Bandit Narratives in Latin America: From Villa to Chávez*. Pittsburgh: University of Pittsburgh Press.

Dardot, Pierre y Christian Laval. 2013. *La nueva razón del mundo: Ensayo sobre la sociedad neoliberal*. Barcelona: Gedisa.

Deleuze, Gilles. 1995. "Post-scriptum sobre las sociedades de control". En *Conversaciones (1972-1990)*. Valencia: Pre-Textos.

De Pablo, Óscar. 2011. *El baile de las condiciones*. Ciudad de México: Conaculta.

De Pablo, Óscar. 2015. *De la materia en forma de sonido*. Veracruz: Instituto Literario de Veracruz.

De Pablo, Óscar. 2018. *La rojería. Esbozos biográficos de comunistas mexicanos*. Ciudad de México: Debate.

Del Mazo, Mariano y Pablo Perantuono. 2015. *Patricio Rey y sus Redonditos de Ricota: Fuimos reyes*. Buenos Aires: Planeta.

Didi-Huberman, Georges. 2012. *Supervivencia de las luciérnagas*. Madrid: Abada.

Dobry, Edgardo. 2006. "Del neobarroco al objetivismo (y más allá)". En *Tres décadas de poesía argentina (1976-2006)*, editado por Jorge Fondebrider. Buenos Aires: Libros del Rojas.

Dorantes, Dolores. 2011. *Estilo*. Guadalajara: Mano Santa.

Dorantes, Dolores. 2012. *Querida fábrica*. Ciudad de México, Tierra Adentro.
Dorantes, Dolores. 2016. *Style*. Chicago: Kenning Editions.
Dragacci-Paulsen, Françoise. 1998. "Rimbaud africain à travers sa correspondence". *Nineteenth-Century French Studies* 27, n° 1-2, otoño-invierno: 132-156.
Easlea, Daryl y Eddi Fiegel. 2012. *Madonna: Blond Ambition*. Milwaukee: Backbeat Books.
Echavarren, Roberto, José Kozer y Jacobo Sefamí, eds. 1996. *Medusario*. Buenos Aires: Fondo de Cultura Económica.
Emmelhainz, Irmgard. 2016. *La tiranía del sentido común. La reconversión neoliberal de México*. Prólogo de Franco "Bifo" Berardi. Ciudad de México: Paradiso.
Fabre, Luis Felipe. 2008. *Divino tesoro: muestra de nueva poesía mexicana (autores nacidos entre 1976 y 1990)*. Ciudad de México: Fundación del Centro Histórico de la Ciudad de México.
Favoretto, Mara. 2014. *Charly en el país de las alegorías. Un viaje por las letras de Charly García*. Buenos Aires: Gourmet Musical.
Feitlowitz, Marguerite. 1998. *A Lexicon of Terror: Argentina and the Legacies of Torture*. Nueva York: Oxford University Press.
Fisher, Carrie. 1991. "True Confessions: Carrie Fisher Interviews Madonna". *Rolling Stone* 606 y 607. https://www.rollingstone.com/music/music-features/true-confessions-carrie-fisher-interviews-madonna-129614/
Flores, Enrique. 2013. *Rimas malandras: del narcocorrido al narco rap*. Ciudad de México: UNAM.
Fondebrider, Jorge, ed. 2006. *Tres décadas de poesía argentina: 1976-2006*. Buenos Aires: Libros del Rojas.
Foster, Hal. 2001. "¿Quién teme a la neovanguardia?". En *El retorno de lo real*. Madrid: Akal.
Foucault, Michel. 2007. *Nacimiento de la biopolítica*. Buenos Aires: Fondo de Cultura Económica.
Freeman, Elizabeth. 2010. *Time Binds: Queer Temporalities, Queer Histories*. Duke: Duke University Press.
Freeman, Joshua B. 2000. *Working Class New York: Life and Labor Since World War II*. Nueva York: The New Press.

Freidemberg, Daniel y Daniel Samoilovich. 1992. "El barroco cuerpo a tierra". *Diario de Poesía*, 22 otoño.
Gago, Verónica. 2014. *La razón neoliberal. Economías barrocas y pragmática popular.* Buenos Aires: Tinta Limón.
Gago, Verónica. 2015. "Neoliberalismo desde arriba y desde abajo". *Atrio*, 31 de marzo. https://www.atrio.org/2015/03/neoliberalismo-desde-arriba-y-desde-abajo/
Gambarotta, Martín. 1996. *Punctum*. Buenos Aires: Tierra Firme.
García, Charly. 1983a. "Los dinosaurios". En *Clics modernos*. Buenos Aires: SG Discos.
García, Charly. 1983b. Presentación de *Clics modernos*. Buenos Aires. https://www.youtube.com/watch?v=10LffegAeRw.
García, Charly. 1999. *Charly & Charly*. Grabado el 30 de junio en la Quinta Presidencial de Olivos, Argentina. https://www.youtube.com/watch?v=OvlgUqWJ5Ac.
García Helder, Daniel. 1987. "El neobarroco en Argentina". *Diario de Poesía* 4, otoño: 24-25.
García Helder, Daniel y Martín Prieto. 2006. "Boceto nro. 2 para un... de la poesía argentina actual". En *Tres décadas de poesía argentina (1976-2006)*, editado por Jorge Fondebrider. Buenos Aires: Libros del Rojas.
Garza, Ricardo. 2009. "En la fantasía tropical". *Reforma*, 15 de junio. Suplemento de Viaje: 1-2.
Gasparov, Mikhail Leonóvich. 1996. *A History of European Versification*. Oxford: Clarendon Press.
Girondo, Oliverio. 1968. *En la masmédula*. Buenos Aires: Losada.
Gobello, Marcelo. 2008. *Banderas en tu corazón*. Buenos Aires: Marcelo Héctor Oliveri Editor.
Gobierno de la Nación Argentina. 1990. Decreto 2741/90, Buenos Aires, 29 de diciembre de 1990. *Boletín Oficial de la República Argentina*. Año XCIX, n.º 27.044, 2. Buenos Aires, jueves 3 de enero de 1991.
Gobierno de México. 1917. Constitución Política de los Estados Unidos Mexicanos.
Gobierno de México. 1992. Ley de Servicio Público de Energía Eléctrica.
Gómez Mena, Carolina. 2008. "Estamos preparados para estallar la huelga, advierten electricistas". *La Jornada*, 7 de marzo. Acceso el 21 de

febrero de 2019. https://www.jornada.com.mx/2008/03/07/index.php?section=sociedad&article=041n1soc.

González, Aurelio. 2015. *El corrido: Construcción poética*. San Luis Potosí: El Colegio de San Luis A.C.

Goux, Jean-Joseph. 1988. "Banking on Signs". *Diacritics* 18, n° 2, Pecunia non olet, verano: 15-25.

Gracián, Baltasar. 1998. *Arte de ingenio, Sobre la agudeza*. Madrid: Cátedra.

Gronow, Pekka e Ilpo Saunio. 1998. *An International History of the Recording Industry*. Londres y Nueva York: Cassell.

Guzmán, Manuel. 1997. "'Pa' la Escuelita con Mucho Cuida'o y por la Orillita': A Journey through the Contested Terrains of the Nation and Sexual Orientation". En *Puerto Rican Jam: Rethinking Colonialism and Nationalism*, editado por Frances Negrón Muntaner y Ramón Grosfoguel. Mineápolis: Universidad of Minnesota Press.

Harvey, David. 2005. *A Brief History of Neoliberalism*. Oxford y Nueva York: Oxford University Press.

Héau Lambert, Catherine. 2010. "Los narcocorridos: ¿incitación a la violencia o despertar de viejos demonios? (Una reflexión acerca de los comentarios de narco-corridos en Youtube)". *Trace* 57.

Hytier, Jean. 1923. *Les techniques modernes du vers français*. París: P.U.F.

Jameson, Fredric, 1991. Postmodernism, or, The Cultural Logical of Late Capitalism. North Carolina: Duke University Press.

Janowitz, Nathaniel. 2017. "La guerra contra las drogas en México suena a narco rap". *BuzzFeed News*, 22 de octubre. https://www.buzzfeed.com/mx/nathanieljanowitz/la-guerra-contra-las-drogas-en-mexico-suena-a-narco-rap.

Jaramillo Agudelo, Darío. 2008. *Poesía en la canción popular latinoamericana*. Valencia: Pre-Textos.

Jay-Z. 2003. "Moment of Clarity." En *The Black Album*. Nueva York: Roc-A-Fella Records/Def Jam.

Jolly, Jennifer. 2008. "Art of the Collective: David Alfaro Siqueiros, Josep Renau, and their Collaboration at the Mexican Electricians' Syndicate". *Oxford Art Journal* 31, n° 1, marzo: 129-151.

Kamenszain, Tamara. 1996. "Epílogo". En *Medusario*. Ciudad de México: Fondo de Cultura Económica.

Kamenszain, Tamara. 2007. *La boca del testimonio. Lo que dice la poesía*. Buenos Aires: Norma.

Kant, Immanuel. 2003. *Crítica del discernimiento*. Madrid: Antonio Machado Libros.

Kesselman, Violeta, Ana Mazzoni y Damián Selci, eds. 2012. *La tendencia materialista. Antología crítica de la poesía de los 90*. Buenos Aires: Paradiso.

Kahn, Gustave. 1912. *Le vers libre*. París: Digitalizado por la University of Ottawa.

Kweli, Talib. 2004. *The Beautiful Struggle*. Nueva York: Rawkus Records.

Lacoue-Labarthe, Philippe y Jean-Luc Nancy. 2012. *El absoluto literario. Teoría de la literatura del romanticismo alemán*. Buenos Aires: Eterna Cadencia Editora.

La Fountain-Stokes, Lawrence. 2009. *Queer Ricans: Cultures and Sexualities in the Diaspora*. Minessota: University of Minnesota Press.

"La Isla Bonita". *Wikipedia.org*. Wikimedia Publishing, Inc. Acceso el 22 de noviembre de 2017.

Latour, Bruno. 2015. "Waiting on Gaia. Composing the Common World through Art and Politics". En *What is Cosmopolitical Design?*, editado por lbena Yaneva y Alejandro Zaera-Polo, 21-33. Farnham: Ashgate.

Laval, Christian y Dardot, Pierre. 2013. *La nueva razón del mundo. Ensayo sobre la sociedad neoliberal*. Barcelona: Gedisa.

Lazzarato, Maurizio y Toni Negri. 2001. *Trabajo inmaterial y subjetividad*. Río de Janeiro: DP&A.

Lazzarato, Maurizio. 2019. *Le capital déteste tout le monde: Fascisme ou révolution*. París: Éditions Amsterdam.

Lemus, Rafael. 2015. "Editando neoliberalismo: *Vuelta* en los ochenta". *El Horizontal*, 14 de abril.

Levine, Caroline. 2015. *Forms. Whole, Rhythm, Hierarchy, Network*. Princeton y Oxford: Oxford University Press.

Libertella, Mauro. 2011. "La cámara lúcida". Entrevista con Martín Gambarotta. *Revista Ñ*, 16 de noviembre. https://www.clarin.com/rn/literatura/Martin-Gambarotta-Punctum_0_Bk_ULuR2vmg.html.

Llurba, Ana. 2009. "*Punctum* de Martín Gambarotta: la poética de la punzada". *Konvergencias literatura* 3, n° 10: 79-85.

Lorey, Isabell. 2004. *State of Insecurity. Government of the Precarious*. Nueva York y Los Ángeles: Semiotext(e).

Madonna. "La Isla Bonita". En: YouTube. https://youtu.be/zpzdgmqIHOQ?si=Mh9VMlIxjYgnDyR3

Magnus, Ariel. 2011. *La cuadratura de la redondez. Interpretación anotada de las canciones de Patricio Rey y sus Redonditos de Ricota*. Buenos Aires: Interzona.

Mallarmé, Stéphane. 2003. *Un Coup de dés*. En *Igitur, Divagations, Un Coup de dés*. París: Gallimard.

Martínez de Hoz, José Alfredo. 1980. *Cadena nacional: Martínez De Hoz realiza un balance del plan económico*. 10 de julio. https://www.youtube.com/watch?v=P6kwsBs33Rg&t=3s.

Martínez de Hoz, José Alfredo. 2015. *Más allá de los mitos. Memorias y revelaciones del ministro más polémico de la historia argentina*. Buenos Aires: Sudamericana.

Marx, Karl. 1978. *Crítica de la filosofía del derecho de Hegel. Obras completas de Marx y Engels*, t.5. Barcelona: Crítica.

Mason, Wyatt, ed. 2003. *I Promise to Be Good. The Letters of Arthur Rimbaud*. Nueva York: The Modern Library.

Massera, Emilio Eduardo. 1979. *El camino a la democracia*. Caracas: El Cid editor.

Mbembe, Achille. 2011. *Necropolítica, seguido de Sobre el gobierno privado indirecto*. Santa Cruz de Tenerife: Melusina.

McCann, Bryan J. 2017. *The Mark of Criminality: Rhetorics, Race and Rap in the War-on-Crime Era*. Tuscaloosa: The University of Alabama Press.

McClary, Susan. 1991. *Feminine Endings: Music, Gender and Sexuality*. Mineápolis y Londres: University of Minnesota Press.

McMasters, Merry. 2009. "En el SME, aventura del colectivismo tardío". *La Jornada*, 28 de diciembre.

Medina Méndez, Amaranta. 2013. *Para perderle el miedo a la escritura*. Ciudad de México: Editorial DEMAC. Disponible gratuitamente en: https://demac.org.mx/wp-content/uploads/2015/08/ppme321.pdf.

Mendoza, Vicente T. 1954. *El corrido mexicano*. Ciudad de México: Fondo de Cultura Económica.

Meschonnic, Henri. 2009 [1982]. *Critique du rythme. Anthropologie historique du langage*. Lagrasse: Éditions Verdier.

Monsiváis, Carlos. 2011. "La cursilería". En *Los ídolos a nado: una antología global*, 13-33. Ciudad de México: Debate.

Morales, Waltraud Queyser. 1989. "The War on Drugs: A New US National Security Doctrine?". *Third World Quarterly* 11, n° 3, julio: 147-169.

Morales Solá, Joaquín. 1994. Prólogo a *Pizza con champán*, de Sylvina Walger. Buenos Aires: Espasa Calpe.

Muñoz, José Esteban. 2009. *Cruising Utopia: The Then and There of Queer Futurity*. Nueva York: New York University Press.

Murmis, Miguel y Juan Carlos Portantiero. 1971. *Estudios sobre los orígenes del peronismo*. Buenos Aires: Siglo XXI.

Navarro Tomás, Tomás. 1991. *Métrica española*. Barcelona: Labor.

New York City Housing & Development. Sitio web. Acceso el 2 de diciembre de 2017. http://www1.nyc.gov/site/hpd/renters/mitchell-lama-rentals.page.

Olson, Charles. 1967. "Projective Verse". En *Human Universe*. Nueva York: Grove Press.

Ong, Aihwa. 2006. *Neoliberalism as Exception. Mutations in Citizenship and Sovereignty*. Durham y Londres: Duke University Press.

Ovidio [Publio Ovidio Nasón]. *Metamorphoses*. Editado por Hugo Magnus. http://www.perseus.tufts.edu/hopper/text?doc=Perseus%3Atext%3A1999.02.0029%3Abook%3D11%3Acard%3D1.

O'Brien, Lucy. 2007. *Madonna: Like an Icon*. Londres, Toronto, Sydney, Johannesburgo y Auckland: Bantam Press.

O'Donnell, Guillermo. 1982. *El estado burocrático autoritario. Triunfos, derrotas y crisis*. Buenos Aires: Editorial de Belgrano.

Paley, Dawn Marie. 2018. *Capitalismo antidrogas. Una guerra contra el pueblo*. Ciudad de México: Sociedad Comunitaria de Estudios Estratégicos y Libertad bajo palabra.

Palmeiro, Cecilia. 2011. "Locas, milicos y fusiles: Néstor Perlongher y la última dictadura argentina". *Estudios* 19, n° 38 julio-diciembre.

Panesi, Jorge. 2013. "Cosa de locas: las lenguas de Néstor Perlongher". *Cuadernos LIRICO* 9.

Paraíso, Isabel. 1985. *El verso libre hispánico. Orígenes y corrientes*. Madrid: Gredos.

Parra, Max. 2011. "Pancho Villa y el corrido de la Revolución". En *Cantares de bandidos: Héroes, santos y proscritos en América Latina*, editado por Enrique Flores y Jacques Gilard. Ciudad de México: UNAM.

Paz, Octavio. 1974. *Los hijos del limo*. Barcelona: Seix Barral.

Peña, Juan Ramón. 2010. "Narco rap, la nueva música de los narcotraficantes mexicanos". *El espectador*, 22 de julio. https://www.elespectador.com/entretenimiento/agenda/musica/articulo-214735-narco-rap-nueva-musica-de-los-traficantes-mexicanos.
Perednik, Jorge S. 1989. *Nueva poesía argentina*. Buenos Aires: Ediciones Calle Abajo.
Perloff, Marjorie. 1994. *Radical Artifice. Writing Poetry in the Age of Media*. Chicago: University of Chicago Press.
Perloff, Marjorie y Craig Dworkin, eds. 2009. *The Sound of Poetry / The Poetry of Sound*. Chicago: University of Chicago Press.
Perlongher, Néstor. 2012. *Poemas completos*. Buenos Aires: La flauta mágica.
Perlongher, Néstor. 1985. "El espacio de la orgía", entrevista de Osvaldo Baigorria. En Suplemento "Cerdos y peces", *El porteño*, 43, julio: 4-6.
Perlongher, Néstor. 1996. "Neobarroco y neobarroso". En: *Medusario*. Buenos Aires: Fondo de Cultura Económica,
Phillips-Fein, Kim. 2017. *Fear City: New York's Fiscal Crisis and the Rise of Austerity Politics*. Nueva York: Metropolitan Books.
Piglia, Ricardo. 2001. *Tres propuestas para el próximo milenio (y cinco dificultades)*. Buenos Aires: Fondo de Cultura Económica.
Pogue Harrison, Robert. 2005. *The Dominon of the Dead*. Chicago: Chicago Unviersity Press.
Porrúa, Ana. 2011. *Caligrafía tonal: ensayos sobre poesía*. Buenos Aires: Entropía.
Prieto, Martín. 2006. *Breve historia de la literatura argentina*. Buenos Aires: Taurus.
Pseudo-Longino. 2007. *De lo sublime*. Santiago de Chile: Metales Pesados.
Pujol, Sergio. 2007. *Rock y dictadura*. Buenos Aires: Emecé.
Raimondi, Sergio. 2007. "El sistema afecta la lengua: sobre la poesía de Martín Gambarotta". *Margens/Márgenes*, enero-junio: 50-59.
Ramírez-Pimienta, Juan Carlos. 2011. *Cantar a los narcos. Voces y versos del narcocorrido*. Ciudad de México: Planeta.
Ramos Otero, Manuel. 1985. *El libro de la muerte*. San Juan de Puerto Rico: Editorial Cultural y Maplewood; NJ: Waterfront Press.
Ramos Otero, Manuel. 1991a. Entrevista con Marithelma Costa. *Hispamérica* 20, n° 59, agosto: 59-67.

Ramos Otero, Manuel. 1991b. *Invitación al polvo*. Madrid: Editorial Plaza Mayor.

Reguillo, Rossana. 2011. "The Narco-Machine and the Work of Violence: Notes Toward its Decodification". *E-misférica* 8, n° 2.

Renau, Josep. 1976. "Mi experiencia con Siqueiros". *Revista de Bellas Artes* 25. Digitalizado por la Comisión de Literatura del Instituto Nacional de Bellas Artes de México en: https://issuu.com/cnl-inba/docs/76_01_25_pdf_completo_opr.

Rimbaud, Arthur. 1972. *Oeuvres complètes*. París: Gallimard, Bibliothèque de la Pléiade.

Rivera, María. 2011. "Los muertos". Lectura pública en el Zócalo de la Ciudad de México durante la Marcha nacional por la paz, 6 de abril. https://www.youtube.com/watch?v=gYtLFMwQZhQ.

Rodríguez, Jesús "Chiva", dir. 2015. *Los jefes*. Casa Babilonia Records.

Roig, Alexandre. 2016. *La moneda imposible. La convertibilidad argentina de 1991*. Buenos Aires: Fondo de Cultura Económica.

Rooksby, Rikky. 1998. "La Isla Bonita". En *The Complete Guide to the Music of Madonna*. Londres: Omnibus Press.

Rose, Tricia. 1994. *Black Noise. Rap Music and Black Culture in Contemporary America*. Middletown, CT: Wesleyan University Press.

Roubaud, Jacques. 2009. "Prelude: Poetry and Orality". En *The Sound of Poetry*, editado por Marjorie Perloff y Craig Dworkin, 18-25. Chicago: University of Chicago Press.

Rubio, Alejandro. 2001. "Ars poetica". En *Monstruos. Antología de la joven poesía argentina*, compilado por Arturo Carrera. Buenos Aires: Fondo de Cultura Económica.

Saldaña Portillo, María Josefina. 2016. *Indian Given: Racial Geographies across Mexico and the United States*. Durham y Londres: Duke University Press.

Sánchez, César. 2010. *El poder del Estado mexicano contra los electricistas. Crónica del asalto del 10 de octubre de 2009*. Ciudad de México: Bruno Editorial.

Sarduy, Severo. 1976. "El barroco y el neobarroco". En *América Latina en su literatura*, coordinado por César Fernández Moreno. Ciudad de México: Siglo XXI.

Scaggs, Austin. 2009. "Madonna Looks Back: The *Rolling Stone* Interview". *Rolling Stone*, 29 de octubre. Consultado en rollingstone.com.

Schvarzer, Jorge. 1983. *Martínez de Hoz: La lógica política de la política económica*. Buenos Aires: CISEA.
SEGOB. Secretaría de Gobernación. 2009. "Decreto por el que se extingue el organismo descentralizado Luz y Fuerza del Centro". *Diario oficial de la federación*, 11 de octubre.
Segato, Rita Laura. 2013. *La escritura en el cuerpo de las mujeres asesinadas en Ciudad Juárez*. Buenos Aires: Tinta Limón.
Serú Girán. 1980. "Canción de Alicia en el país". En *Bicicleta*. Buenos Aires: SG Discos.
Shapiro, Peter. 2007. *Turn the Beat Around: The Rise and Fall of Disco*. Londres: Faber and Faber.
Simmons, Merle E. 1957. *The Mexican Corrido as a Source for Interpretive Study of Modern Mexico* (1870-1959). Bloomington: Indiana University Press.
Solari, Carlos. 2017. *Tsunami: Un océano de gente*. Buenos Aires: Vorterix. https://www.youtube.com/watch?v=L-_vywGs8-M.
Sontag, Susan. 2009. "Notes on 'Camp'". En *Against Interpretation and Other Essays*. Londres: Penguin Modern Classics.
Stolzoff, Norman C. 2000. *Wake the Town & Tell the People. Dancehall Culture in Jamaica*. Durham, NC y Londres: Duke University Press.
Svampa, Maristella. 2005. *La sociedad excluyente: la Argentina bajo el signo del neoliberalismo*. Buenos Aires: Taurus.
Taniguchi, Tanako. 2010. "La noche en que la Ciudad de México casi se queda sin luz". *Expansión*, 10 de octubre. https://expansion.mx/nacional/2010/10/10/la-noche-en-la-que-la-ciudad-de-mexico-casi-se-queda-sin-luz. Consultado el 4 de febrero de 2019.
Torres, Daniel. 2005. *Verbo y carne en tres poetas de la lírica homoerótica hispanoamericana*. Santiago de Chile: Cuarto Propio.
Utrera Torremocha, María Victoria. 2001. *Historia y teoría del verso libre*. Sevilla: Padilla Libros Editores & Libreros.
Valencia, Sayak. 2010a. "Capitalismo gore: narcomáquina y performance de género". En *Emisférica* 8, n° 2. https://hemisphericinstitute.org/es/emisferica-82/triana.html.
Valencia, Sayak. 2010b. *Capitalismo gore*. Santa Cruz de Tenerife: Melusina.
Valéry, Paul. 1987. "Le Coup de dés, lettre au directeur du *Marges*". En *Oeuvres complètes*, vol. 1. París: Gallimard.

Vargas, Rosío. 2015. "La reforma energética a 20 años del TLCAN". *Revista Problemas del Desarrollo* 180, n° 46, enero-marzo.

Varoufakis, Yanis. 2023. *Technofeudalism: What Killed Capitalism*. Nueva York: Melville House.

Videla, Jorge Rafael. 1977. Conferencia de prensa, 13 de mayo. Caracas, Venezuela.

Videla, Jorge Rafael. 1979. Conferencia de prensa, 13 de diciembre. Buenos Aires, Argentina.

Vila, Pablo. 1989. "Argentina's 'Rock Nacional': The Struggle for Meaning". *Latin American Music Review / Revista de Música Latinoamericana* 10, n° 1, primavera-verano: 1-28.

Vila, Pablo y Paul Cammack. 1987. "Rock Nacional and Dictatorship in Argentina". *Popular Music* 6, n° 2, mayo: 129-148.

Vilela, Nicolás. 2012. "Martín Gambarotta. Contienda, poesía y definición". *Otra Parte* 26, invierno.

Virno, Paolo. 2004. *A Grammar of the Multitude*. Nueva York y Los Ángeles: Semiotext(e).

Vivas, María Luisa. 2014. "SME: A 5 años de la extinción de LyFC, los 'daños colaterales'." *Proceso*, edición digital, 10 de octubre. https://www.proceso.com.mx/384419/sme-a-5-anos-de-la-extincion-de-lyfc-los-danos-colaterales.

Wald, Elijah. 2001. *Narcocorrido: A Journey into the Music of Drugs, Guns and Guerrillas*. Nueva York: Rayo.

Wikane, Christian John. 2014. "Under the Hard Hat: An Interview with Village People's David Hodo". *Pop Matters*. 30 de mayo. Acceso el 12 de diciembre de 2017.

Zavala, Oswaldo. 2018. *Los cárteles no existen. Narcotráfico y cultura en México*. Ciudad de México: Malpaso.

Índice onomástico y de temas

A

Abramo, Paula   176-177, 184
acento/ acentuación/ acentual
   1, 3, 8, 24-25, 78, 87, 229
Adams, Kyle   78
Adorno, Theodor W.   16, 37, 39-44
affordance (prestación)   231
afroamericanas/ afroamericanos
   64, 75, 77, 98, 210-211
Agamben, Giorgio   12, 37, 39, 220
Aiello, Mariano   106
Aira, César   139
alegoría/ alegorías/ alegórico/ alegórica   47, 113-115, 154
alejandrino/ alejandrinos   31, 84, 86, 120, 170, 173
Alemania   114, 153, 168
Alemann, Katja   131
Alfonsín, Raúl   114, 129, 131, 136, 148
Alonso, Dámaso   79, 118
alteridad   32-33, 211
América/ *continente americano*   IX, 82
América hispanoparlante   7, 16, 21, 87
América Latina/ Latinoamérica
   14, 47, 57, 59, 82, 104, 140, 202-203, 221
anacrónica/ anacrónicas/ anacrónico/ anacrónicos   4, 7-8, 12, 17, 23, 29, 35, 39, 44, 73, 81, 90-91, 100, 113, 117, 124, 127, 133, 152, 168-169, 171, 176, 193, 219, 224, 229, 231
anacronismo/ anacronismos   7-8, 11-12, 16, 37, 42, 88, 90-93, 96-97, 115-116, 121, 140, 144, 167-168, 214, 220-221, 227, 231
anáfora   26, 107, 126, 149, 229
   anafórico   127
   estructura anafórica   107
   repetición anafórica   26, 182
Anaya, Jorge Isaac   129
Anderson, Pamela   132
anticlericalismo/ anticlerical   169, 171
antiprogresismo/ antiprogresistas   144-145
antropoceno   197
Aranda, Jesús   212
Arendt, Hannah   43
Argentina   25, 104-106, 113, 129-131, 135, 139-142, 151, 157, 201, 203-204, 211
Aristóteles   196
Arlt, Roberto   206

armonía/ armonías/ armónicas
    29-30, 69, 72, 77, 89
arte 8, 15-16, 32, 44, 74, 91, 139, 162, 175
    arte colectivo 174
    arte concreto 141
    arte contemporáneo 5
    arte del grafiti 53
    arte del verso 46
    arte del sinónimo 112
    arte mayor 86-87, 100
    arte menor 24, 87
    arte nuevo 37
    arte poética 141
    arte total 40
artesanado/ artesanal/ artesano/ artesanos 13, 15-16, 41, 77, 81, 98, 100, 213
artificial/ artificializada/ artificialización 28, 119, 123, 126, 143, 149, 177, 192, 205
artista/ artistas 3-4, 9, 13-16, 42, 44, 46, 51, 57, 68-69, 74, 77, 111-112, 155, 194-195, 203, 210, 212, 214, 221, 225, 235
Astorga, Luis 181
autoficción lírica 232
autonomía literaria 5, 7, 12, 24, 35
autopreservación 196
autoritarismo 199
Auto-Tune 25

B

balada 78, 221
"bárbaro" 153
barroco 3, 81, 84-86, 89-90, 100, 117-123, 145, 167, 170
    barroco de Estado 109, 122, 127, 148
    barroco español 89
    barroco posindustrial 79
    barroco público 127
"batalla intelectual" 194-195
Baudelaire, Charles 10, 12, 42, 76
Beame, Abe 95-96
beat 13, 23, 25, 72, 78
Beatles 69, 146
Beckman, Ericka 45
Beilinson, Eduardo 155
Belice 57-58
Belmont, Edgar 163-165
Benjamin, Walter 10-12, 31
Bensusán, Graciela 162-163
Berman, Marshall 76, 231
Bernstein, Charles 48
Big Los (músico) 214-215
bilingüismo 147
billete/ billetes 136-138
Black Mountain (grupo de poetas) 13
Blanco Aguinaga, Carlos 170
Blanco, Andrés Eloy 90
bolcheviques 154, 167
bolero 14, 83-84, 88-90, 92
Bollig, Ben 146
Bolsonaro, Jair 217
Bolte, Rike 148
Borges, Jorge Luis 83-85, 92
Bowie, David 131

Bradley, Adam   78
branding   205, 211, 213, 225
break   69, 70-71, 73,
Breton, André   162, 175
Bronx   53, 63-65, 67, 70, 73-74, 76, 94, 199
Brooklyn   55-56
Buenos Aires   109, 152, 155
Bulacio, Walter   155
Bunge y Born (empresa)   132-134
Burke, Edmund   195-197
Burroughs, William   198
"cabecita negra"   153

C

Cafiero, Antonio   133
Cage, John   3
Calderón, Felipe   161, 165, 179-180, 182
Calderón, Tego   203
Cammack, Paul   112
camp   87-88, 92, 99
Campbell, Cindy   67-68
Campbell, Clive (DJ Kool Herc)   65, 68-71
canciones   6, 14, 25, 47, 57, 68, 70, 73, 76, 78, 111, 152, 167-168, 203, 214-215
capitalismo/ capitalista   10, 39, 42-45, 48, 163, 167, 182, 197-198
  capitalismo bancario   138
  capitalismo gore   187, 209, 224
  capitalismo industrial   42
  cultura capitalista   92
  orden capitalista   51

Caplan, David   79
Capusotto, Diego   153-155
carapintadas   129
Cárdenas Guillén, Antonio Ezequiel ("Tony Tormenta")   212
Cárdenas, Lázaro   194
Carey, Hugh   95-96
Caro, Robert A.   63, 67, 76
Cartel de Santa (grupo de rap)   25, 202, 204-208, 211-215, 221, 224-226
Cartel del Golfo   212, 214, 216
Cartel/ carteles (narcotráfico)   181-182, 206-208, 212, 214-216, 218, 220
Casa Babilonia (sello discográfico)   207
Casas, Fabián   150
Casey, Albert   96
castellano/ castellana   IX, 16, 25, 44, 57, 59, 79, 86, 111, 119, 121, 124, 147, 170, 180, 215, 221, 228
  "castellano punk"   147
Castillo García, Gustavo   212
catarsis   179
  catarsis trágica   196
Cavallo, Domingo Felipe   132-136, 150
centro/ centros   34, 43, 45, 47, 54-55, 61-62, 99, 117, 139, 161, 163, 199, 222, 228-229
centro clandestino de detención   110, 188
Ceresa, Constanza   145-146
Cernuda, Luis   84-85
Chang, Jeff   65, 68-69, 74, 76

Chile 96, 104
Chitarroni, Luis 118, 120, 125
"cholos" 208, 211
Chuck D (músico) 53
Cipolatti, Pipo 132
ciudad 10, 14, 21, 51, 53, 56, 61-65, 70, 81, 84, 92-96, 98, 104, 125, 155, 166, 172, 179
    ciudad corporativa 62
    ciudad globalizada neoliberal 92
Ciudad de México 161-162, 169, 189
Ciudad Juárez 179, 186, 199
ciudadanía/ ciudadano 45, 77, 181, 209, 219-220, 231
Clarín (diario) 132
clases medias 14, 44, 98
Clinton, Bill 55
Coleridge, Samuel Taylor 78
compás 11, 14, 24, 51, 71, 78-79, 143, 201
competencia 9, 77-78, 103, 209, 213, 231
concretismo 119
    concretismo brasileño 85
Conquista del Desierto 106
Consenso de Washington 145
conservadurismo 13, 15, 21, 78, 90
conurbano bonaerense 140
Costa, Marithelma 83, 92
cover 138, 148-149, 151
críptico/ críptica/ crípticas 79, 145, 153, 156, 169
criterio de veridicción 33-34
cultura 17, 22, 48, 53, 55, 65, 121, 139-140, 181, 194, 232

alta cultura 6, 90, 121, 153
contracultura 93, 97, 155
cultura capitalista 92
cultura de masas 48
cultura del blues 65
cultura del hip-hop 65
cultura del/ de los sound systems 68-70, 73
cultura escrita 227
cultura hispánica 59
cultura letrada 25
cultura oral 227
cultura poética 27
cultura política 130
cultura popular 83, 90, 92, 223
cultura queer 90
cumbia colombiana/ cumbia villera 140

D

da Costa, Paulinho 59-60
Dabove, Juan Pablo 224
Dardot, Pierre 77, 194, 213
Darío, Rubén XI, 4, 22, 25, 37, 45, 83, 89, 173
darwinismo social 213
Dávalos Luna, Eduardo (Babo) 202
Dávalos, Feli 202-203, 211
de Andrade, Oswald 119
de Campos, Haroldo 119
de Góngora, Luis 79, 85, 87, 120-121, 168, 170
de la Cruz, Sor Juana Inés 86, 88
de Pablo, Juan Carlos 134

de Pablo, Óscar   167-177, 184
de Quevedo, Francisco   84-85, 87, 121
de Saussure, Ferdinand   138
de Sebastián, Isabel   156
decadentismo francés   83
decadentismo plebeyo   131
Degas, Edgar   16
del Campo, Estanislao   153
del Mazo, Mariano   154
del Toro, Benicio   61
Deleuze, Gilles   42, 86, 198, 215, 230
"delight"   196
democracia   81, 94, 96, 145, 161, 199, 207, 216
desaparecido/ desaparecidos   106-109, 110, 126
desempleo   64-65, 75, 131, 139
desigualdad/ desigualdad social   53, 140, 220
desindustrialización   62, 77, 94, 140
deslocalización   188, 199, 215
Desnos, Robert   32
desocupados   131
Díaz Mirón, Salvador   167
dictadura   108, 110-112, 114, 118-119, 122, 127, 132, 144, 146-148, 157, 188, 222
Didi-Huberman, Georges   12
discurso   XX, 12, 31-32, 45, 53, 107-108, 111, 127, 130, 192-194
discursos del odio   220
discurso liberal   153, 219
discursos públicos   109, 122, 127, 150, 181, 210

"dividuos"   9, 230
división social del trabajo   42, 175
doctrina de seguridad nacional   181, 217
Documentación y Estudios de Mujeres (DEMAC)   179, 182, 186
dolor, dolores   110, 126, 171-172, 195-196
Dorantes, Dolores   182-185, 187, 192-193, 195-196, 199
Dragacci-Paulsen, Françoise   39
drogas   92, 180-181, 203, 205-206, 217, 219-221
dubplates   68
Dylan, Bob   12, 23, 47

E

Easlea, Daryl   57, 61
Echavarren, Roberto   85, 122
economía   15, 34, 38, 44, 51, 62-63, 65, 94, 103-105, 107, 132-134, 143, 150, 216, 218-219, 224
educación pública   157
élites letradas   121
Ellinghaus, William   96
Eloísa Cartonera (editorial)   151
Emmelhainz, Irmgard   194-195, 199, 218-219
empresarios   129, 155, 181, 194, 208
encabalgamiento   22, 40, 79, 87, 89
Epelbaum, Renée   109
Erdoğan, Recep Tayyip   217
erotismo del poder   131
escansión   86, 120, 173

esclavas/ esclavos/ esclavista/ esclavitud 15, 38, 42-44, 52, 106
escritor/ escritora/ escritores 12, 35, 83, 117, 131, 182, 187, 194
escritura autobiográfica 179, 182
ESMA (Escuela de Mecánica de la Armada) 109
espacio liso 215
espanglish 215
Esparza Flores, Martín 161
estado 8, 45, 65, 76, 90, 94, 96, 103-104, 113, 129, 146, 150, 156, 161, 164-165, 180-182, 197, 208, 210-211, 217-219, 223
   estado burocrático autoritario 113
   estado de bienestar 44, 94, 194
   estado de derecho 216, 218-219, 224
   estado de excepción 218-219, 224
   "*estado fallido*" 218
   estado liberal 224
   estado neoliberal 195, 198
Estados Unidos II, 23, 43, 54-55, 68-69, 94-95, 182, 199, 211, 217-218, 221
Estefan, Gloria 57
estética/ estéticas XX, 16, 27, 37, 44, 48, 82, 99, 112, 115, 122, 142-143, 155
esticomitia 22
estilística/ estilísticas 8, 12, 91, 122, 182, 191, 195
estilo genérico 187-188

etimología 122, 124, 127
eufemismo/ eufemismos 105, 109, 115, 130
exilio sexual 117
   "*sexilio*" 93

F

Fabre, Luis Felipe 171, 175, 177, 184, 187, 193, 195
fascismo/ fascismos 162-163, 176, 216-217
Favoretto, Mara 111-112, 114
Feitlowitz, Marguerite 109-110
femenino 126, 183, 190
feminicidios 185-187
feudalismo/ feudal 218, 224
   "*feudalismo del futuro*" 218-219
   "*nuevo feudalismo*" 220
   sistema feudal 219
Fiegel, Eddi 57, 61
filología 7, 91, 152-153
   filología positivista 25
   filólogos puros 8
fin de la historia/ final de la historia 21, 35, 45, 47, 97, 130, 142, 229
Firmenich, Mario 129
Fisher, Carrie 57
flaneur 10
Fletcher, Ed "Duke Bootee" 75-76
Flores, Enrique 212
flow 52, 78, 214
Fondo Monetario Internacional 143
Fondo Nacional para la Cultura y

las Artes 194
Ford, Gerald 95
formalismo/ formalista/
 formalistas 22-23, 66, 79, 88
 antiformalismo 91
 formalismo radical 30, 231
 nuevo formalismo/ New
  Formalists 1-3, 5, 8, 23
Foucault, Michel 7, 33, 97, 126,
 198, 216
Fox, Vicente 165
fratría de hombres/ fratría
 machista 187, 231
Freeman, Elizabeth 8, 12, 90-91,
Freeman, Joshua B. 63, 81, 94,
 96-97, 99
freestyle 25
Freidemberg, Daniel 123
Fukuyama, Francis 130
fundamento húmico 124

G

Gago, Verónica 211
Gaitsch, Bruce 56-58
Galtieri, Leopoldo Fortunato 129
Gambarotta, Martín 145-151
gángsteres 208
García, Charly 113-114, 132
García Helder, Daniel 141, 144
García Lorca, Federico 82, 88
Garza, Ricardo 58, 176
Gasparov, Mikhail Leonóvich 27,
 30, 229
gaucho 153
Generación del 27 85, 88
genocidio 106

Gide, André 138
Gieco, León 111
Girondo, Oliverio XI, 119-121
Glover, Nathaniel "Kid
 Creole" 74
Goldin, Harrison Jay 95
gólem 127, 137
gongorino 89, 121, 149, 169
gongorismo 120, 122
González, Antonio Erman 133
González, Aurelio 221-222
Gore, Tipper 55
Gorostiza, José 84
Gostanián, Armando 137
gouvernementalité/
 gubernamentalidad 216
Goux, Jean-Joseph 138-139
Gracián, Baltasar 79
Graffigna, Omar 129
grafiti 53, 60-61
Gran Bretaña 70
Grand Wizard Theodore 72
Gronow, Pekka 69
Grupo Espartaquista 175
guerra civil/ guerras civiles 162,
 216, 222, 224
Guerra Civil española 162
"guerra contra el narco" 180, 182,
 208, 217, 224
Guerra de Malvinas 129
Guerra Fría 181, 217
guerrilleros 129
Gutheim, Federico 129
Gutheim, Miguel 129
Guzmán, Manuel 93

H

Harrison, Robert Pogue   124-125
Harvey, David   15, 93-94, 96, 104, 199
Hass, Robert   1
Haussmann, Barón   10
Héau Lambert, Cathérine   219-220
Hegel, Georg Wilhelm Friedrich   168
hegemonía neoliberal   7, 9, 12, 33-35
hegemonía versolibrista   15
Meschonnic, Henri   31-33
Henríquez Ureña, Pedro   24
Heráclito   152
Himmler, Heinrich   114
hip-hop   11-12, 23, 53, 65, 67, 69-70, 73-79, 81, 93, 167, 170-171, 202, 204, 210, 213-214, 231
hiperrealista   138, 144
historia cultural   7-8, 16
historia de la poesía   3, 5-6, 13, 21, 27, 33, 40, 42, 47, 107, 213
historicidad   31-33
Hitler, Adolf   162
hombre endeudado   97
Hytier, Jean   22

I

identidad/ identidades   47, 72, 90, 109, 162, 182-183, 216, 220, 223, 228
  identidad de género   126
Illia, Arturo   113
indecoro/ indecoroso   82, 86

indultos   129
industria   7, 15, 62, 70, 94, 98, 140, 144, 163-164, 203, 210, 215, 218
industria de la escritura   35
industria de la música   5, 11, 22, 34
industria discográfica   69, 73-74, 111
infames   126
informática   197
Inglaterra   113, 115, 147
inmigración/ inmigrantes   67, 70, 106, 140
institución/ instituciones   5, 14, 22-25, 33-35, 73, 141, 157, 195
Internacional Comunista   162
international free verse   6, 97
Internet   48, 153, 182, 202-205, 214, 220
isosilabismo   24, 228

J

Jackson, Henry "Big Bank Hank"   74
Jackson, Michael   56
Jamaica   67-68, 73
Jameson, Fredric   197, 199
Jammes, Robert   79
Janowitz, Nathaniel   214
Jaramillo Agudelo, Darío   83, 89
Jay-Z (músico)   51
Joalsaro Records Incorporated (discográfica)   227
Jolly, Jennifer   162, 174-175
Joyce, James   XXI, 3, 146
Juicio a las Juntas (Argentina)   129

K

Kafka, Franz   197
Kahlo, Frida   57
Kahn, Gustave   22, 28-29, 40
Kamenszain, Tamara   121-122, 143-145
Kant, Immanuel   195-197
Kenney, Douglas   83
Kirchner, Néstor   144, 156
kirchnerismo   156
Kozer, José   85
Kweli, Talib   51-56, 62, 98

L

La Fountain-Stokes, Larry   86
labor poética "manual"   15
Lacoue-Labarthe, Philippe   28
Lamar, Kendrick   47
Lamborghini, Leónidas   145
Lambruschini, Armando   129
Lami Dozo, Basilio   129
language poets   3
Lapesa, Rafael   27
Lara, Agustín   14, 89
Larbaud, Valery   138
latín   121, 228
latino/latinos/latinoamericana/ latinoamericano/ latinoamericanización   3,14, 23, 37, 44, 56-57, 59, 60-62, 65, 79, 81, 89, 98, 119, 124, 131, 140, 146, 228
Latour, Bruno   197
Laval, Christian   77, 194, 209, 213
Lazzarato, Maurizio   14, 97, 216-219, 224

legalización del aborto   169
Lemus, Rafael   194
lengua/ lenguas   4, 8, 24, 29, 45, 57, 86, 88, 92, 99, 108, 111, 114-116, 118, 121-122, 124-127, 130, 142-143, 145, 147, 149, 176-177, 186, 189-191, 193, 225, 227-229, 231
lengua coloquial   142
lengua culta   121
lengua muerta   121
lengua oficial   57, 127
lenguaje comunicativo   121
lenguaje erotizado   126
lenguaje poético   XVII, XX, 1, 84, 118, 126, 183
Lenin, Vladimir   153-154
Leonard, Pat   56
letras   14, 17, 22, 35, 47, 53-55, 65, 112, 140, 143, 152-157, 194
letrilla barroca   92
Levi, Primo   189
Levine, Caroline   23, 30, 33-34, 231
Lewis, Carroll   113-114
Ley de Pacificación Nacional   149
Leyes de Obediencia Debida y Punto Final (Argentina)   129
Lezama Lima, José   85, 118
liberal   17, 33-34, 45, 106, 153, 156, 217, 219, 224
liberalismo   52, 56, 171
libertad   XXII, 1-2, 8-9, 21-22, 25-26, 28, 30-34, 52, 93, 97, 103-105, 107, 120, 126-127, 129, 157, 162, 170
libertad de comercio   208

Libertella, Mauro   145
Liendo, Horacio Tomás   133-136
lifestyle   204
Lincoln, Abraham   52
Lindsay, John   94-95, 99
lírica   X, XVI, XX, 7, 11, 14-15, 22, 24, 34, 46-47, 52, 76, 86-90, 99, 118, 122, 127, 140-142, 156, 193, 213, 215, 220, 224-226, 230, 232-233, 247
 lírica culta europea   24
Lirik Dog (músico)   214
literal/ literales/ literalidad   59, 83, 108, 113-114, 137, 144, 149, 157, 168, 176, 204-205, 224-225
literaria   XII, XIX, 5, 7, 11-12, 24, 31, 35, 45, 123
literatura   10-12, 23, 31, 47, 82, 86, 117, 123, 138-139, 185, 187, 222
 literatura gay   82
Llach, Juan José   134-136
Llach, Santiago   150-151
Llurba, Ana   147
loop   71-73
López Obrador, Andrés Manuel   195
López Rega, José   113
Lorey, Isabell   15
Losurdo, Domenico   15, 34, 52
Lozano Alarcón, Javier   161
Lugones, Leopoldo   22, 119
Luxemburgo, Rosa   167

M

Macri, Mauricio   133
Madonna   52, 56-63, 65
Madres de Plaza de Mayo   109
Magnus, Ariel   151-153, 157
mainstream   69, 211, 214, 225
Maldonado Tamez, Alan Alejandro (Dharius)   202
Mallarmé, Stéphane   13, 41-42, 85, 122, 142
Manhattan   55-56, 61, 64, 94
mano de obra   15, 52, 62, 70, 81, 98, 205-206, 225
marginación   76, 85, 179
Margolis, David   96
Mariasch, Marina   151
marketing neoliberal   226
Martin, George   69
Martínez de Hoz, José Alfredo   103-108, 110-111, 129-130, 132, 150
Martínez de Perón, María Estela   105
Marx, Karl   167-168, 170
marxismo/ marxista   15, 167, 177
Massera, Emilio   108-109, 129
Masters, Edgar Lee   83
Mbembe, Achille   187, 217
McClary, Susan   72
medieval/ medievales   209, 220-221, 228
medios de producción   174-175, 177
melodía, melódico   XII, 5, 25, 52, 56, 69, 72, 77
Melvin "Melle Mel"   74
Menem, Carlos Saúl   129-135, 137,

143, 149
menemtrucho   137-138
Menéndez Pidal, Ramón   85
mercado   4-5, 10, 14, 22, 35, 45-46, 48, 63, 106-107, 127, 165, 219
mester de clerecía   24, 170, 228
mester de juglaría   224
metáfora   XX, XXII, XXIII, 77, 92, 109-113, 122, 124, 130, 143-145, 153-154, 189
  metáforas médicas   122
metapoética   167, 176
@MeTooEscritoresMexicanos   187
metro   1, 3, 10-11, 14, 21-22, 47, 53, 78, 87, 97-98, 120, 141, 143, 168, 175-176
metrópolis neoliberal   98
Miami   57, 201
Minujín, Marta   155
modelo fordista   63, 70, 97
modernismo   14, 30, 45, 76, 83, 85, 89-90, 120, 122, 228, 231
  modernismo estadounidense   83, 90
  modernismo hispanoamericano   83, 90
modernización/ "modernizaciones"   4, 8, 10, 15, 53, 72, 77-78, 81, 99, 104, 115, 194
momento posautónomo   227-228
Monsiváis, Carlos   83
Montoneros   147
moral cristiana occidental   115, 130
moral sexual   131
Morales Solá, Joaquín   131, 139, 151

Morales, Waltraud   180, 217
Moses, Robert   63
Muñoz, José Esteban 8, 91, 97
Murmis, Miguel 104
música   XII, XV, 4-5, 11, 14-15, 17, 22-23, 34, 44, 46-48, 53, 57, 60, 62, 67-68, 70, 73, 84, 89-90, 111-112, 140, 142, 150, 153, 156, 168, 171, 203-204, 208, 210, 212, 227-228
  música popular 5, 12, 14-15, 17, 47, 73, 84, 89, 212
Músicos Independientes Argentinos (M. I. A.) 155

N

Nabokov, Vladimir 152
Nancy, Jean-Luc 28
Napoleón III   10
narco/ narcos/ narcotraficante/ narcotraficantes/ narcotráfico   180-182, 188, 201-203, 206-208, 214, 217, 219-220, 224
narcocorridista/ narcocorrido/ narcocorridos   208, 211, 216, 220-224, 227
narcomáquina ("Narco-Machine")   188-189, 199, 216
narcoñol 189
narco rap   211-212, 214, 220, 224
narcorrealismo   199
narcóticos   204, 212
naturaleza rítmica   23
nazismo   188
necropoética   127

necropolítica 187, 217
neobarroso 85, 119, 123
neocolonial 199
neofascismos 217
neoformalistas 7
neoliberal 7-9, 12, 33-35, 40, 44, 47, 92-94, 97-99, 106-107, 133, 141, 147-149, 154, 156-157, 163, 166, 168, 181, 194, 198, 202, 204, 206, 208-210, 217, 225-226, 229, 231-232
neoliberalismo 9, 15, 33, 43, 48, 56, 97, 104, 131, 144, 150-151, 167, 185, 188, 194-195, 198-199, 209, 211, 213, 216, 218-219, 224
  neoliberalismo latinoamericano 131
neoliteralismo 137, 148
neologismo/ neologismos 121, 142
neopopularismos 170
neorromanticismo 115
neovanguardias 37
Nervo, Amado 14
New Jersey 74
new lyric studies 7
nihilismo 146, 155
  nihilismo punk 145
no future 145
novela XIII, 35, 46, 48, 113, 118, 138-139, 154, 182, 197
Nueva York X, 14, 51, 56, 62-64, 67, 77, 81-82, 84, 88, 92-96, 98, 104, 117
"*nuevo cine argentino*" 139

O

"*objetivistas*" 142, 145
O'Brien, Guy "Master Gee" 56-57, 74
O'Donnell, Guillermo 113
Olson, Charles 13, 43
Once (barrio de Buenos Aires) 140
Ong, Aihwa 15, 199, 218
Onganía, Juan Carlos 113
Ortega Piñón, Fabián 216
ortodoxia 2-3, 6-7, 9, 11-14, 21-22, 24, 33-35, 43-44, 78, 97, 104, 133, 155, 182, 228
  ortodoxia versolibrista 7, 12, 14, 22, 78
Otero, Manuel Ramos 81-82, 88, 90-91, 93
oulipianos 3, 6
Ovidio 4-6, 118

P

Paley, Dawn Marie 180, 217
Palmeiro, Cecilia 117-118, 123-124, 126
Panesi, Jorge 126
Paraíso, Isabel 25-26, 28
Parents Music Resource Group 55
París 10, 21, 38
Parra, Max 222-223
Partido Justicialista 137
Pasolini, Pier Paolo 12
Patricio Rey y los Redonditos de Ricota (grupo de rock) 151-156

ÍNDICE DE NOMBRES Y TEMAS 261

Paz, Octavio   X, XXII, 90, 184, 194
pedagogía   112, 151, 157
Pellegrini, Carlos   133, 136-138
Peña, Juan Ramón   208, 214
Peña Nieto, Enrique   165, 180
Perantuono, Pablo   154
Perec, Georges   3
Perednik, Jorge Santiago   115, 117
performance   6, 9, 15, 23, 40, 48, 74, 83, 97, 126, 215
Pergolini, Mario   156
periferia/ periferias   XXIII, 15, 44, 52, 62, 76, 98, 199, 209, 232
Perloff, Marjorie   1-6, 8, 11
Perlongher, Néstor   116-120, 122-127, 141, 145, 148-149
Perón, Eva   125
Perón, Juan Domingo   113
Perry, Imani 210
petrarquismo   24, 42
Piglia, Ricardo   109
pigmentocracia   185, 211
placer   126, 195-196
pobreza   61, 63, 75, 77, 208
Poddema (revista)   115
poesía
    poesía autónoma   14, 25, 47, 229
    poesía contemporánea   IX, 47, 78, 142
    poesía culta   228
    "poesía de la mirada"   143
    poesía escrita   IX, 7, 14-15, 73, 115, 213
    poesía hispanoamericana   84
    poesía iberoamericana   X, XII

poesía latinoamericana   79, 81
poesía moderna   13, 40, 42
poesía mozárabe   85
poesía neobarroca/ lenguaje poético neobarroco   84, 118, 120
poesía occidental   21, 27, 82, 115
poesía oral   225, 229
poesía popular   88, 222, 228
poesía romántica   28
poesía social   119, 125
poeta   IX, XVI, XVIII-XXI, 1-2, 4, 9-14, 22-23, 25-26, 28-35, 37-39, 41-43, 45-48, 81-85, 88, 90, 92-93, 98, 115, 120, 122, 125, 127, 134, 140-144, 150, 167-168, 170-172, 176-177, 179, 184, 190, 194-195, 202, 228
poeta autónomo   48
poeta social   125
poetas beat   13
poetas del 27   85
poetas del 90/ "generación del noventa"   127, 134, 140-144, 150, 176-177
poetas del modernismo latinoamericano   228
poetas letrados   25
poetas tradicionalistas   168
poéticas del sesenta   144
poéticas experimentales   23
politización   21
pop   73, 137-138, 151, 155
Porfiriato   222
Porrúa, Ana   143

Portantiero, Juan Carlos   104
posautonomía   40
posfordismo neoliberal/ posfordista   9, 12, 43-44, 97-98
posmarxista   198
posverdad   79
Pound, Ezra   146
precarización laboral   15, 209
Premio Nobel de Literatura   12, 23, 47, 142
prensa masiva   12, 24, 35
Prieto, Martín   119-120, 141, 144
privatización/ privatizaciones   94, 163, 165-166, 173, 222
Proceso de Reorganización Nacional (dictadura argentina)   111, 113, 129
"*progresista*"   21, 91, 229
propiedad privada   232
prosa   X, XII, XX, 10-11, 16, 21, 25, 28, 93, 125, 182-184
prosodia/ prosódica   XII-XIII, 2-3, 8, 10-12, 84, 176-177, 182-183, 228-229, 231
prosopopeya   29
Pseudo-Longino   192-193
publicidad   24, 42, 47, 53
pueblos originarios   106
Puerto Rico   57, 81-82, 92, 99
Pujol, Sergio   107, 112
Pulitzer   47

Q

queer (teoría)   7-8, 12, 90-91
quick mix theory   71

R

racismo   211
Raimondi, Sergio   144, 147-148, 150
Ramírez Pimienta, Juan Carlos   223
rap   6, 23, 25, 53, 74, 77, 79, 202-203
   rap malandro   204, 209, 211-212
   gangsta rap   209-212
   narco rap   208, 211-212, 214, 220, 223-224
Rapanelli, Néstor   132
"*raza*"   207, 209, 211, 219, 225
razón neoliberal   47
Reagan, Ronald   75, 93, 210
Real Academia de la Rima   25
Real Academia Española   25
realismo   53, 65, 76, 79, 117, 123, 139-140, 145
reality shows   143
redondilla   88-89
Redwood, Ruddy   68
reformas neoliberales   130, 194
régimen semiótico   130, 138-139, 143
regímenes cívico-militares del Cono Sur   104
reguetón   23, 25, 170
Reguillo, Rossana   188-189, 199, 215-216
Reid, Duke   68
Renau, Josep   162, 174-175, 241
representación   5, 15, 53-55, 61, 65, 77, 137, 142, 147, 156, 163, 166, 181, 192, 196, 198, 211, 216, 222
Res (cantante)   52

resistencia XXII, 12, 43, 97, 141, 143-144, 150, 165, 167, 196, 211
Revolución de 1910 (México) 43, 222
revolución gongorina/ neogongorismo 120
revolución industrial 42, 48
Revolución Libertadora (dictadura argentina) 105
revolucionaria/ revolucionario/ revolucionarios 16, 145, 163, 194, 222-224, 237
rima/ rimas 2, 9-14, 17, 21-23, 25-26, 28-29, 31, 38, 40, 47, 51-52, 54, 75, 78-79, 85, 87-88, 97-98, 119-121, 141, 167-168, 170-176, 201-206, 221, 225, 231
Rimbaud, Arthur 8, 37-40, 42, 44-45
Río de la Plata 106, 109
rítmico/ rítmicos 11, 23, 25-26, 72-73, 84, 86-87, 107, 126, 141, 156, 168-169, 173, 182, 229
ritmo/ ritmos XII-XIII, XVII-XVIII, 2, 8-12, 15, 25-31, 34, 43-44, 53, 61, 72, 77-78, 84, 86, 90, 107, 114, 125, 130, 139, 146, 156, 167-171, 198, 225, 230-231
Rivera, Diego 162, 175
Rivera, María 189-190
Robinson, Sylvia 74-76
rock 6, 75, 112, 117, 131, 140, 143, 150-151, 153-155, 157
 "rock *barrial*" 140
 rock vernáculo 153
Rodríguez Puértolas, Julio 170
Rodríguez, Jesús "Chiva" 206

Roig, Alexandre 133-136, 143
Roig, Miguel Ángel 132
romance/ romances 86-88, 221-222, 228
romancero castellano 221
romanticismo 2, 27, 32, 115
Rooksby, Rikky 57
Rose, Tricia 70, 72-73
Rosso, Alfredo 111
Roubaud, Jacques 6, 23, 31, 97
Rubio, Alejandro 141-142, 145

S

Sabatini, Gabriela 132
Saddler, Joseph (Flash o Grandmaster Flash) 71-72, 74-75
Sadler, Eric "Vietnam" 70-71
Saldaña Portillo, María Josefina 218-219, 224
Salinas de Gortari, Carlos 164, 194-195
Samoilovich, Daniel 123
sample 73
San Agustín 43
San Pablo (ciudad) 118, 125
San Pedro (isla) 57-59, 61
Sánchez, César 161
Sánchez, Jorge 163-164
Sarduy, Severo 85, 117, 119, 122-123
Sauceda Rojo, José Alfredo 227
Saunio, Ilpo 69
Scaggs, Austin 57-58
Schlegel, Friedrich 28
Schvarzer, Jorge 104-105
Schwarzman, Atila 152-153

Sefamí, Jacobo 85
Segato, Rita 186-189
Segunda Guerra Mundial 11, 63, 70
sensibilidad 26, 155, 195
sentido común XVIII, 2, 4, 7, 12,
    21-22, 24, 27, 29, 34, 44, 90, 94,
    170, 194-195, 230
Sex Pistols 146
shoutouts 53-54
Sicilia, Javier 190
Sid Vicious 146
Siesta (editorial) 59, 134, 151
Siglo de Oro 85, 87, 123
significante 119, 122, 138-139, 191
Signo Ascendente (revista) 115
signo lingüístico 124, 138
sílaba/ silábico/ silabotónico/
    sistema silabotónico 1, 3, 8, 15,
    24-25, 78-79, 84, 86-87, 120,
    174, 228-229
silencio XVIII, 37-38, 40, 44, 53, 78,
    119, 156, 173, 228
silva 26, 28, 84, 86, 120, 126, 167-
    169, 171, 173-174
silva gongorina 126, 169
simbolismo 30
Simmons, Merle E. 222
sinalefas 24
sincronía/ sincronías XII, 61, 121,
    141
Sindicato Mexicano de Electricistas
    161, 166, 173, 177
sintaxis XIII, XV-XVI, XVIII, XX-
    XXI, 38, 109, 121
sintácticas/ sintácticos X, XXIII, 9,
    22, 26, 31, 87, 107, 149, 182-183,
    228

paralelismo sintáctico 107, 182
períodos sintácticos 22
repeticiones sintácticas 26
Siqueiros, David Alfaro 162, 174-
    175
sistema acentual 24-25
Slim, Carlos 194
Smith, Alfred E. 70
Smith, Byron 68
soberanía calculada 34, 199,
    218-219
sociedad disciplinaria 11, 230
Sociedad Rural Argentina 106
sociedades de control 198, 230-231
Solari, Carlos 155-157
Sontag, Susan 87, 92
South Bronx 63-65
soviets 154
Spector, Phil 69
Spinetta, Luis Alberto 156
Spotify 34, 214
Stalin, Iósif 162
estalinismo/ estalinista/ estalinistas
    34, 162, 175
subjetivación 42-43, 211
subjetividad/ subjetividades XIV,
    XX, 7, 10, 13, 16, 21, 27, 31, 33-
    35, 42-43, 48, 76, 97-98, 150,
    176, 209-210, 213, 225, 231
    subjetividad diferencial 213, 225
sublime 84, 87, 171, 177, 182, 184,
    192-193, 195-199, 216
    sublime dinámico 196
    sublime histérico 197-199
    sublime matemático 196
subversivo/ "subversión" 107, 109,
    111

Sudamétrica 25
Sugar Hill Records 74-75, 78
sujeto endriago 209, 220
"*sujeto social total*" 16, 42
supervivencia/ supervivencias IX,
    XI, XVII, 5-6, 11-12, 15, 38, 42,
    47-48, 54, 229
surrealismo 32, 85, 115, 119

T

tagging 53
teatro 83
Teatro Colón de Buenos Aires
    152-153
técnica 5, 7-11, 13, 21-23, 25, 27, 29,
    35, 42-44, 47-48, 51, 66-68,
    70-72, 78, 81, 92, 98, 111, 127,
    142-143, 163, 172, 174-176, 192,
    227, 230
    técnica poética 10, 27, 35, 47
tecnología/ tecnologías 12, 15, 24,
    41, 44, 47, 66, 68-70, 73, 77,
    104, 143, 198, 230, 232
"*teoría de los dos demonios*" 129
terror 153, 196-197, 199
terrorismo 188
terrorismo de Estado/ terror estatal
    94, 107, 109, 115
Thatcher, Margaret 93
Toribio, José 106
Torre de Babel/ Torres de Babel
    109, 127, 130
Torres, Daniel 83
trabajador/ trabajadores 9, 15, 35,
    41, 44, 63, 75, 77, 99, 104, 161-
    163, 166, 173, 176-177

trabajo 7, 9-10, 12-16, 33-35, 37-44,
    46-48, 51, 53, 62-66, 70, 73-74,
    79, 81, 87, 97-99, 116, 131, 140,
    150, 162-163, 166, 168, 172,
    174-177, 179, 186, 188, 201, 206,
    208-209, 211, 213, 215, 219, 225
    trabajo alienado 176
    trabajo asalariado 38, 40, 46
    trabajo manual 44, 48, 70, 74
    trabajo no alienado 15
    trabajo poético 15
    trabajo técnico 16
tradición XV, 3, 13, 27-28, 41, 78-79,
    82, 86-87, 90, 92, 97, 106, 116,
    119, 135, 141-142, 170, 182, 208,
    222-223
    tradición hispánica 90, 182
traducir 11, 109, 111, 126, 153, 170
tráfico de drogas 181, 203, 221
trap 23, 25, 55
trasladar 109, 126
tropicalismo barroso 140
Trotski, León 162, 175
trotskista/ trotskistas 117, 154, 175
trovador/ trovadores 230, 232
Trump, Donald 217
Twitter 187

U

ucronía distópica 64
Último Reino (revista) 115
Urrutia, Alonso 212
Uruguay 104
"*utopía irónica*" 16
Utrera Torremocha, María Victoria
    25, 27-31

V

Valencia, Sayak 187, 209-210, 217, 220
Valéry, Paul 16, 41-42
Vallejo, César 84
Vargas, Rosío 163, 165
Venegas, Julieta 203
versificación 5, 9, 15, 23-24, 26, 30-31, 37, 84, 98
    versificación paralelística 26
verso desregulado 8, 33
verso libre/ vers libéré 1-4, 6-9, 11-14, 16-17, 21-22, 24-35, 37, 41, 43, 47, 78, 84, 97-98, 143, 168, 171, 176, 228-229
    verso libre de base tradicional 26
    verso libre francés 22, 30
    verso libre métrico 26
    verso libre rimado 13, 26
    verso proyectivo 13, 43
versolibrismo/ versolibristas 7-8, 12, 14-15, 17, 22, 26-27, 30, 40, 48, 78, 119, 182, 229
Victor Hugo 32
Videla, Jorge Rafael 107-110, 126, 129
videoclip 59, 61, 154, 202, 204-206, 224-225
Viélé-Griffin, Francis 26-28
Vila, Pablo 112
Villa, Pancho 223-224
Village People 99
villas de emergencia 140
Viola, Roberto 129
violencia 47, 76, 107-108, 140, 150, 179-182, 184-189, 191-192, 199, 207-210, 213, 215-217, 219-220, 225
violencia de género 182, 184-185, 215
violencia difusa 192, 216
violencia disciplinaria 189
violencia estructural 189
"violencia expresiva" 186, 188-189, 191, 199
violencia histórica 189
violencia política 185
Virno, Paolo 9, 15, 44, 97
Virreinato del Río de la Plata 106
virtuoso 9, 15, 44, 97
Vitale, Rubens "Donvi" 155
Vox (editorial) 151
Vuelta (revista) 194

W

Wald, Elijah 221, 227
Walger, Sylvina 131
Washington Cucurto (Santiago Vega) 140
Wiggins, Robert Keith "Cowboy" 73-74
Wright, Michael "Wonder Mike" 74
writers 53

X

Xiaoping, Deng 93
Xul (revista) 115

Y

YouTube 211-212, 214, 220

Z

Zavala, Iris 170
Zavala, Oswaldo 180-181, 217
Zedillo, Ernesto 165, 194
Zeitgeist 141
Zukofsky, Louis 3

Sobre LASA Press

LASA Press es la editorial de acceso abierto de la Asociación de Estudios Latinoamericanos (LASA), dedicada a investigaciones académicas relacionadas con América Latina. Desde perspectivas disciplinarias plurales, la editorial busca contribuir a la difusión del conocimiento a través de la publicación de nuevas investigaciones y traducciones de obras fundamentales para pensar América Latina. Prioriza propuestas que sean relevantes para la región en su conjunto, contribuyan a definir la agenda pública y sirvan como puente entre culturas, lenguas y tradiciones académicas, ampliando el impacto del conocimiento latinoamericano en el mundo.

Directora ejecutiva de LASA
Milagros Pereyra Rojas

Editores principales
Natalia Majluf
Francisco Valdés Ugalde

Comité Editorial
María Rosa Olivera-Williams
Gisela Zaremberg Lis
Olivia Gomes da Cunha

Productora editorial
Julieta Mortati

Comité Editorial Honorario – Premiados Kalman Silvert
Abraham Lowenthal
Susan Eckstein
Ronald H. Chilcote
Sueli Carneiro
Wayne A. Cornelius
Lars Schoultz
Carmen Diana Deere
Julio Cotler †
Richard Fagen
Manuel Antonio Garretón
June Nash
Marysa Navarro
Peter Smith

www.ingramcontent.com/pod-product-compliance
Lightning Source LLC
Chambersburg PA
CBHW022000220426
43663CB00007B/899